王正华

蓝天的梦想属于每个人

张 亮 ◎ 著

台海出版社

图书在版编目（CIP）数据

王正华：蓝天的梦想属于每个人／张亮著．—北京：
台海出版社，2016.5

ISBN 978-7-5168-0991-4

I. ①王…　II. ①张…　III. ①王正华—传记　IV. ①K825.38

中国版本图书馆 CIP 数据核字（2016）第 090824 号

王正华：蓝天的梦想属于每个人

著　　者：张　亮

责任编辑：侯　玢

装帧设计：张子墨　　　　　　版式设计：红　英

责任校对：史小东　　　　　　责任印制：蔡　旭

出版发行：台海出版社

地　　址：北京市朝阳区劲松南路 1 号　　邮政编码：100021

电　　话：010-64041652（发行，邮购）

传　　真：010-84045799（总编室）

网　　址：http://www.taimeng.org.cn/thcbs/default.htm

E-mail：thcbs@126.com

经　　销：全国各地新华书店

印　　刷：河北信德印刷有限公司

本书如有破损、缺页、装订错误，请与本社联系调换

开　　本：710 mm×1000 mm　1/16

字　　数：203 千字　　　　　　印　张：18.5

版　　次：2016 年 7 月第 1 版　　印　次：2024 年 1 月第 2 次印刷

书　　号：ISBN 978-7-5168-0991-4

定　　价：58.00 元

引 子

他不是一个太极高手，但是他以太极之道以柔克刚，心藏鸿志，终成大业；他在生活中低调普通，但是他一旦走到台前却常口出"狂言"，种种构想都会引爆人们的眼球……无论是低成本运营还是高效率管理，这个被人们称为抠老头儿的"老王"，在引领低价消费、平民主导的新商业思潮中，充当了一个颇具领袖气质的领路人。他就是王正华。

王正华代表了什么？代表了平民经济的崛起，从一个铁皮亭子到一家航空公司，人们不敢想不敢做的，王正华实现了。他一度被中国的商界所忽略，在各种知名的财富风云榜上都看不到他的名字，这并非是财力所限，而是他将股权分散在中高层的员工中。在那些专为各路企业家举行的大佬级别的沙龙上，同样看不到王正华的身影，因为这个七旬老者喜欢静养安心，去筹谋他势必要做成的事业。

别人完成了从一个亿到一百个亿的财富积累，他完成的不但是数字，更是从地面上升到了空中。

不管有多少人知道、了解王正华，他创造的商业奇迹都注定会写进历史。

太极生两仪，两仪生四象，四象生八卦，八卦演万物。王正华正是本着融合之心，将所有原本跟航空挂不上边的东西一概靠上：他提出让人大跌眼镜的"站票"，且不说能否实现，单就这胆气逼人的创新思路，绝非一般人能想到；他表面上和国航对抗，实质上是在促进二者之间的调和关系，因为利益有限，蓝天无限；他以低价为"主打曲目"引来草根消费者的关注，实质是让大家接受更多的出行方式，丰富生活情趣……说到底，王正华将飞机从高高在上的蓝天拉到了有无数人脚踩的大地。

融合，是太极的向善之道，也是王正华企业哲学的精髓。正是有了这种强大内推力的促动，才让老王敢于去做一场"春秋大梦"。他是一个"胆大妄为"的造梦者，想成为美西航那样的豪门企业，但同时他也是一个"谨小慎微"的圆梦者，对该不该发一瓶矿泉水都要集体讨论反复论证……究其实质，王正华是想让更多原本不在同一纬度、同一领域的事物完美地融合在一处，这才符合他太极之道的企业文化内质。

总有人议论纷纷：王正华这把年纪了还要做什么梦？为什么不能回家安度晚年尽享天伦之乐呢？对此，王正华以行动作为答复，他在继续"做梦"，他在继续"圆梦"，他在继续为春秋航空的一点一滴编织着未来。

在王正华的身上，能清晰地看到"掌门人"的气质，这并非高高在上的一言九鼎和不容辩驳，而是处心积虑、眼望八方的哲学境界。在市场竞争日趋激烈、备受指责乃至攻击的环境下，王正华依旧面带微笑，轻挥鹅毛扇，统帅春秋航空的三军将士，征伐在这块激荡着新旧观念冲突的战场。

正是将太极之道活用在管理、营销和服务等领域，才让王正华显露出了他的高远战略视角。航空和普通的产品制造大不相同，一架飞机从起飞再到降落，要面对无数个难题，要完成数不清的工作。每一项复杂的程序和流程，都凝聚着智慧的思考和认真的态度，而如此复杂的过程，却被原本跟飞机八竿子打不着的王正华和谐地融为一体。

王正华的成功秘诀不是方法论，而是世界观。他以一种泼墨大书的气度和指点江山的洒脱，加上精雕细琢的工匠之心，一寸一寸、一步一步迈向成功的顶点。对他而言，能够在有生之年见到春秋航空遮云蔽日的奇景，便是对他最好的慰藉。

太极之心，让王正华懂得借力发力、懂得以退为进、懂得以柔克刚。他深知自己站在风口浪尖，却笑着将论成败的年限推到了"20 年后"。相信二十载过后，并非是王正华挤垮了谁、消灭了谁，而是他的春秋航空与对手和谐相处，相生相融。

阴阳相克，虚实并进，这就是王正华横刀立马的气魄，与其学习王正华的成功法则，不如耐心沏一杯茶，慢慢品读他充满传奇色彩的人生，翻阅每一页，都将收获灵光一现的顿悟。

目 录

❧ 引 子 / 001

❧ 第一章 解谜不惑，机关"叛逃"领"春秋" / 001

创新思维解难题 / 001

"醍醐灌顶"于不惑之年 / 005

决胜策略：散客为王 / 010

群狼战术，抢占零散市场 / 014

垂直分工管理模式 / 019

❧ 第二章 翱翔天际，我的飞机我的客 / 023

"包机公"，航空旅游不是梦 / 023

"王·吉诃德"的航空梦 / 028

"空中大巴"蓄势飞天 / 032

低价航空，实施蓝天梦 / 036

第三章　春秋精神，"平和"管理的玄机 / 042

　　温性管理策略，架构优秀团队 / 042

　　财散人聚，股权激励正能量 / 047

　　打破常规，先育人后办企 / 052

　　学习型团队，学以补拙 / 056

　　文化蕴理念，党性照春秋 / 061

第四章　良性竞争，低调的崛起 / 066

　　风口中散步，浪尖上炫舞 / 066

　　不走寻常路，七剑合璧破苍穹 / 070

　　春秋航空，客户的"菜" / 074

　　融合之道，和气生财 / 078

第五章　上市融资，梦圆春秋大业 / 083

　　融资借钱，寒冬扩建 / 083

　　迎风直上，坚守低票价 / 089

　　下一站，上市融资 / 094

　　航线补贴，收益的第二命脉 / 099

　　春秋十年磨剑，获批 A 股上市 / 103

第六章　勤俭之道，开源节流的经营韬略 / 108

　　节俭持家，将抠进行到底 / 108

　　做业界的"低价蝙蝠" / 113

　　"省钱哲学"，成本控制 / 117

　　财富赚省对半开 / 122

第七章 逆势高飞，披荆斩棘趟前路 / 126

　　甘做民航改革试验田 / 126

　　多次颠覆只为梦想 / 130

　　迎难直上，逐步突破瓶颈 / 135

　　低成本航空，大势所趋 / 140

第八章 运筹帷幄，突进国际 / 144

　　走出国门，与国际接轨 / 144

　　和亚航过过招 / 148

　　0 元机票风波 / 153

　　开疆扩土，分羹中日韩 / 157

第九章 决胜苍穹，谨遵"蓝天法则" / 163

　　市场环境决定经济走向 / 163

　　民航前景依然明亮 / 167

　　安全，坚守航空的底线 / 171

　　黄金定律："王六条法则" / 175

第十章 出奇制胜，胜在诡谲思维 / 180

　　"卖站票"，立舱设想 / 180

　　做自己，夹缝中寻灵感 / 185

　　乘客满意度，矿泉水风波 / 190

　　"主题航班"，与市场接轨 / 194

　　相亲航班：空中的"寻爱之旅" / 200

　　"天空商城"，云层里的营销 / 203

第十一章 见微知著，大视角才有大智慧 / 208

"搅局者"，顺应社会大局 / 208

"另类"企业，坚持红色信仰 / 212

成功秘诀，想好了再去做 / 217

第十二章 探本溯源，近在咫尺看老王 / 222

家，永藏心底的牵挂 / 222

传承，传贤不传亲 / 226

低调做人，踏实做事 / 231

别具一格，打破常规 / 235

第十三章 酌水知源，投身公益报社会 / 241

绿色基金，搭建绿色"长城" / 241

红色春秋，感恩飞翔 / 245

健身之道，太极养生 / 249

第十四章 彰显个性，玩的就是与众不同 / 254

卓效管理，霸道与人道 / 254

先行者，体验"孤独实验" / 258

传道之师：美国西南航空 / 262

善学的拓荒者，非主流的企业家 / 267

第十五章 高瞻远瞩，造梦者蓝天寻梦 / 272

两岸桥梁，陆台航空 / 272

太极虚实之道，融合铸就大业 / 275

论英雄，20 年后谁主沉浮 / 279

第一章
解谜不惑，机关"叛逃"领"春秋"

创新思维解难题

1944 年，王正华生于上海。在抗日战争即将取得胜利的前一年，中国人民依然承受着巨大的战争压力。同时，1944 年也是世界反法斯战争最关键的年头，无论是苏联红军还是美英联军，都在东方战场和西方战场进行着大反攻，如诺曼底登陆，德国的七月密谋，中国远征军反攻盘踞在滇缅边境的日军……

王正华就是在这样的背景下来到这瞬息万变的世界，虽然那时他还懵懂无知，但身处战火硝烟的时代，他似乎与生俱来被注入了顽强的斗志和大胆的想法，伴着他从青涩的花季步入稳健的成熟期。

1962 年，一向成绩名列前茅的王正华，由于一个意外事件的影响而失去了上大学的机会。此后在重点中学任学生会副主席的他走上了从政之路，一走就是整整 23 年。

1966 年"文化大革命"爆发之前，王正华由于出色的表现，成为上海长宁区的重点培养对象，原本可以一路顺风顺水地前进。"文革"的到来，让他遭遇了一连串的人生波折。

好在王正华的苦难并没有无限延伸。1975 年，中央组织部长闻听到王正华的大名，亲自来上海考察他。经过一番谈话之后，决定将王正华调到北京！

然而人生有时候就是这样奇妙，当你认定前路是你看到的模样时，往往会在志得意满之际拐出一条岔道。王正华也是如此，正当他为自己的即将高升欣喜不已之际，对于他的考察又出现了新的结论——太年轻，不符合当时的要求。

虽然未能进入中央，但是对王正华来说，这个不幸中似乎隐藏着大幸。如果他顺利进入北京，那今后的人生履历似乎注定要和为官从政牢牢绑在一起，那么以王正华的实际能力，也未见得一定能担当大任——毕竟他当时很年轻，没有经历过从基层到高层的历练。

好在"文革"结束后，国家进入到拨乱反正的正途，一切重新开始。

当时光列车载着探索中前进的中国进入 80 年代后，王正华的人生际遇也发生了转变。1980 年前后，中国出现了大批知青返城的热潮，这个时期上海成为了最热闹的知青返乡地。在外面漂泊多年的男男女女的回归却给偌大的上海带来了新的麻烦：这么多需要工作、需要吃饭、需要成家的中青年，到底怎么安置才好呢？这个难题交给了上海，也同样交给了王正华。那时候的王正华，是上海长宁区遵义街道的党委副书记，专门处理这种民政问题。当时，组织上明确了指导思想：要让返乡的知识青年有工作、有饭吃，不能让家乡冷落他们。于是，帮着知青找生计，避免造成社会动荡，成为了王正华急需解决的问题。

虽说上海经济相对繁荣，地方也大，但是原有的社会分工结构在这十年间已经逐渐形成，返乡的知情如同插队买票一样，怎么能在短时间内迅速妥善安排好呢？于是，考验王正华创新能力的机会来了。

对于一个有创造性思维的人来说，会巧妙地避开问题的核心难点，采取反其道而行之的策略。就拿帮助知青找工作的事来说，王正华知道上海用人饱和、就业机会不多，所以他没有将解决问题的关键词定位为"如何找，上哪儿找"，而是变换了一个角度：让工作来找人，创造更多的就业机会！

80年代的中国，还是一个刚刚从十几年政治弯路中逐渐走出阴影的国度，尽管十一届三中全会奠定了改革开放的基调，但对大多数国民而言，一下子从保守封闭走向进步开放，还是需要时间的，不然就不会有安徽凤阳小岗村立下生死状承包土地的事件。

王正华不顾那些保守派的劝阻，在百废待兴的上海，亲手开办了一家又一家企业。借着政策的东风，先后开办了汽车修理厂、客运公司、货运公司等6个企业。王正华曾经回忆说："那个时候根本不知道什么叫产权，但我知道你拿谁的钱，谁就有资格来管你。我不希望婆婆太多，所以6个企业里没有一分钱来自国家投资，都是我们自筹资金。"

那时候的收入主要有两大来源，第一是报名费和培训费用，往往是企业的第一笔流动资金；第二就是借款，当时国家政策规定，只要安排一个知青就业能借款 500 元。王正华也借了一些，不过很快就还上了。

就这样，王正华从零开始创办了自己的企业。在那个充满变革的时代，王正华赶上了淘金的绝佳机会：只要生产出来的东西就能卖出去。

当时王正华自诩为"万金油"，他涉足的领域很多，而且吸金的能力也很强，基本上靠的都是自己筹措资金。无论是长途客运公司还是出租汽车公司，都办得有声有色。他的汽车修理厂业务红火；他的客运公司每天有 40 辆车在上海和扬州之间穿梭；货运公司每天有 70 笔生意。

这些成功带给了王正华前所未有的成就感，也终于让那些整天蹲在家里愁眉不展的知青们露出了笑脸：他们庆幸自己遇上了这样一个办事得力的街道党委副书记，他们也惊讶地发现，原来看似用人饱和的上海，其实藏着很大的商机。那时，王正华办了一家"东方绣艺厂"，业务项目是把当时上海江浙地区刺绣的出口订单，全都转包散发给这些回城的知青们，生意火得不行。

在由王正华创办的很多就业单位中，有一家显得比较不起眼，名字叫"春秋国旅"。似乎单从名字上就能听出来，这个略带土气和 80 年代感的旅行社，其实算不上是王正华创办的公司，只是一家集体企业而已，顶着一个"集体"的红帽子：不归某个人所有，但是要想生存只能靠自己，国家是不承担经营风险的。

缺乏资金支持，任何企业都办不下来，特别是像旅行社这种服务行业，本身不能产出产品，又不是与民众生活息息相关，所以想要在改革开放初期的中国生存下来，没点真本事是不行的。为了让旅行社赚钱养活自己，王正华不断地寻找门路，想尽一切办法筹措资金。找着找着，王正华忽然发现了一个商机：当时的知青为了能在家乡安身立足，都急需学到一种宝贵的吃饭手艺，不是报了这个培训班就是上了那个夜校，他们忙得不亦乐乎，市场需求却得不到满足。

王正华绝不会放弃这个机会，他遍访高人，终于在上海本地找到一位旅游方面的老专家，开始筹办一个旅游培训班。很快，他向社会发出招聘信息，报名费是1元钱，上课费则是每个人40元钱。

王正华运气不错，招聘信息发出后，一共约有1600人报名，这样就收入了1600元初创资金。紧接着，王正华又从其中的100人中录取了34个并组织培训，每个人培训一个月，学费40元钱，这又收入了近1600元的资金——这在当时绝对是一笔不小的收入了。靠着这3000多元钱，王正华开始了他的初创时代。

有了第一桶金支撑，王正华开始给春秋国旅进行投资。在长宁区的一条街边上，王正华弄了个只有2平米大小的铁亭子，上面挂着"春秋旅行社"的招牌，开了一个脑袋勉强能伸出来的小窗户。

这个小亭子经营的是旅游，即便是在见多识广的大上海，同类行业也是寥寥无几。王正华，带着一股赌徒的狂热劲儿，开始了他和春秋的不解之缘，由此引发了一连串的人生骤变……

"醍醐灌顶"于不惑之年

虽然王正华有一定的"吸金"本事，可"吸金"毕竟不是"造金"，当他的那些企业发展到一定规模之后，因为缺乏必要的资金注入，后期基本上都跑不起来了。

春秋国旅就是最典型的例子，在它开始步入经营正轨的时候，却很快面临被逼停的危机。

在80年代之前，中国人几乎没有个人旅游的概念，要想出去走走，基本上只能依靠单位的集体旅游——前提是单位效益够好，而且次数也不是很多，地点通常也在附近。此外，就是领导干部们开会时可以出游一番。对于大多数普通老百姓而言，个人游称得上是一个新鲜名词。

当时中国的旅游业自由竞争空间很小，外国客源被有外宾接待资格的国有旅行社垄断，单位奖励旅游也被国旅、中旅、中青旅乃至各个国有企事业单位系统内部的旅行社瓜分完毕。另外，政府也在内部系统对国内旅游采取"不鼓励、不提倡、不支持"的"三不政策"。

基于这种现状，王正华不得不考虑如何催生出个人旅游热，让经济相对宽裕的人走出家乡，到祖国的大好河山去看一看、转一转。自己想不明白，王正华就从书中寻找答案。偶然间，他在一本由浙江大学一位老师编著的教材中获得了启发。

这本书名叫《世界旅游业及其哲学》，听起来名字怪怪的，但内容却比较实在。浙大的那位老师曾经去国外学习过，一路上有感而发，所以回国之后写了这本教材。书中字里行间体现出了不少前卫思想。尽管现在看来它的知识性算不上多么超前和深厚，但对于那个转型年代的人来说，这简直是一本让人醍醐灌顶的"天书"。

王正华阅读这本书时如痴如醉，他的"旅游观"就此形成，或者说大部分核心理念来源于它。其中最让王正华有所启发的是浙大老师讲的：世界各国的旅游基本都是以散客为主。

王正华读到此处，忍不住拍案叫绝，要知道他的春秋国旅正是面向广大散客的，而这个做法竟然是符合世界旅游发展潮流的。放下书之后，王正华更加坚定了要将这碗饭吃到底的决心。

良好的开端意味着成功了一半，王正华刚刚涉足旅游业，就一脚迈进了世界旅游的先河，让他那不起眼的小铁亭子与其他旅行社拉开了距离。春秋国旅就像王正华一样，在当时成为了另类事物的代名词。

有了书本知识的勉励，王正华开始兢兢业业地打理春秋国旅。由于是集体经济，王正华在经营之外免不了和政府部门打交道，好在他有深厚的从政背景，对机关事业单位的办事风格和工作流程比较熟悉，因此周旋得还算游刃有余。但是在经营主业务的时候，王正华常因为散客的不同特点绞尽脑汁。

渐渐地，随着春秋国旅的壮大，王正华面临的问题也越来越多，稍有不慎，就会将一些矛盾激化，从而给自己惹来麻烦。与此同时，王正华也发现：当一个人不能专注做某件事的时候，精力会因分流而变得少得可怜，随之而来的就是工作效率的大幅度降低。

王正华隐隐意识到自己将再次面临人生的岔路口，经过一番权衡对比之后，他于1985年正式辞职。

那时候，王正华已经在机关工作了20多年，可他家中的生活依然过得很清苦，他也拿不出更多的钱下海经商，这也就迫使他绝对不能有丝毫的失败。在他决定放弃机关工作的那几个仲夏之夜，父母妻儿都已熟睡，他却盯着窗外难以入睡。他在思考自己未来的出路，思来想去，他觉得不能将自己余下的光阴钉死在一条街道上。

王正华的辞职，让不少人大跌眼镜，毕竟他在机关和商业之间，往返了 3 年多，虽然过程比较艰辛，但是他最终还是挺了下来。

从事业单位离职，这对于那个时代的人来说，好比天方夜谭。因为在习惯了国有制、集体所有制的体系之后，中国的民众通常都认为自己的一生会跟单位牢牢绑定在一起。只要不犯严重的过错，没有人会从一个铁饭碗的体制中剥离出来。

更要命的是，当时的王正华并不是一个意气风发的小伙子，他已经41岁了，是一个没有那么多时间来改正错误、为自己的决定负责的年纪。最主要的是，王正华凭借个人才干，已经在政府机关工作了 20 多年，好不容易熬到了处级。

没有人会理解王正华：为了一个集体所有的小旅行社，丢掉了处级干部的待遇，丢掉了前景看好的仕途，反而进入到一个谁也无法预言结果的"死胡同"里。

不过，如果从王正华当时的境遇抽离出来看，那个时代也真有不少人辞官下海的。但是那些人的辞职，通常都拥有着雄厚的政府资源和人脉基础，而他们所从事的行业，也是前途明朗的"大买卖"。王正华和他们相比完全不一样，他几乎没有任何便利的资源和条件，即便有，也帮不上他的春秋国旅什么忙，这毕竟只是一个做散客的小旅行社，跟事业单位基本靠不上边。另外，王正华的身体也不是创业的最佳状态，早在 70 年代，王正华在一次义务献血后，持续发烧了很久，最后被检查出患有乙型肝炎，那时，大夫告诉他：你的可预期生命差不多还有 10 多年。

如果说这世界上有很多不利于创业的客观障碍，那么放在王正华身上几乎成为了负面因素的集合体——他几乎不占任何有利条件。然而王正华就是这么一种不走寻常路、不按套路出牌的个性。他最终还是在"众叛亲离"的反对声中，走出了政府圈子，变成了一位创业者。

这是一种外人难以衡量的勇气和信心，王正华真的着了魔吗？

现在来看，王正华决心走上这条"不归路"有三个原因：第一，在他41岁这年，忽然发现人这一辈子如果就呆在一个地方不动窝，是一种人生的悲剧；第二，他发现自己并不是一个喜欢从政、善于从政的人，他更喜欢自由一些的工作，和那些整天脑子揣着政治斗争的人融合不到一起；第三，他认定春秋国旅必将由小变大，顺应国际潮流而一步步发展壮大。

就这样，41岁的王正华辞职了，带着一颗闯天下的心和一腔奠基大业的热血，开始了新的人生征程。

当时，街道只允许王正华带走一个企业，他毅然决然地选择了旅行社。对此，老王的解释是"选旅行社最重要的原因是我没有钱"。

80年代的上海，和现在相比自然很落后，一个铁皮亭子，算不上多么寒酸。但辞职之后的王正华觉得，既然现在专注做春秋国旅了，理当有一个比较体面的开始——哪怕讨个好彩头也行。于是，王正华打算搬出铁皮亭子，换一个相对气派些的办公场地。

终于，王正华经过精挑细选之后，选择了上海的一块风水宝地西藏路。在30年代的大上海，那儿曾经是著名的莺歌燕舞之地，遍布娱乐场所，像什么"大世界"、"跑马场"都在这附近。

王正华不是个迷信的人，但是他要通过一块宝地让自己沾沾财气，于是他将西藏路当成了新的根据地。

决胜策略：散客为王

在《世界旅游业及其哲学》这本书中，王正华对其中的一句话印象相当深刻：要做旅游业，要选择"有闲钱、有闲时、有闲情"的"三闲"人群，而广泛的"搜捕散客"正是国际旅游业发展的大趋势。

其实，这个观点放在今天算不上什么"高大上"的领先观念，可在当时的中国绝对是"另一种声音"，因为那时候的旅行社几乎都一门心思做团队旅游，对于风险巨大的散客市场几乎无人问津。

搬到西藏路之后，王正华便继续实践着他"吃散客"的旅游策略。散客和团体客相比，具有零散、七拼八凑、一口吃不饱等特点，的确是大型旅行社最不待见的客源类型。不过这也没办法，王正华一没有团体客源，二没有内部渠道，不得不拿"零食"当"正餐"。

就这样，当国有旅行社在草原上大群捕猎肥美的绵羊时，王正华却像个渔夫，划着一条破破烂烂的小船，艰难地在水里"打捞"小鱼小虾。春秋旅行社接的第一单生意，是从上海招人到苏州进行一日游。

这次"捞鱼行动"，王正华原本打算招来 40 个人去苏州玩玩，权当是一次小练兵。可他说破了嘴跑断了腿，花了好长时间，只卖出去 20 张票，一辆大客车从外面往里看几乎是空的。王正华掰着指头算了算，卖的钱都不够包车费，赔大发了。

市场环境不好，这是没辙的事。20 世纪 80 年代初，中国虽然已经步入了改革开放，但计划经济的味道没有马上散去，给旅游业带来的直接影响就是：散客市场小得可怜。据说，有人进行过统计，发现团队与散客的比例是9：1。

日子久了王正华发现，他要捞的小鱼小虾，要么是一些婚庆旅游者，要么是一些条件好的、有实力度假的个人或家庭。只有捕捉到这几类人群，旅行社才不至于饿肚子。

应该说，王正华在一个本已狭窄的市场中，仍然进行了细化，进一步缩小目标人群，制定最有针对性的旅游项目。在成本紧张的创业初期，每缩小一寸都将节约一定的资金和时间。

在春秋旅行社入驻西藏路之后，生意越来越兴旺，把个人游这项服务搞得有声有色。自然，春秋国旅的招牌也响亮起来，连带着将整个西藏路都变成了上海的旅游中心，大约有100多家旅游公司在附近开张营业，而在中国名列前20位的10多家本地旅游公司，都集中在此。

后来，王正华算了算，春秋旅行社第一年营业额是1万元；第二年达到了8万元；第三年达到了64万元……尽管吃得多，但王正华依然是在捞虾捕鱼，以量填饱，这是王正华必须要接受的现实。直到1992年旅行社的生意好转之前，他一直在上海地区撒网甩钩，苦熬了11年。在此期间，他给自己定下的策略是：只要有钱，咱们就开一家分店，周而复始，把企业养成个胖子！

这十几年，是王正华备受考验的人生阶段。每到生意不顺时，他总会有意无意地回想起在机关工作的日子，那段生活虽然没什么变数，但也算安逸和稳定。然而回想也就是几秒钟几分钟的事，王正华认定要坚持做的事情，是绝不会因为遇到点挫折就打退堂鼓的。他始终相信，春秋旅行社必将社如其名：千秋万代，永传不灭。

当时间进入20世纪90年代以后，旅游业的春天像飘着一头秀发的少女，款款走到人们的面前。在开放搞活、市场活跃的大背景下，万元户越来越多了，下海经商的越来越多了，效益好的单位越来越多了。很多人手里有了闲钱，开始想着满足一下精神需求了。

改革开放开的可不仅仅是市场，还有思想和文化。过去，在机关工作的人能跟着单位一起出去旅游，绝对是值得炫耀的事情，但是随着观念的转变，这种大锅饭似的福利政策，让很多人感到不过瘾、不尽兴、很受束缚。在支付能力与日俱增的90年代，很多人都想将单位统一组织的集体旅游，转为追求个性化、家庭化的个人旅游。

散客时代终于像《世界旅游业及其哲学》中讲的那样，成为旅游市场中比重越来越大的组成部分。当时国内的散客份额，差不多逼近整个旅游市场的一半。

当年的小鱼小虾，如今都已长成了大鱼大虾，王正华觉得自己该换渔网了，该换鱼篓了，该换条大渔船了！

不过算账这种事，不只王正华自己会，其他的旅行社也发现了这个悄无声息的转变，他们开始重视过去一度忽视的散客，忙着打造能吸引散客的竞争项目，甚至连那些大旅行社也不得不低下"高贵的头颅"欲分一碗羹。散客，在90年代初一下变得炙手可热了

在欧美发达国家的旅游市场里，90%的市场份额是国内旅游创造的；从散客旅游与团队旅游的关系来看，散客占了90%的市场份额。不过，团队旅游在绝大多数旅行社的总收入里，还是有着80%左右的优势。虽然散客还没有占据绝对优势，但上升态势已经绝对明朗了。

王正华一边计算着小鱼小虾的生长速度，一边也盯着他的同行

们。毕竟春秋旅行社在散客市场中，摸爬滚打了十多年，随便挑个案例出来都是眼泪和汗水，王正华绝不会忽视这些辛辛苦苦积累的资源和经验。有意思的是，那些一直不屑于捞虾捕鱼的旅行社，天天喊着要开分店，发展营销网络……每当王正华听到这些"可歌可泣"的故事时，都忍俊不禁。

王正华可不是自恋，他最清楚自己的优点在哪儿——敢于实践。有了钱就开分店，这是他一以贯之的策略，不像有的旅行社刚赚了点钱就进了老板的死期存折，或者添了些没用的东西。更重要的是，那些向来不愁客源的国有旅行社，还是缺少对散客市场开拓的进取心和行动力。当然，这里还有个原因是：那些大旅行社的体制问题限制了它们的发展，一把手总是换来调去，新任推翻上一任的所有做法，所以什么政策都没法子长期执行。

相比之下，春秋旅行社就幸运多了，从创办开始就是王正华一个人决策，一个人承受压力，好政策不间断地在推行。

当时间列车进入到 21 世纪，春秋旅行社再次迎来了春天，特别是 2001 年和 2002 年，是其快速扩张的两年，它在全国各个主要大中城市的分社，一下子扩张到 31 家。更让人瞠目结舌的是，春秋旅行社在中国大陆以外的分公司也猛增猛涨，由原来美国西部的一家，渐渐扩展到美国、英国、德国、泰国、澳大利亚、日本、香港等地一共 7 家！要知道 2001 年之前，春秋旅行社在全国开办成功的分社只有 13 家。

春秋旅行社能有如此的辉煌，得益于王正华的散客策略，这个看似微不足道的客户群体，让它终于由小变大、由弱变强。在散客为王宗旨引导下，王正华还信守着"有了钱就开分店"的原则，不断向外扩张，建立规模化优势。

如今，以上海为中心的华东市场是春秋旅行社的强势市场。在上海以外的地方，王正华采取了依靠分社联合加盟代理商的路子。散客为王经营策略的胜利，是王正华下海后的第一个战略性大胜仗，这也坚定了他继续走下去的信心。有了这个策略的支撑，谨慎的他终于甩开了膀子，喊起了号子，在旅游业中大踏步前进。

群狼战术，抢占零散市场

市场竞争，说得粗俗点，就是一群狼在争抢食物，抢到的就饿不死，没抢到的只能另谋生路。关于抢肉，王正华一直信奉的是团队协同作战，这特别适用于像他这样姥姥不疼舅舅不爱的非国有集体企业。面对那些虎背熊腰的大型旅行社，王正华和他们缠斗的过程中也是心力交瘁，所以，他决定换个打法。

1987 年，中国游业出现了迅速增长的情况，春秋国旅这个不惹人待见的"野孩子"，也终于被审批为有资格开展入境游业务的国际旅行社。这下，王正华觉得自己可以玩的项目更多了，他一度将旅行社的经营重点放到入境游业务上，在他看来，这类业务赚钱多而且前途一片光明。

在春秋旅行社拓展了入境游业务之后，业绩上升速度变得很快，不过跟以国旅为首的大型旅行社相比，还是差了一大截，这让王正华浑身的战斗细胞舒展得并不痛快。经过四五年的鏖战，春秋旅行社的国际游业务，一直处于吃不饱也饿不死，今天盈利明天赔本的状态。

经过几年的对阵，王正华终于发现，像他们这种"野孩子"终究不能忘了出身——胳膊还是拧不过大腿啊。于是，王正华将旅行社的工作重点重归国内游上。

就这样，王正华从1992年开始，将主战场再度转移到国内游市场，并且开始注重在全国范围内建立分社和新兴的互联网系统。王正华不糊涂，他从国外的经验中领悟到，散客市场的旅行社想要做大，就得依靠网络的力量。换句话说，他们这样的旅行社的发展模式，不是培养一头体型硕大的猛虎，而是培养数量庞大的群狼，只有摆开阵势平铺在草原上，才具有和强敌一决雌雄的优势。狼的数量越多，分到的肥肉也就越多。当然，这还需要信息共享系统的支撑才行。

虽然王正华是个"抠门"的人，但是对花在刀刃上的钱从来都不心疼。当时，拓展分社和建设电脑网络，一共花了他将近2000万元。可让他意外的是，分社建立不久之后会马上亏损，互联网也没发挥出作用。

一笔巨款疑似打了水漂，员工们当然有意见，都说这是老王在瞎折腾，甚至有人批评道："利润不用来发福利、升待遇，全拿去开分公司了！""你们都是好大喜功！你们都是梦想主义者！"这些话深深刺痛了王正华，但是他知道，只有将这段难熬的路走过去，才能用事实证明他的抉择是正确的。为此，他一面苦口婆心地说服员工，一面顶着压力继续扩张。面对扑面而来的质疑声，王正华挥了挥衣袖，挡住了所有"云彩"——坚持，坚持，再坚持！

创业就是这样，总有个量变到质变的过程，只是有些人性子急，没到质变的时候就停手了，王正华恰恰相反，他早就看出了分社和互联网是大势所趋，目前的颓势只是个还不好听的小插曲而已，挺一挺就过去了。

老王的预见性是正确的，经过四五年的整合与发展，春秋旅行社从1997年开始，分社和网络都开始发挥各自的作用。为了让这些小狼们便于管理，王正华规定将全国的分社划分为全资子公司，这是因为1992年以前的合资形式全都折戟沉沙。现在看来，很大程度上是因为总社的经营理念根本传不过去，资金又大量流失，地方合作者们诚信度太让人失望造成的。

当然，王正华的心思可不是只放在分社上，他一边扩充着本族狼队的数量，另一边也在全国范围内寻找合适的代理商。过去，春秋旅行社靠的是自己设计旅游线路，捎带脚还得跟交通、酒店资源一起打包再整合成为旅游产品，完全是自产自销的路子。现在，春秋旅行社改换成以设计整合旅游产品为主，将全部的销售工作都交给代理商去办，走的是一条国外大旅行社的模式：旅游产品批发商制经营模式。

老王不仅从"洋和尚"那里学习他们的运作模式，还从他的个人经验中总结新的套路，比如他的批发商理念就是这样来的：起初，一些以团队市场为主的旅行社，总是把它们不愿意消化的零散客人甩给王正华，老王当然不拒绝，就委托这些旅行社卖春秋的票，日子一长，那些从不同旅行社买到春秋票的顾客，就形成了一定的规模。王正华发现可以凭借建立批发代理体制，将这些超级散客串连成他自己的规模客源。

对此，王正华有一句精妙的论述："这正是散客理念的精髓。全国31家分社，每家投一个人到厦门，就可以组一个去厦门的团。"

天下资源，不厌其碎，能最优整合，方为胜者。

王正华开出了可观的价码，雇佣了一大批中小旅行社加盟到他的队伍中。而且老王坚持自己的原则：不论有多大油水的旅游项目，咱只拿利润的 10%，剩下的全都给代理商。这种"拿小头"的原则，让代理商们相当满意，而王正华也得到了实惠：游客规模越大，包酒店、包飞机、包汽车的数量就越多，他所付出的单位采购成本，就会大大低于其他旅行社。

王正华就是通过这种"有肉大家一起吃"的办法，让他的代理商队伍越来越庞大，资源优势渐渐显露出来。

这边是老王在不断创新运营思路，那边的中旅总社则遭遇了尴尬的局面：他们只有一个相同的旗号而没有资产纽带，就好像一头雄狮的四个爪子被分销到草原的东南西北四角一样，已经没有了战斗力。更让他们胆战心惊的是，王正华已经撒开了一张网孔密集的大网，乐此不疲地从全国各地"网罗"散客资源。

办法有了，资源来了，互联网也就有了用武之地。当时全国 1200 多个网络终端发出的游客信息，都被一个不漏地传送到春秋总部的电脑里，经过分析处理，游客们被重新归类组团，于是春秋旅行社总部、门店、分社和代理商之间，巧妙地组成了一个"前台收客、后台处理"的庞大业务收揽和处理平台。再看看国旅、中旅等昔日土豪，能够实现即时信息共享的联网终端，大概只能达到三位数而已。

春秋旅行社这种广泛分布的分支机构和联网系统，具备了处理大规模客源的能力，它能够将一个上海人和一个广东人编入到去西安的旅行团里，绝不会有半点差错。业内人士认为，这种分离处理的方式，会产生一种强大的功能效率，让规模化运作变得极为简单。

为了提高春秋旅行社在潜在代理商和游客中的知名度，王正华不仅掏出银子做了大量的广告，还严把质量关。那时候仅仅在上海总部，他的质量调查员就有 20 个。这些人可不是吃闲饭的，他们会对每个旅游团进行跟踪调查，只要游客有一点不满意都会被他们察觉，然后通过每周一次的质量讨论会和每月一次的质量监督公报来解决这些问题。如果有哪个业务经理违反了社里的质量要求，轻则受到批评警告，重则被罚款甚至可能被辞退。

即使在现在，国内也少有旅行社能达到像王正华这样的质量管理水准。不认真，不成魔，这就是老王的克敌法宝。

在"群狼战术"中，王正华极力推出一些富有特色价值的旅游产品，借此形成差异化营销，提升品牌形象。当时，春秋旅行社推出了一款不带有任何强制购物行为的海南游"纯玩团"，一下子受到了游客们的青睐；此外，还推出了专门为无儿无女的老人设计的"爸妈之旅"，市场反响十分强烈；更有意思的是，春秋旅行社还弄了个将国外游客安排在中国游客中的"中外同车游"项目，这种大胆创新的项目，卖点十足，效果极好。

随着经验的积累，王正华越发意识到，日后的国内旅行社将逐渐演变为三个层次：第一层，有十几家旅行社将成为大型批发商，同时伴生着一些小一号的批发商；第二层，有一部分专业旅行社和专业领域的批发商；第三层，就是余下的占比 80% 左右的旅行社，做的都是零散生意。

无论划分为几层，老王的"头狼野心"可谓"路人皆知"——他一定要让春秋旅行社成为顶级的全国性批发商旅行社。这大概也是群狼战术中的核心原则：争做第一，阵列在前，不成大业，毋宁死！

垂直分工管理模式

春秋旅行社火了，王正华笑了，更多的人开始窃窃私语了：能不能照着它的样子来一个依葫芦画瓢的成功复制呢？

答案是：这有点儿难度。

春秋旅行社的成功，不是单单靠着几个分社和一张互联大网络，还因为王正华坚持了垂直分工这种先进管理模式。

2002年上半年，春秋旅行社在上海新开的一些门店，遭到了以中青旅为首的7家旅行社的"联合绞杀"，中青旅将春秋旅行社这个从土堆里冒出的野孩子视为眼中钉，摆出了肯德基对抗麦当劳、百事可乐对抗可口可乐的架势发动进攻：你开一家门店，我就在旁边开一家门店。结果如何呢？中青旅撒出去的门店没有"撒豆成兵"，而是被严酷的市场竞争活活煮成了一锅稀烂的绿豆汤：一半多的门店倒闭歇业，而春秋旅行社却活得相当滋润。

对于这一轮的较量，王正华总结了三大优势：成熟的散客经营理念、良好的联网系统支撑和科学的垂直分工模式。

所谓垂直分工模式，是旅游业中旅行社特有的一种运作体系，这个体系有利于保障市场竞争处于有序的状态，也有利于规模经济的形成，作用是能够获得更高的市场绩效。相比之下，它所对应的水平分工体系，很容易造成产品的雷同和模仿，不利于产品创新，往往会让自身陷入到恶性竞争中，市场效率相对低下很多。

王正华富有先见性地看到，春秋旅行社在未来几年中，必然要面对一大批迅速崛起的竞争对手，它们带着对无限利益的憧憬，拖着一个个膨胀起来的身子进入到这个市场。比如，逐渐失去垄断优势的国旅、中旅和中青旅，都是通过横向收购来扩大规模，目的就是为了能够在外资进入国内旅游市场后，继续保持竞争优势。

面对这种挑战，老王是怎么想的呢？他觉得，这不过是这些昔日土豪们不得已而为之的策略罢了。如果不能解决旅行社内部因水平分工方式而造成的混乱状态，盲目横向扩张根本没法让自己得到质的提升。相比之下，春秋旅行社推行的垂直分工模式，才是真正让自己实现规模扩张的重要手段。

在目前国内的旅行社中，从市场计划到客源开拓再到交通采购等诸多环节中，最流行的打法就是一个业务员大包大揽全部拿下，以至于每个人都是独立的运作主体，做的事儿大同小异。因此旅行社就形成了一种很奇怪的现象：一个大公司里是一群个体户在做事。这种形成于封闭环境中的传统旅行社格局，实际上根本不利于旅行社规模的发展。

当然，王正华的垂直分工模式也不是从一开始就推行的，在20世纪80年代到90年代初，春秋旅行社的内部也曾经出现过一种声音：废弃垂直分工系统，用水平分工方式来代替。为什么大家这么喜欢本不科学的水平分工呢？只因为这种模式见效快，最容易打动人心，而且还是主流豪强旅行社们的一贯打法。另外，那时候的社会风气也是划小核算单位、强调负责到人，所以大家都追捧这种模式。

面对群众的呼声，王正华真有点高处不胜寒的感觉，他不能将所有人都说服，而当时的他也对这种模式的弊端认识不足，于是春秋旅行社也放开肚子"尝了尝"水平分工的味道。

别说，在刚刚推行水平分工的时候，方法奏效很快，业务员的积极性也大大提高，然而好景不长，经过一段时间的实践检验之后，旅行社的业务规模并没有迅速做大，反而停滞不前了。

1992 年 5 月的一天，水平分工带来的噩梦终于按时敲门了。那天，王正华忽然得到一个通知：负责招揽外地人到上海旅游的华东部的十几名员工，被部门经理集体拐到了另一家旅行社。一整块业务在瞬间死掉了。

听了这个消息，王正华还能说什么，他立即招募新人，重建华东部，从头再来。也正是由于这次事件，王正华深刻地意识到垂直分工还是利大于弊，于是他大刀阔斧地把公司所有部门重新改回到垂直分工系统，将市场开拓、分析计划、调度、售票、服务回访等环节，合理地分割成一段一段的，交给不同的部门和人员负责。

可惜的是，改革总是阵痛般的让一些"怀旧者"难以接受。在春秋旅行社重回垂直分工模式之后，不少人因为不愿意再接受这种路子，带着情绪离开了。

王正华在唏嘘之余，也更加坚定了自己的信念：正因为不是所有人都能接受，所以这种模式才有不易被人发现的优势。接着干！很快，重建起来的华东部凭借垂直分工模式收到了奇效。王正华后来算了算，水平分工的那几年，华东部每年的业务量大概在 3 万人次左右，而垂直分工的第一年，业务量居然猛增到了 20 万人次！

垂直分工的另外一个好处是：能够避免中层业务员的灰色收入。在水平分工模式中，中层业务员的收入要超过高层领导，因为他们可以从中截流一部分收入，你要是对他们不满，他们马上就翻脸不认人，带着客户一起叛逃，会给旅行社造成难以估量的损失。

在春秋以散客为主的垂直分工系统下，灰色收入被清剿了，从而规避了骨干业务员带走客源的大忌。这种以散客为主的垂直分工模式，让总经理和企业成了最有话语权和决定权的人物。

为了让垂直分工系统开足马力挺进，王正华没有采用其他旅行社常干的"挖墙脚"策略，而是破天荒地开辟了旅行社业中绝无仅有的人才招聘标准：只要在旅行社干过的人一律不要！

这条招聘标准一出来，几乎所有同行的眼珠子都瞪了出来：这老王是不是丢掉了一个"没"字啊——"没"在旅行社干过的人一律不要！

老王当然没有那么粗心，他之所以拿出这么奇葩的招聘原则，就是想要一些没被水平分工模式"污染"过的业务员，他们没有"怀旧情结"，能够迅速地接受垂直分工这种新模式。

王正华的垂直分工最终促进了旅行社的发展壮大，与此同时，企业需要的资金自然也多了，所以当时国内不少旅游企业，开始寻找外资战略同盟帮助自身提升竞争力，这甚至演变成了一种非常时髦的手段。不过老王却稳坐钓鱼台，甚至谢绝了主动上门借钱给他的投资方。

道理很简单，王正华对这种侵略性强、控股欲望高的外资，压根儿就没啥好感。王正华信奉的是自力更生，他不能把股权拱手让给外人。

不仅对外资没兴趣，王正华对那些参股控股酒店或者收购其他旅行社的事儿也不是很积极。因为 20 世纪 90 年代，春秋旅行社曾经走过多元化发展路线，投资建材和房地产等领域，不过发现这么干还是不务正业，所以最终都收了回来，一门心思地做好旅游业。

可世事难预料，就在大家都认为王正华会在旅游业一条道跑到黑的时候，他那深邃的目光竟然从地面瞄到了天上，作出了一个让所有人都不敢相信的决定！

第二章
翱翔天际， 我的飞机我的客

"包机公"，航空旅游不是梦

王正华的思维超出常人之处在于：有着一种发散性和跳跃性的特点。作为一个企业的掌舵者，他的眼光总能聚焦在别人看不到的地方。就在大家伙琢磨着怎么拉客源、改进服务的时候，他开始考虑旅客运输问题了。

在中国，旅游的主要运载工具是火车，价格低、路线广，最大缺点当然是速度比较慢。很多游客和景点之间路途遥远，如果乘坐火车或者汽车的话，不仅在路上会消耗大量的时间，对人的体能也是一种考验，特别是那些年龄比较大的游客，几天几夜的颠簸下来绝对会身心疲惫。

相比于火车和汽车，飞机的优势不言而喻，但是它也有一个最大的缺点，就是价格比较昂贵。虽然在欧美那样的发达国家，坐飞机是司空见惯的事儿，但是在中国还比较少见。除了有钱人能坐，再就是公家报销，寻常百姓几乎沾不上边。

坐飞机难这件事，让做了十多年旅游的王正华陷入了思考，为什么中国航空的机票这么贵？从国外发达国家的实际情况来看，人们主要的出行方式是航空。根据资料显示，美国的旅客周转量，航空和铁路的比例是19：1，而在中国这个比例竟然是1：4。从这个数据对比来看，相对于美国发达的民航客运市场，中国民航客运市场还有着极大的发展空间。王正华经过研究发现，正是传统的航空企业将航空旅行给高端化了：由于过去市场竞争不充分，所以导致了航空业计划经济特征十分明显，而人民平均消费水平又比较低，所以导致了传统航空业将服务定位在了一个高端层次上。然而随着经济生活的发展，寻常百姓也想将航空当做方便快捷的交通工具。

王正华将老百姓乘坐飞机难这个问题和当时的"散客为王"策略结合在了一起：如果能让大量的散客乘坐飞机旅行，那该是一个多大的卖点！

从1994年开始，在中国旅游的全国排名中，春秋旅行社已经连续11年位居第一。也正是从这时候起，王正华就考虑春秋旅行社要在下一个"战略制高点"上胜出。至于这个制高点是什么，当时老王产生了三种构想：第一种，学习美国最大的旅行社运通公司的模式，推出专属自己的"运通卡"，走一条金融路线；第二种，效仿欧洲最大的旅行社德国 TUI（途易）股份，创建自己的飞机航队，走一条航空路线；第三种，参照欧洲当时流行的高层次旅游风格，办一些会议和展览活动。

王正华对这三条路线进行充分的比较研究之后认为：第一条路，在中国显然是行不通的，因为中国的金融业向来把控很严，不是谁想玩就能玩的，更重要的是，现在国外的金融机构已经大规模"入侵"，春秋公司能够分到的市场份额实在太小；第三条路，王正华认为也会走得相当艰难，这是因为他曾经于1995年在《人民日报》上发表过一篇名为《上海应该成为世界级的会议展览中心》的署名文章，结果他敏锐地意识到，但凡是会展都和政府关系很密切，不是官商基本别想碰，哪怕你是再强的私营或者民营企业，你的手里能有可供你自由支配的交通、环卫和警察资源吗？

在两条路都走不通的情况下，王正华选择了走航空路线。应该说，这是他理性分析得出的结论。虽然这个分析是充满智慧的，但在旁人看来，老王的脑子还是发烧了。

说老王发烧，也不算是"诽谤"，虽然这时候的春秋旅行社成为了国内旅游第一，但是和民营航空相比，那就是隔行如隔山：旅游业赚那点钱怎么够飞机那么大的开销？难怪王正华的副手都觉得老王"疯掉了"：旅游业的利润率只有1.5%，这已经让整个旅行社的管理团队忙得找不到北了，现在又要搞民航业这种资金密集型、回报低和周期长的行业？

退一万步讲，就算中国出现了具备美国西南航空那样潜质的公司，可别忘了在中国这个大环境下，那么多的政策束缚和商业风险，哪能是一个铁皮房子起家的春秋国旅玩得转的！

尽管大家都劝王正华醒一醒别做梦了，但老王的执拗劲儿却上来了，他给大家背起了词典：什么是航空？它是人们出行在100公里以外24小时以上的非居住性转移，这跟旅游一样，都在一个大范畴之内。老王的意思很直白：咱们既然能玩得好旅游，为什么不能在航空领域试试水呢？怎么也算是近亲行业！

一个搞旅游的研究着天上的事儿，在外人看来这人十有八九是魔障了，但是王正华却认真地思考了足足 3 年。别说，老王的分析在今天看来相当正确。在 2004 年之前，进入航空业的一水都是国有企业，虽然这些航空公司吸纳了当时中国最优秀的航空人才，并掌握着最丰富的资源，但都被国有体制束缚了手脚，发展空间很有限，这就表明民资有插足的机会。在外国航空公司还没有进入中国市场的前提下，国内任意两个城市之间，跨国航空公司都是不允许组织客源的，不过不用担心，组织散客恰恰是王正华的强项。

现在，想法有了，支撑理论也有了，下一步就是思索如何跳进航空这条大河中学游泳了。经过一番琢磨，王正华终于想到了一条最快捷的试水途径——包飞机。

包飞机的最大优势，是可以绕开成本、政策等客观因素的影响，毕竟当时的春秋旅行社还没有那么大的能量自建航空公司，所以包机便成了最佳的解决策略。

其实，包机这个想法早就在王正华的脑子里扎根了。当时中国的某些航线上，曾经有过一种非常便宜的打折机票，最便宜时能够达到 2 折。于是，这种令人难以相信的价格吸引了不少人。据说在上海附近，很多乡村是一个村一个村的村民，前来订购机票或者包机旅行。

看着这些男女老少成群结队进入飞机，王正华感触很深：要不是有包机这个事儿，也许他们一辈子都无法知道坐飞机是什么感觉了。由此，王正华的发散性思维又开始运行了：为什么不能用包机的方式让春秋旅行社的游客们体验一次坐飞机的感觉呢？

在当时的中国，出门坐飞机绝对是一种奢侈消费，不过这个梦想正在和一个有利的客观变化靠拢——全球的低成本航空正逐渐成为热点。王正华意识到，自己的机会终于来了。

1997 年，春秋旅行社正式成立了春秋包机公司，算是以曲线的方式跳进了航空市场的大河。也是从这一年开始，王正华加紧了对民航方面的关注。根据他的秘书透露，老王全年订阅了《中国民航报》，就连报纸的合订本也是一本不拉通读。

王正华包飞机，按说跟其他旅行社的包汽车有一拼，然而令人奇怪的是，这在当时并没有变成一桩大新闻，而是被白白地错过了。现在回过头来看，王正华包机在中国航空史上绝对是值得记录在册的事。

那么，包飞机和包汽车有什么区别呢？所谓包机，顾名思义是自己不买飞机，也不养活飞行员，而是采用"借鸡生蛋"的办法，在某一时间段内以某一价格承包几条飞机航线。应该说，要比包汽车麻烦很多。

生意人一般都是怕麻烦的，因为一麻烦就容易节外生枝，如超出预算超出预期扰乱商业计划等……但是王正华天生就不怕麻烦，他认为包飞机是一个"三赢"的选择。

何谓"三赢"呢？当时春秋旅行社选择的包机时段，一般都是航空公司的飞机处于休息的时段：通常是晚上 8 点钟以后。对于航空公司来说，既能够多飞一班飞机，又不需要承担机票售出的风险，完全是旱涝保收；对于王正华来说也不亏，春秋旅行社通过发挥自己的旅游渠道优势，客源不成问题，而且"坐着飞机去旅行"这块金字招牌，本身就能吸引到很多游客，更丰富了春秋旅行社的旅游手段；对于游客来说，他们获利更大，坐着春秋旅行社包下来的飞机，没比火车多花多少钱，就轻而易举地实现了乘机飞上天的梦想。

春秋旅行社的第一次包机，游客都是来自苏州郊县的村民，飞机的目的地是海南。当时，在苏州和上海郊县附近的村民，赶上了改革开放的好年月，农副产品大丰收，经营项目也特别丰富，所以都比较有钱。

老王永远也忘不了，他包租的第一架飞机腾空跃入天际的情景。虽然那架飞机是什么型号，什么颜色，能装载多少人他记不清了，但是他记得自己当时目不转睛地望着飞机，看着那个庞然大物冲破夜空，他的心震撼了。

借助王正华早早在全国建立的分公司和经销商以及一条完美的信息网络，新开办的春秋包机公司没有让他失望，更是给同行呈现了一张让人眼红的成绩单：截止到 2004 年底，春秋公司的 3 万多个航次的包机中，客座率超过 99%。

现在，谁还敢说王正华疯了？

"王·吉诃德" 的航空梦

包机对王正华来说不是一个结果，而是一个开始，他在心里暗暗发誓：要让中国所有的老百姓都能在有生之年坐上飞机。

西班牙著名作家塞万提斯曾经写过一部《堂·吉诃德》，现在他笔下的人物似乎与王正华融合了。不过王正华不在意别人怎么看他，他的性格特征就是越难实现就越要实现。路，不就是有人走才成了路吗？走的人多了，兴许还是条康庄大道！

虽然第一次包机旅行开展得十分顺利，但是王正华的心却没有就此平静下来。他知道，只有让飞机这种奢侈品消费变成普通大众式消费，才能不断拓宽旅游出行方式，那样一来，旅行社的业务就更好发展了。

为了充分了解航空业，王正华从 1994 年开始，就不断地去全世界各种类型的航空公司考察和学习，用他自己的话说："每次投资，我都是有备而来。"毫不夸张地讲，老王足足用了十多年的时间"备课"，脑子里装满了各个国家航空公司的成功案例：韩亚、日航、汉莎航空的子公司康多尔航空以及澳大利亚快达航空等等，特别是对美国西南航空公司的经营理念，他更是学到了骨髓中，为他日后的"低价航空"奠定了理论和实例基础。

经过这些年的考察，王正华渐渐了解了航空公司的"猫腻"：根据统计，目前旅游报价中有一半是交通费，而航空公司则跟旅行社来了出"猫捉老鼠"的把戏——每逢淡季机票就打折，而一到旅游旺季就单方面涨价。

对于航空公司的暗度陈仓，王正华深有体会。自从 1997 年春秋国旅开始走包机路线之后，单是海南一地的客源流量，就从原来的 2000 人次猛增到了 20 万人次，然而如此辉煌的数字之下，利润依旧瘦得如皮包骨——大头都让航空公司拿走了。也正是基于这种不甘心给别人打工的心理，王正华才发誓要让自己的飞机比火车还便宜。

王正华曾经说过一句话："实际上，在这 10 年中，我们一直处于一种蓄势待发的状态，我们了解航空市场，又不完全了解。"没错，航空业水实在太深，干旅游出身的老王当然不会在几年间就将这个领域摸透，但也正是对它充满未知，才让老王更坚定了下水一探的信念。

有了对航空业的初步了解，王正华开始积极筹备开办航空公司。不过，航空公司可不像小小的旅行社，批下几个手续就能办成，它不仅需要飞机这种高精尖的现代化运载工具，更需要国家政策的允许，这可不是凭借能力就可以办到的事。

万事俱备，只欠"东风"。执着的老王一直在苦苦等待一个机会。所幸，上天没有让这个不服输的偏老头失望，2003 年 10 月，党的十六大召开，大会上明确提出要打破电信、民航和铁路等行业的垄断，这就意味着国家正式敞开了一条绿色通道：民航业向民营资本开放！

听到这个消息，即将 60 岁的王正华像个孩子似的兴奋起来：机会来了！紧接着，老王不敢怠慢，开始着手书写成立航空公司的报告。

2004 年 1 月 15 日，国务院新闻办召开了一次新闻发布会，时任民航总局局长杨元元作为主要的新闻发布人，就民航改革和发展的问题，进行了答新闻记者问。同一时刻，王正华带领着他的几个主要负责人，全程认真观看了中央电视台的转播，将杨元元的话从头到尾一个字不拉地收进了耳朵。

王正华清楚地记得，在记者会上，杨元元谈到了中国民航改革的基本思路：以开放促改革、促发展的思路，分阶段实现航空运输市场和服务保障市场的基本开放，消除市场准入方面的制度性障碍，充分发挥各类投资者投资民航业的积极性。

会上，来自道琼斯新闻网的记者问杨元元：中国目前低成本航空公司的发展情况如何？杨元元回答说："关于低成本航空公司，在民航业也有不少议论，也有人想在这方面进行尝试，至于什么叫低成本，在中国怎么实现低成本，大家还有不同看法。目前在中国有一些民营企业和大的旅行社，已经向中国民航总局提出申请要开办一些小的航空公司，有的也叫低成本航空公司。中国民航总局准备同意他们开始筹备，但必须在一定的安全水平下才能载运旅客和货物。"

转播进行到这一刻，王正华再也按捺不住心中的激动，因为"大的旅行社"指的当然不是别人，正是他们的春秋旅行社！那时候，王正华向民航总局送简报和申请春秋航空公司的送审稿已经递了上去，现在只待一个结果！

王正华在忐忑不安中等待着，对未来也充满了希望。他的人格魅力之一就在于，敢于想象，也善于耐心等待，而这种耐心是对大形势充分把握后才产生的。

2004 年 4 月 28 日，杨元元来到上海参加"上海国际航空论坛"。在召开会议的头天晚上，杨元元首次见到了王正华。

这对王正华来说，绝对是一次"心跳之旅"。可是让他深感意外的是，身居要职的杨元元对他没有半句官腔，而是开门见山地问他："你们要办航空公司，能不能不进中航信？"

中航信是什么？它是中国民航系统的全资子公司。王正华顿时激动了：怎么局长要让肥水流到外人田了？他简单平复了一下情绪，然后说："我……可以试试的！"杨元元见王正华表了态，也痛快地说全力支持他们做。

正是老王的这个"糊涂"决定，让春秋旅行社的全员都大跌眼镜："你不进中航信怎么行啊？我们怎么卖票？我们仅仅做旅游航线，能挣钱吗？"

大家的担心并非杞人忧天，根据公开的统计数据显示：中航信是中国民航系统中，占据最主要地位的电子旅游分销机构。2004 年，它处理旅客量已经达到了 1. 3220 亿人次，遍布全国的服务网络覆盖到各主要城市乃至港澳地区，其网络接入服务则遍及全国 300 多个城市，此外还遍及国外 50 多个城市。

数据是最有说服力的，中航信已经在中国民航市场形成了一家独大的局面，这就意味着但凡想要干航空的，不可能离开中航信。当然，也曾经有航空巨头自己建立售票系统，结果投入不少却收效甚微。

老王这是吃了什么样的定心丸，敢于一口答应杨元元的这个建议呢？还没等春秋旅行社对这个决定"讨伐"到底，当天王正华又接到了来自民航华东局的一个电话："你明天有没有时间到局里来？"

4 月 29 日，王正华准时来到民航华东局，时任华东局主管飞行和安全的副局长郭有虎笑着对他说："你们开始准备合格审定吧。"这时候王正华才知道，原来农历鸡年的正月初三，杨元元就在春秋旅行社的申请报上作了批示，而昨天他参加完"上海国际航空论坛"离开上海时，还特地叮嘱郭有虎说："我们准备审批春秋航空公司，你一定要花精力去帮助他们、关心他们，尤其是在安全方面。"

王正华再次赶上了一个好时代，他也遇上了支持他的好领导。此时此刻，他距离实现自办航空公司的梦，越来越近了。

"空中大巴"蓄势飞天

有大志之人，往往不被人理解，所以他们通常有一个特点：不喜欢向别人过多的解释，因为解释多了对方也不会明白。当然，这并非是对方脑子笨，而是时候未到，想理解也理解不上去。

拿不加入中航信这件事来说，王正华就没有过多地解释同意的原因。其实，杨元元之所以不让王正华加入中航信，并非排斥民航企业，而是想让王正华独立开发一套 IT 系统。

众所周知，中航信是中国民航业重要的信息服务提供商，为国内主要的航空公司和机场提供旅客订座和离港信息系统服务，它的系统规模在全世界排行第五，每天处理的旅客订票和离港操作超过50 万人次。要知道，这种离港系统技术很复杂，它需要24 小时之内不停地运行，一刻也不能耽误。所以杨元元提出这个建议之后，一位大航空公司的副总裁就苦口婆心地劝王正华，千万别干这个，搞航空可比搞旅游复杂多了。

尽管有这么多人埋怨王正华不该答应，但是王正华却似乎胸有成竹。这不是老王没认清形势，是他早有谋划。前面提到，王正华从 1992 年开始，就陆续投入 2000 万元开发了一个统一的电脑即时网络，这个系统一度帮助春秋旅行社成为国内最大的散客资源聚集商。现在，即将办起来的春秋航空也需要这样一个信息服务系统。

有时候你不得不信，生命会遭遇"轮回"，历史会出现反复。王正华现在面对的就是要再挑起大梁，去开发一套属于春秋航空自己的信息处理系统。经过一段时间的研究、上马再到试行，王正华投入几十万终于将这个系统搞定了。

从 2006 年 1 月到 11 月，王正华为春秋航空量身打造的这套 IT系统，安全、正常地执行了 6007 次航班，先后输送旅客达到 102 万人次。春秋航空公司的网上销售量，从开航时的 20%，上涨到了60%，其中厦门和广州的航线甚至超越了 80%！

王正华就是这样一个人：你让我做，我就会努力去做，当然前提是我已经论证了可能性和必要性，而且我一定会做得更好。这种不服输加上持之以恒，让他突破了一道又一道难关。

后来，当王正华向杨元元作出"我们愿作试验田"这个承诺时，杨元元告诉了他不想让春秋航空加入中航信的良苦用心：由于春秋航空自己开发了 B2C，其运营成本也就降低了很多，如果投靠中航信，那就会多出一笔相当大的开销！

2004 年 5 月 26 日，民航总局党委，正式同意了筹建春秋航空公司——这意味着它终于诞生了。到了 6 月 8 日，春秋航空公司在上海召开了新闻发布会，宣布由春秋旅行社和春秋包机公司共同成立春秋航空公司。

春秋航空的经营项目为：国内航空客货运输业务和旅游客运包机运输业务。总部设在上海，在上海的虹桥机场、浦东机场和石家庄的正定机场、沈阳桃仙机场开设了基地。

春秋航空是国内第一家民营资本独资经营的低成本航空公司专线，也是中国最早一批民营航空公司中唯一"幸存者"。在那几年间，也有一些人和王正华怀有同样的理想，然而他们的航空梦却因为经营不善、管理欠妥等原因，最终破灭。

其实，春秋航空刚成立的时候，实力也并不突出，注册资本不过 8000 万元人民币，其中春秋国旅出资 4800 万元、春秋包机出资 3200 万元，分别占注册资本的 60% 和 40%。至于旗下的飞机，也只有 3 架租来的空客 A320 飞机。

空中客车 A320，是欧洲空中客车工业公司研制生产的单通道双发中短程 150 座级客机。虽然载客容量不能和波音系列相比，但也仅次于波音 737 系列，是历史上销量第二的喷气式客机。

王正华之所以选择这样的飞机，也是从它比较优越的性能上考虑的，虽然之前 A320 在法国航空展的飞行表演中出现过坠机事件，但是随着航空技术的日臻完善，A320 早已成功"洗白"，成为成本较低且安全性较高的机型之一。

公司成立了，飞机也有了，但是这并不意味着王正华可以马上将游客装进飞机里了——还有一道最重要的安全关要过。

王正华在接受一次采访时曾经提到一个敏感的话题：中国自主生产的飞机之所以不被看好，是因为其安全系数还比较低。也正是因为这个原因，他对"安全"极为重视。当时，春秋航空的所有人最担心的就是安全问题，只要安全没问题，春秋航空几乎可以顺风顺水地发展下去。

为了筹建春秋航空，仅是书写安全制度条例，用纸摞起来就有一人多高。这些都是民航总局帮助完成的，王正华将这些制度抄写下来并逐条记住，然后再交给总局方面让他们审查。王正华回忆说："局方对于安全审查的严格，几乎可以用'苛刻'这个词语来形容。"

2004 年 11 月 24 日，时任民航总局副局长的李军，到上海进行航空安全宣传教育工作。由于民航总局很重视这次会议，结果从上午一直开到了中午 12 点。当时，李军没顾得上吃饭就专程召见了王正华，给他的春秋航空提了意见："高起点、高要求、高水平。"到了第二天临走之际，李军趁着吃早饭的工夫又将王正华叫到身边，详细地了解了春秋航空公司的筹备情况。

令王正华没有想到的是，时任民航总局副局长高宏峰和民航总局政策法规司司长袁耀辉，居然亲自帮助春秋航空完善了规章制度。为此，袁耀辉在受到高宏峰的嘱托后，两次专程到上海听取王正华作汇报，并十分认真地对王正华说："这不是你们春秋航空一家的事，而是民航改革的需要，原有的一些政策法规要从你们身上开始修改。"

春秋航空要发布成立公告的稿子中，王正华谈到了自己的低价航空理念以及中国航空市场的现状，这个稿子被袁耀辉看到了，袁耀辉毫不客气地指出："你们说话太冲——严格意义上，你们作为企业这样做不是不可以，但容易引起矛盾。"后来春秋航空对外宣布的正式稿件，竟然是高宏峰和袁耀辉重新写的。高宏峰怕王正华想不通，让袁耀辉专门找到他谈："你要知道，一个大的改革不是简单的谈是非，一个大的改革重要的是一个平衡各方观点和利益的过程。"

2005 年 7 月 14 日，杨元元给郭有虎打电话，又一次强调了安全问题，他没有打官腔，而是说得非常详尽，甚至春秋航空的飞机如何安置座位都提及了。此外，杨元元还下了一道死命令：在春秋航空前三个月的飞行中，必须要有教练员坐在驾驶舱里，如果一时找不到教练员，就是想办法借也要给他们借到。第二天，在珠海召开了全国民航机务维修工作座谈会，杨元元又一次给郭有虎作了指示：春秋航空 18 号就要首航，如果出了哪怕一丁点差错，他就要负全部责任！由此可见，民航总局对安全的重视程度有多高。

2005 年 7 月 17 日，春秋航空终于拿到了飞行合格审定。7 月 18 日，王正华人生中的历史性时刻到来了：他创办的春秋航空作为中国第一家低成本民营航空公司，顺利飞上了蓝天。

低价航空，实施蓝天梦

飞机上天了，春秋航空名声大噪了，但是王正华的心事也更多了。

自从 2004 年 6 月 8 日春秋航空在上海正式筹建以来，老王基本上改变了已经保持了 20 年的行为风格——低调，转而频繁地在各大媒体中现身，他接受各类采访，名字也一次次出现在新闻中。

没错，王正华是一个执拗的人，但他的执拗是有原则的：为自己坚持的目标而执着。他之所以放弃了低调，是因为他需要在春秋航空刚刚起步的时候，大力宣传自己。他清醒地意识到，作为民营航空的掌门人，在公司不能进入中航信的前提下，只能破釜沉舟走市场路线，而市场是需要宣传的，不宣传，就等于自掘坟墓。

可是当时的中国航空市场是什么状况呢？多年来一直平安无事，没有进入者，也没有爆炸性新闻，所以王正华和春秋航空的加入，倒成了一个"ET 外星人"。对此，同样是民营出身的东星航空董事长兰世立，送给老王和他的航空公司一个名号——滚地雷者。

这个名号一点儿也不夸张，王正华滚的不是一枚地雷，而是一片雷区。2004 年春秋航空刚开始筹建时，王正华和他的管理团队就意识到，上海未来的航班时刻将会变得非常紧张，所以春秋航空必须要有属于自己的第二基地。

意识是正确的，但是建造一个基地谈何容易！当时，老王他们在海口、三亚、珠海、桂林和昆明等五个城市的选择中犯了难，至于建设的时间，他们当时敲定的是 2008 年。可是计划永远也赶不上变化。到了 2006 年，上海的航班时刻，果然如老王他们预想的那样，变得相当紧张。

时间不等人，机遇稍纵即逝。王正华马上和他的团队将基地建设这个议题提上日程，加紧了对上述五个城市的分析，前后共用了差不多 20 个指标，逐一进行衡量。尽管如此，他们还是不能做出最后的决断。

麻烦事一件接着一件，就在王正华为基地问题绞尽脑汁时，他们在海南的旅游社遭到了同行的挤压。王正华被逼无奈，只好在2006年8月给海南省政府写了一封信。信中他写了这样一句话：市场经济似乎是大型企业主导的经济，像春秋国旅这样的民营旅行社的利益得不到保障。

平心而论，各行各业都存在着同行是冤家的现象，遭到点打击再正常不过了。所以老王在信中说的这句话，被他的团队认为说得有点过分。尽管如此，王正华还是将信发出去了。不过这封信并非只是向政府倒苦水，而是提到了他想在海南设立春秋航空第二基地的愿望。王正华原本以为这样的信不会受人待见，可是没想到，仅仅过了一个礼拜，海南省政府的最高领导，就对他的信作出了批示，另外还专门成立了"春秋做大、做强服务小组"，帮助王正华在海南发展。

有了政府的支持，王正华眼前一亮：干脆就将春秋航空的第二基地设在海南三亚，这样既有利于在当地笼络客源，也利于他扩大春秋旅行社的影响。

然而理想很丰满，现实很骨感，王正华很快遭遇了海航控股的三亚凤凰机场送给他的一记漂亮的"勾拳"——机场维修厂房的租金，每平米价格是10元！老王顿时傻眼了，要知道在上海的虹桥机场，每平米的价格才五毛钱，两地居然相差20倍。不光租金昂贵，就连三亚凤凰机场的牵引车使用费，也足足是虹桥机场的4倍左右。

没办法，强龙不压地头蛇，何况当时的春秋航空才刚刚起步，没法跟人家较真。为了最大限度降低机修成本，王正华将急需维修的部件存放在凤凰机场内，其他的那部分材料，只好安置在机场外。

对于海航的这种做法，王正华觉得有些过于敏感。他认为，一个真正的强者，是不会有人将其置于死地的，只有他自己才能打败自己。

王正华的这个观点，和他早期开办春秋旅行社的经历有关。20世纪80年代末到90年代初，春秋国旅在上海西藏路经营旅行社店面的时候，区政府就组织了一批精英分子在马路对面成立了一个"新世界旅行社"，他们的誓言就是要赶超春秋国旅。为此，他们在装修上下了大功夫：豪华气派，宽敞明亮，春秋国旅没得比。

原本以为一场恶性竞争即将展开，然而谁都没有想到，王正华对竞争对手相当厚道，他为新世界提供了店面经理、业务经理、业务副经理和旅游科长4个核心业务人员。半年的时间过去了，这4名员工重新回到春秋国旅，新世界旅行社则立即召开了誓师大会，表示要在3年内赶超春秋国旅。

很多人都认为王正华学雷锋学得太离谱了，但是老王却笑着说："有个人在后面追赶你，你会跑得更快。"结果如何呢？后来春秋国旅的西藏路店，依然生意兴隆，而新世界旅行社则因为违反行规，变得平庸无为。

既然海南航空如此担心王正华的竞争力，老王只好见招拆招。租金贵，咱就想办法节约成本，集中精力把营销搞上去，还愁没有钱给他们吗？

很快，王正华推出了春秋航空的低价票战略大系："1元机票"、"199元机票"、"299元机票"……价格低得让人咋舌。至此，春秋航空开始冲击原本平静如水的中国民航业，也深深打动了万千民众的心：我们也可以坐飞机了！

王正华不光推出了低价票，还启动了"百万游客到海南"的计划。这个计划是响应海南省政府对海南旅游市场由大到强、由量到质进行转变的号召，为此，王正华充分发挥他20多年来狠抓质量管理的经验，利用春秋旅行社的网络技术和服务优势，在各地市场联合旅行社同步进行。与此同时，王正华还让春秋航空开辟了"西安—三亚"的航线，根据历年来在海南旅游包机的经验，重点推出了一系列高端旅游产品。

为此，王正华还和海南省政府签订了进入海南的《旅游合作与发展框架协议》，以实际行动全力建设三亚第二基地。这一步，走得畅快淋漓，给刚刚诞生的春秋航空开了个好头。

好戏接连不断。

2005年7月18日，打出"199元"票价的春秋航空，取得了从上海到烟台的首飞成功。此后捷报不断，至2005年8月7日的三个星期中，春秋航空的四条航线、108个航班中客座率，一直保持着97%的优良记录，大大超过了其他航空公司平均70%左右的客座率。

如此低廉的价格，王正华会不会是在赔本赚吆喝呢？当然不会，老王曾经信心满满地说："事在人为，我们计算过，节约的方式有几十种方法。"

看来，王正华走航空路线是走对了，他敏锐地意识到在中国做低成本航空，绝对有钱可赚。但是，王正华创办春秋航空的初衷，并非只是为了赚钱，更是为了实践一个深藏心中已久的梦想。

这时候的王正华，已经是一位60多岁的老人，他也理性地认识到，要在有生之年亲眼目睹"每一位中国人，起码乘坐过一次飞机"这个情景，恐怕是心有余而力不足。但是，既然他已经成为航空业的一份子，就有责任也有义务让飞机票变得越来越便宜，尽可能地让更多国人飞上蓝天。

对于春秋航空来说，一切才刚刚开始，王正华和他的团队，不仅要在地面战斗，还要在天空中战斗，更要刷新中国航空业的一项项纪录。王正华，就是在做别人不敢做的事情，而且，他始终都不会认输。

第三章

春秋精神，"平和"管理的玄机

温性管理策略，架构优秀团队

英雄不问出处，团队不看起点。

要说王正华率领的这支团队，出身虽然不至于怎么贫寒，可也仅仅就是温饱水平——大家都是从小旅行社干起，没有国营企业那种深厚的社会根基，也没有跨国公司那种雄厚的创业资本，但就是这么一个"草台班子"性质的团队，创造了中国航空业上的一个奇迹。

王正华从街道一直干到了"天上"，他带领的队伍也由小渐大发展了起来。刚开始经营旅行社的时候倒还简单：几个心思缜密的后台支撑人员，外加几个能说会道的外勤业务人员，拉上一票旅客，这生意也就起来了。但是随着经营规模的扩大，一家又一家分店如雨后春笋般冒出来，王正华的团队也随之壮大。于是，老王就不得不琢磨怎么打造一支属于自己的高素质、高效率队伍。

前面说过，王正华招聘业务员都要求没在旅行行业干过，可见他的管理思维多么异于常人，但并不有悖常理。老王知道，旅游业是服务行业，而且是一个最容易让人挑出毛病的行业：从订票到上车到游玩景点再到吃饭住宿……一路上要经历很多事儿，也要面对很多麻烦，所以他给整个队伍定的素质标准就是要高效、细心和专业。

这三个词虽然没有被王正华直接提出来或挂在墙上，但在春秋航空的服务中随处可见。2011 年 2 月 23 日，大概上午 10 点半，整个春秋航空的运控中心忽然响起了一阵对讲机声和电话铃声，他们的运控部经理也在办公室里来回踱着步子，密切注意着航班的动态，同时不断听取来自全国各地的现场反馈——这么做的目的很简单，是为了最大限度地调配运力，让旅客对春秋航空的运行服务感到满意。

原来，上海浦东国际机场从 2 月 21 日晚上 9 点，就开始出现大雾天气，这对飞机来说绝对是最糟糕的天气状况之一。所以，当时的值班员在第一时间通知地面服务部，立即做好飞机备降虹桥机场的准备。

果不其然，一架班次为 9C8834 厦门飞浦东的航班，很快备降虹桥国际机场。紧接着，哈尔滨、海口、南宁、深圳、大连、桂林等 7 个返程浦东航班，由于机场不具备降落条件，也都蜂拥到了虹桥机场。除去临时解散的旅客，春秋航空安排了大巴和机组车，将旅客一一送回浦东或者市区。除此之外，还有一架香港的航班因为空中飞机较多，难以备降虹桥机场而最终落在杭州，当地的营业部马上投入到服务备降旅客的工作中。

飞机遭遇意外变故，这是航空业经常要面对的突发情况，但是怎么处理却是各有各的做法，而王正华选择了最积极的解决措施——以最有效和最优质的服务安置好旅客。

2月21日的旅客已经安排妥当，但是第二天早航班的旅客怎么解决呢？本来为了解决这个难题大家已经整夜没合眼了，然而没有人发出抱怨，反而在积极地想办法。为此，春秋航空的管理层进行了积极的讨论，最后决定调动25辆33至53座不等的大巴，开往浦东将旅客转运到虹桥机场，而原本从人民广场发往浦东机场的免费大巴，直接将旅客送到虹桥机场。

在旅途中遭遇备降，旅客总会有不满意的，现在把他们运来运去，更会有人抱怨。王正华深知这一点，就让地面服务部的所有员工倾巢出动，让旅客减少怨言！

当时，地面服务部的总经理将浦东地服班组派到了虹桥机场进行增援，浦东地面的值班经理负责浦东班组，将虹桥值机柜台全盘接手过来。为了让旅客对春秋航空留有美好的印象，每一位员工都保持最佳精神状态，熟练地为旅客们服务。据说，当时最忙的要属柜台的员工，他们几乎不间断地接听电话，没有片刻休息。

王正华经常给服务团队灌输的一个理念就是："让旅客每走一步都能看到春秋的员工。"正是这种服务基准，才让王家军时时刻刻都能给旅客提供及时必要的帮助和咨询，特别是在碰到这种特殊状况时，旅客的心里有底了，脸上的笑容也绽开了。

对于春秋航空此次的转运决定，大部分旅客都表示十分赞同。

有人说："送我们到虹桥是对的，如果现在我们还在浦东，这会儿还真飞不了呢。"由此可见，春秋航空制定的地转决策，是相当准确和及时的。

这就是王正华对团队传递的"高效"要求在突发事件中的反映，做服务行业，通常要面对瞬息万变的客观情况，如果不懂得当机立断，很可能会给旅客带来很大的麻烦和损失，甚至还有生命危险。有了王正华的执鞭引导，才有了整个团队的高速运转成效。

在这次转运过程中，春秋航空的各个部门都在密切关注事件发展，哪怕是和服务没什么关系的人员也做好了充当预备役的准备，他们做好了预案、加强了值班，时刻安抚着旅客的情绪。春秋航空服务总监和地面服务部总经理都冲在了航班保障一线，就连办公室的应急小组也赶赴现场指挥协调。可以说，春秋航空为全国人民上演了一场近乎完美的航班保障团体接力赛。

不要小看2011年的这次"团体赛"，它已经成为了春秋航空的成功服务案例，不断被效仿和总结，目的是为了进一步提升公司的保障能力和服务质量。

王正华对团队的管理，其核心就是要"想好了就去做"，这才是高效原则的核心。在春秋航空内部，员工们经常学着老总说的一句话就是"无论遇到多大困难，都会咬定青山不放松"。原来大家都深刻地领悟到：他们所在的团队只有具备了良好的管理执行，才能将那么多优秀的管理理论应用到实践中去。

老王是个低调的人，也是个朴素的人，所以他给"铁皮房子团队"制定的管理原则也是朴素的。最重要的是，他能够以身作则，上行下效，让整个团队形成良好的行为习惯。

据说，只要到了王正华的手下干活，都会马上得出这样一个结论：这个群体能干事，有发展，有凝聚力，大家抱团去干活儿，而且积极性都非常高。

大家为什么会有这样的感觉呢？答案很简单，老王已经将铁皮房子赋予他的企业文化作为了灵魂。当时，春秋航空专门建设了一个BBS网，不是给员工聊闲天的，而是专门让员工们骂领导的。

这可真是闻所未闻，不过你还别不信，春秋航空的员工们，每当自己感觉受了委屈，就会跑到这个BBS上发泄满腔的怒气，无论是谁都有权利随便骂，有时候带点脏字也是被允许的。当然最重要的是不用留下大名，骂完关闭页面就完事了。

从表面上看，老王搞的这个BBS对公司的形象太不利了，这简直是在纵容内部"造反起义"，然而时间最能证明一切，自从开设了这个BBS，公司收到了意想不到的好处。第一，它是个发泄平台，不管员工骂得正确与否，总之都是在将怨气释放，骂完了心里也痛快了，有利于继续工作；第二，它是个交换平台，大家可以在民主氛围中将一些好的建议提出来；第三，它是个警示平台，如果当领导的做了不顺应民意的事儿，都可能在这里被人捅出来，这就避免了腐败现象的发生。

王正华巧妙地利用企业文化给公司搭台，让员工们畅快淋漓地唱戏，又让他们无怨无悔地为旅客服务，这不仅提升了公司的企业形象，也最大程度减少了监管成本，让老王的铁皮房子团队真正成了能独当一面的最优组合，这几乎可以算是低价战略中的一个良性衍生品，更是一种寓于"平和"之中的温性管理策略。

财散人聚，股权激励正能量

财聚人才，财散人聚。这句话几乎所有人都听过，特别是那些企业管理者更是表示绝对认同。但是真到了"大秤分金银"的节骨眼儿，有几双眼睛能不被那金灿灿的财富勾出眼眶？口水一流，眼珠一红，十有八九都会对站在旁边的人说："下次再分吧，公司现在周转不灵啊……"

虽然说得稍微夸张了点，但现实情况也大体如此。而王正华却没被金钱蒙蔽双眼，他就是那寥若晨星的"十分之一"。航空业内没人不知道，早在春秋航空成立之前，王正华就将春秋旅行社的一大部分股权，慷慨地分给了公司的中高层管理者和一些骨干员工，为的就是先聚人气，再聚财气。

不狂热地追求金钱，这就是老王的平和之心，这种平和之心催生了他超然于物外的金钱观念，这对一个民企领导者来说实在难能可贵。

王正华一直觉得，作为一个领导者必须有德，而这个"德"最直接的体现就是金钱观。因此，老王力主推行了股份激励机制，将春秋航空70%以上的股份都分了出去，让公司的中流砥柱成为利益共同体，借此进一步激发团队的进取精神和向心力。在春秋航空公司中，员工的待遇平均比同行高出20%左右，而飞行员的待遇则更高。相对而言，大概只有高层管理人员的工资要比同行低很多，据说春秋航空的CEO年薪在20多万元，而其他公司的CEO差不多能达到120万元。

2008年，王正华为了应对金融危机，更是出了狠招——将中高管理层和股东一律降薪 30%，但是对中层以下的员工却保持原有待遇，真正做到了不减薪、不裁员。王正华说："我们公司上下同心协力迎战困难，非常有号召力。这点我感到非常满意！"

为什么同样在公司里工作，王正华对高层如此严苛，却对中下层偏心眼儿呢？道理很简单，高层管理者除了对物质有要求之外，他们更有身居高位的成就感和满足感，往往对权力的关注超过了对金钱的需求。中下层员工就不同，他们的收入本身就不多，还要养家糊口，也谈不上社会地位带来的虚荣心，所以对金钱相对看重一些。

别看给高层的工资那么低，但是当年跟随王正华一起创办春秋旅行社的团队成员，目前除了有一位去世、一位当官之外，其余的还都忠心不二地跟随着老王。

有一次，有 300 多名旅客因为一时拿不到票而滞留北京，情况非常紧急，当时出任美国分公司总经理的黄静正负责北京片区，她刚休完产假回到上海。按照公司规定，旅客滞留这件事应该由黄静回北京解决，可如果她走了那刚满月的孩子就得断奶。王正华得知这个情况后，本想找别人代替黄静，可又发现能力相近者寥寥无几，这让老王左右为难。结果，当黄静得到这个消息之后，立即从家里来到公司要求去北京。

王正华不答应："这不是开玩笑的，你的孩子怎么办？"然而黄静却斩钉截铁地回答："这样危急的情况，只有我去才能解决，我非去不可！"经过一番"拉锯战"，王正华最终同意了黄静的请求，并跟着黄静去她家里看望孩子。当时，黄静抱着熟睡的宝宝说："公司出现危急情况，我如果不去，会后悔一辈子，不给孩子吃奶，我或许也会后悔。"王正华看着襁褓中的孩子，眼泪止不住地流了出来。

后来在一次干部会议上，王正华深有感慨地对大家说，黄静的孩子刚刚出生就为公司做了奉献，我们要永远关心这个孩子。

这就是春秋人的心，这就是王正华平和管理之道的成果，他培养了一群敢于用热血为公司奉献自己的人。

当然，王正华之所以得到大家的全力支持，也跟他的一举一动有莫大的关系。在春秋国旅进行股权改革时，身为创始人的王正华，仅仅给自己留了 20% 的股份，其余的 65% 分给了 23 位高管，10% 分给了一部分老员工，最后的 5% 交给了长宁区政府……如此大度的利益共享，绝非一般人能够做到。对此，老王曾经说过这样一句话："财富对我来说，后面多一个零还是少一个零也就这样。钱给大家了，大家就会感到是企业主人，这样会有很多好处。"

正是因为老王对金钱的正确态度，才让大家在春秋航空上市之后，普遍关注一个问题：这次，王正华又会让他的多少员工分到红利呢？

当时，《第一财经日报》记者认真查阅了春秋航空的招股说明书，发现在春秋航空的股东中注入了两家公司的股份，而这两家的股份又是被春秋航空和春秋国旅的 80 多位高管和业务骨干共同持有，自然地，这些人就成为了春秋航空的间接股东。继续查阅资料还能发现，这两家公司是在 2010 年经过受让股权进入到春秋航空的。

2009 年 5 月 15 日，春秋国旅对春秋航空有限增资了 12000 万元，此举完成后，春秋国旅出资 16800 万元、春秋包机出资 3200 万元，分别占据注册资本的 84% 和 16%。其中，王正华自己持有春秋国旅 35.7% 的股权外加春秋包机 43.8% 的股权，成为了当之无愧的实际控制人。

2010 年 9 月 28 日，作为春秋航空股东之一的春秋包机，把它持有的春秋航空的 9% 的股权，分别转让给了春翼投资 3% 和春翔投资 6%。经过这次调整，春秋航空的股权结构发生了变化：春秋国旅持有 84% 的股权，春秋包机持有 7% 的股权，春翔投资持有 6% 的股权，春翼投资持有 3% 的股权。

很多人不太了解的春翔投资和春翼投资，其实他们是两家以自然人做股东的公司。其中，春翔投资由春秋航空的 48 个中高级管理人员、飞行员、核心技术员等业务骨干组成，而春翼投资则是由春秋国旅和春秋航空的 39 个管理层以及骨干分子组成。

从这一次的股权调整可以看出，王正华并没有招商引资的意思，仍然是内部进行着微调。他曾经公开表示，公司在上市前，暂时不打算引进战略投资者或者财务投资者，不过他乐于让员工分享到公司成长的红利。

不对外引进投资，虽然日子不会过得太风光，但是也保留了对企业的绝对掌控，而员工的股权也不会被稀释，这恐怕是王正华着重考虑的一个因素。

外界一直说老王比较抠门，然而在这种股权机制的设置下，春秋航空的很多员工都看到了希望：他们的权利没有因为公司的变动而受到侵害，反而得到了保护，因此每一个人都干劲十足，他们认为，在春秋干活虽然辛苦，但却有奔头。

这个奔头到底是什么？也许这些员工们开始说不清楚，但是随着春秋航空上市工作的陆续开展，这个奔头就变得越来越清晰。在 2006 年，花旗银行就对春秋航空做过一份上市计划，其中对春秋航空的市值评估为 80 亿元。工作在这样一个实力雄厚的企业里，难道还看不见希望吗？

截止到 2013 年，春秋航空已经拥有 38 架 A320 型飞机，经营着遍布全国的六十多条航线，此外还有 12 条港澳台和国际航线。王正华在运营后的第一个完整年，就让他的飞机大队实现了盈利，而之后的每一年，其盈利幅度都有着很快的增长。哪怕是在 2008 年金融危机时，春秋航空也没有遭受损失。

还是在 2013 年，春秋航空又向空中客车公司订购了 30 架空客 A320 客机，这意味着老王的飞机大队将进一步扩充！而且在政策的支持下，这个数字将会继续增加。据说王正华给春秋航空设定的目标是，在 2020 年将建立一支拥有 100 架飞机的庞大机队！

为什么春秋航空能够以这样的速度发展？春秋航空的 CEO 张秀智曾经说出了答案：除了当初依靠春秋国旅这个母公司的资金和客源支持外，最重要的是春秋航空推行了全新的体制——将大部分股权分给了员工，为这些关键人才在各自的岗位上发挥价值提供了保障。

这又是一个财散人聚的鲜活例子，那些只知道盯着碗里肉而忘记锅里肉的老总们，在看了王正华的业绩之后会作何感想呢？

曾经有记者在采访王正华的时候问到：财散人聚这样的观念是怎么形成的？

王正华的回答是：他从小就受到父母给他的良好教育，让他形成了非常良好的人生观，并在社会上实践。因此他认为这一切都是应该做的，是一种必然。因为财富归谁所有，总是或多或少地带点偶然性。

改革开放的机会，让王正华得到了这一笔巨大的财富。他说如果自己有一点财富，除了生活必需以外，其余的仅仅是造物者让他看管的，而他也就是个财富管理员而已。他知道企业发展需要财富作为动力，但这不能成为他享乐生活的借口。为了春秋航空今后的发展，老王表示，他会进一步用好这些财富。

归根到底，王正华的核心金钱观就是：财富最终都是要回归社会的，个人没有权力去奢侈和糟蹋它。就是这种孕育在"平和"中的大智慧，让王正华逐渐向冯友兰说的"天地境界"靠近，以看似"不争"之心，去获取"必胜"之势。

打破常规，先育人后办企

生存或者灭亡，这是摆在王正华和其团队面前的重要命题。每天都如此，每年都如此，因为他们是自负盈亏的民营企业，没有得天独厚的社会背景，靠的只能是智慧、胆略、坚持和永不服输。

为此，王正华清醒地意识到，只有从那些失败的民营同行中吸取教训，才能给春秋航空一个健康良性的发展空间。也正是基于这个天生的企业特质，才让王正华的团队和那些老牌航空公司的管理团队，有着很大的区别。

通常来说，航空公司的管理者们，大多出身于飞行员或者跟飞行沾边的某个岗位，这样一来，他们对飞机本身非常了解，不过对飞机以外的事情诸如运营、服务、管理等等，就显得有些力不从心了。相比之下，王正华的管理团队就不一样了，甚至被同行认为有些另类。

王正华是党工委干部出身，跟很多摆地摊起家的民营老板有很大的不同；CEO张秀智原来是上海纺织厂的一名女工，虽然起步时职务不高，但是很有远见卓识也很有管理能力，所以才和王正华共同创建了春秋国旅，并且马上成为春秋国旅当年最优秀的销售冠军；运输部经理朱沪生，曾经是上海一家贸易公司的销售经理，主要负责卖玩具。为春秋航空研发独立航空网络系统，来自一家著名跨国IT公司，出身为高级工程师；而春秋航空的高管团队中，只有一人是民航出身，那就是他们的执行总裁葛学进——曾经是山东航空的一位副总经理。

就是这样一个几乎被外行人把持的管理团队，却在短短几年内，让春秋航空横扫蓝天、俯视大地。王正华之所以没有特别聘请所谓的内行人士入驻管理层，是因为他深知春秋航空脱胎于一个两平米大的铁皮房子，是完全依靠自己一步一个脚印走出来的，其中蕴藏的企业文化，并不是那种在大企业工作过的人能理解的。因此，王正华继续起用他的原班人马，结果剑走偏锋地收获了奇效。

可能在老王看来，"空降兵"也是团队管理中一个并非首选的用人策略。尽管很多大企业乐于使用"空降部队"——速度快、选择性大、积极性高。然而空降终归是缺乏根基的，短时间内或许能产出奇效，但从长远看来，由于他们缺乏对企业文化的深度感知，很可能会将整列火车带偏。

王正华在团队管理中特别强调民主管理和民主决策。他认为，民主管理和民主决策是提高组织战斗力的重要因素。所以在春秋集团，职工代表大会是掌握着一定实权的，干部每年都要向职代会作述职报告。职工代表大会的代表在评议干部们的时候绝对不是提什么"你不注意休息"这类的意见，而是实实在在地指出他们工作上的某些不足，经常述职人被质问得哑口无言、面红耳赤。这个在外人看来简直不可思议的事儿，在春秋集团却很正常，因为有些干部还会被问得委屈地哭起来。所以，不少人纷纷感叹："每年这一关很难过！"不过，正是这难过的一关，让干部的业务水平提高了，整个团队的战斗力也就加强了。

所谓平和，首先要做到平等，员工都不敢向上级提意见、官本位思想泛滥，如何能平和呢？

在团队管理方面，老王不仅敢出这种让干部有些下不来台的"狠招"，还会出一些"怪招"和"奇招"。了解他的人都知道，他很喜欢玩博客，特别是在博客刚刚火爆的那几年，王正华只要一有空就会更新一下。有意思的是，在他的博客中，出现频率最高的不是他挚爱的旅游和航空，而是他去参加员工婚礼的纪录。

王正华曾经说过："员工结婚了，我要求管理层有时间就要参加。在员工的亲朋好友面前去赞扬他，会让他觉得在春秋航空工作很值。"简简单单一段话，"暴露"了老王平和管理的精髓：亲近员工，贴近员工生活，这才能了解员工，最终成功地掌控企业。一般来说，民营企业的老板对员工婚礼这种事，并不会太用心，毕竟签的合同不是终身制，这个月来了下个月就走了，这和机关单位的人情往来有所不同。

但是老王却不这么做，他是真心乐于去参加。为的是什么，就是给员工培植企业荣誉感，有了企业荣誉感，他就可能在春秋干一辈子。

老王的平和管理还有一个特点，那就是事无巨细，即使跟工作没什么联系的现象，他若觉得不妥也会反对。还是拿员工结婚这事来说，每当看到婚礼现场铺张浪费时，王正华总忍不住说："现在谈婚论嫁要那么多钱，我是不主张的。我们公司的多功能大会场也很气派，公司补贴一部分，礼仪队伍也由公司专门组织，员工花几万元就可以了。我们这个面子差啦？"

其实，老王所说的在公司会场办婚礼的员工并不多，这也正是让他感到不满的地方——他觉得员工赚钱不易，为了一次婚礼大花特花实在有些划不来。可能有人会说，这王正华是不是管得太宽了点？换做别的民企老板不会这么干吧？

没错，老王就是要干别人不愿干的事情。对于他这样把公司称为"家里"的老板，员工自然就是他的家人，有不满的地方直接说出来当然很正常，这也就一步步形成了春秋公司独有的"家文化"特征。举个例子，王正华特别反感别人背什么名牌包，据说曾经逼着一个高管把从国外买的两三万元名包，最后换成了价值三四百的国产包。

老王的良苦用心在于：人一旦形成了某种消费习惯，常常会体现在各个方面，一个高管花钱花惯了，也许在公司决策的时候就会很少考虑到成本投入；一个员工大手大脚惯了，也许会在工作中浪费资源。不过据内部员工透露：老王只认识 LV，只要换个其他牌子的包，他就不知道了。

王正华眼中的陈规陋习，主要集中在对管理层和普通员工的"细致管理"。他认为一个出色的企业领路人，不能单单教会员工怎么做事，还要教会他们怎么看事，这才是最关键的。所以，老王没事就常说，要让员工往远处看。

可是远见卓识并非一般人能有的品质，老王也知道这个要求有点矛盾，尽管如此，他还是尽可能时时处处地指导大家，学会有战略眼光，不能只看眼前利益。

比如在赚钱这方面，老王就说过一句发人深省的话："不是赚了钱就吃光用光分光，放着是为了将来。如果不是远虑，我绝对办不起航空公司。"

王正华说得没错，2004年，他拿出三亿元成立了春秋航空，这笔钱怎么积攒下来的？是他的春秋旅行社一个客人一个客人赚回来的，相当于2004年国内旅行社的利润总和。所以，老王才要求大家保持节俭、低碳的生活方式。

老王对员工的教育，和传统的家长制作风还不一样，他会给你摆事实讲道理，而不是逼迫你做什么，当然最重要的是，他的目的是为企业培养最适用的人，为社会造就最有公德心的人。

只有先育员工，才能管好企业，就算你顶着一颗超级CEO的脑袋，管理的若是一群只知享乐的酒囊饭袋，你那企业也干不长远。王正华的管理策略，就是先不断地颠覆"主流"，然后以"平和"为手段，自创治人、治企、治业的良方，走一条独辟蹊径之路。

学习型团队，学以补拙

在春秋航空的飞机上天之前，没有人会想到这么一个由外行组成的管理团队，会在未来几年内取得如此惊人的成绩：2009年营业收入达到19.9亿元，利润达到1.58亿元；2010年营业收入比2009年增加了50%，2011年……短短几年的工夫，春秋航空的营运收入一涨再涨，即使外行也看明白了：王正华率领的飞机大队，已经进入了一个快速发展的轨道。

老王是不会轻易满足于现状的人，不然他就一门心思干旅游算了。在春秋航空的收入猛增之后，他给自己树立了新的目标：争做世界500强。

乖乖，这么大的胃口和野心，王正华和他的团队真的能做到吗？别急，先来看一组数据：

从成立春秋国旅到现在，整个春秋集团赢得了无数荣誉：1989年以来连续十多年被上海市人民政府评为"上海市文明单位"；2004年到现在被评为全国"重合同、守信用"和3A级信用企业，此外还被上海市总工会评为"双爱双赢先进单位"；2005年到现在荣获"上海市长宁区纳税贡献奖"。至于王正华本人，在1998年获得了"终身劳动模范"的称号，而在2006年2月又再次获得了"长宁区优秀中国特色社会主义事业建设者"的称号。

赢利的数字展示的是春秋集团的市场竞争力，而社会荣誉体现的则是王正华管理团队的能力。除了对人员的高标准和严要求之外，老王更看到了春秋集团最需要的一种企业精神——学习！

王正华比任何人都清楚，自己带领的这支团队，毕竟不是"科班出身"的航空公司团队，尽管他们有其他方面的优势经验，但是一涉及到航空专业的内容，还是会力不从心。所以，王正华给整个团队定下的规矩就是：一边学习，一边管理。

王正华之所以能从一个什么都不懂的外行人，搞起了旅游、做起了航空，一方面是因为他敢于造梦的个性，另一方面是因为他善于学习的性格。为了创办春秋航空，他订阅了多份杂志，买了一大堆书籍埋头研究。在这种"好好学习天天向上"的劲头下，王正华给春秋集团定下的团队建设基调就是：建设学习型组织。

如果用一个比较流行的词汇来形容，老王力主打造的，其实是一支学习型团队，在学习中成长进步，则是一种不温不火、不急不躁的平和之道。

关于学习型团队，管理大师彼得·圣吉有这样一个观点：在当今社会，全球经济一体化速度加快，科学技术发展日新月异，知识更新速度疯涨，新的矛盾不断产生，新的探索不断开拓，新的成果不断涌现……种种方面的变化沿革，已经对现有的各个领域造成了严峻的挑战。在如此艰难的形势下，一个企业要想求得生存和发展，就必须不断突破自己的能力上限，创造真心向往的结果，培养全新、前瞻而开阔的思考方式，从而最终实现共同的抱负。

学习型团队的优势不言而喻，它可以提高企业的领导力、创新力和执行力，能够打破企业自身的发展瓶颈，带动全体员工实现新的自我超越。

事实上，王正华一直都在学习，从他第一次阅读那本旅游小册子开始，他的人生就在不断学习和摸索中前进。现在，他不仅要督促自己学习，还要带动整个春秋集团也朝着"好好学习，天天向上"的方向发展。

既然学习型团队这么厉害，那怎么才能打造出这样的队伍呢？王正华按照彼得·圣吉的理论，开始对公司全员进行五项基本功修炼。

第一个是建立共同愿景。王正华知道，只有让大家形成共同的奋斗目标，这个团队才有前进的方向，而每一个成员才有前进的动力。这个愿景自不必多说，打造"人人都坐得起的航空公司"、"争做世界五百强"……老王天生就是一个敢做梦的人，他从来不愁没有愿景。

第二个是改造心智模式。王正华以他的"平和"式管理，一点一滴地纠正着员工在日常工作中的错误思想，也纠正着管理层的错误认知：不要将企业的问题归于外部环境，要多从内部找原因，这才能真的解决问题。

第三个是团队学习。所谓的学习，可不是拿一张报纸或者一本书，坐在一起看一会儿就完事，它应该包括理论知识学习和工作技能提升，还包含团队协作意识的增强与合作能力的提升。王正华对团队的督促和引导，是为了让大家获得自我成长，随着整体战斗力的提高，老王的团队便渐渐产生了一加一大于二的奇效。

第四个是系统思考。这一点是老王的管理强项，他总是告诫大家要学会用联系的、全面的观点看问题，不要将企业文化和提高企业竞争力分开，也不能让党建工作和企业文化分开。只有这些内容形成球抱成团，春秋集团才是一个"不缺营养"的企业。

第五个是自我超越。一旦将上述四点做好之后，这个团队自然而然会具备全新的面貌，这也是王正华苦苦追寻的目标。

学习，总是很累很苦的，那么老王为什么还要"折磨"自己和他的团队呢？原因很简单，民营企业的生存和发展实在太过艰难。

在中国，民营企业的发展有一个"2亿元现象"：但凡是年营业收入达到2亿元的民营企业，其中很多都难以再扩大规模，不容易做大做强，就好像钻进了一条死胡同里怎么也走不出来。进一步讲，如果这些企业想要继续扩大规模，那么它所要面对的商业竞争对手会比之前的更加强大，而这时民营企业的领导者，往往不具备匹配的领导力、创新力和执行力，只能甘拜下风。

这个"2亿元现象"王正华当然听说过，但是他绝不会让自己的企业中这个"魔咒"，他的理想何止是2亿元，而是20亿元、200

亿元。不是说领导力、创新力和执行力容易跟不上吗？那咱们就加强这些能力的学习和修炼，不求快，不贪多，平和发展，平和起飞！

彼得·圣吉在《第五项修炼》中提到："团队学习是协同校正的过程，是开发团队能力的过程。这种能力会创造团队成员真正想要的成果。团队学习要在开发共同愿景的基础上完成。此外，它还要依赖自我超越的修炼。"

王正华牢牢记住了这段话，由此加强了在班子建设、队伍建设、民主管理等方面形成团队合力。

学习型团队有个最大的好处，就是一旦形成浓厚的学习氛围，大家会自然而然地聚在一起，矛盾分歧会缩减到最小。春秋集团的管理班子，是非常团结的，他们从来没有拉帮结派，也没有山头主义，这个良好的氛围一直保持了 30 多年。无论公司有什么样的事情，都要摆在桌面上供大家讨论，谁都可以讲出自己的观点和想法。因为讨论，也是学习的一种，对事不对人，出门不分裂，这就是王正华带出的管理团队。

王正华深知企业的发展和领导班子密切相关，所以他将学习型团队的重点放在了提高各级领导班子成员的科学文化素质和领导素质上。他相信，只要提高了他们的综合素质，领导班子的决策能力自然也就提高了。为此，王正华要求全体干部，每月都组织学习。另外，干部们要根据企业制定的发展规划，全部参与各种培训学习，同时还要进行严格的考核。

一边学习，一边管理，让王正华的队伍随着企业规模的逐步扩大，管理能力也水涨船高，因此在突破了赢利 2 亿元之后，春秋集团仍然能平稳发展。

文化蕴理念，党性照春秋

"任何一个时代，大到一个国家、一个民族，小到一个部落、一个企业，都需要一种精神、一种信仰，带领千百人去完成既定的目标。"

这句话不是哪个世界名人说的，而是源自于春秋集团的内部学习材料。

不了解春秋航空的人，可能都会认为这类民营企业凡事都以经济建设为中心，其他的事情是可有可无的。其实，王正华除了主抓经济、兼顾企业文化之外，还不忘记他的老本行——党建工作。有人可能觉得这是在走"旁门左道"：你一个民企抓党建有用吗？别说，王正华还真特别重视这一块，他甚至说过这样的话："今后，我可以让董事长这个位置，但党委书记职位我不让。"另外，老王一直称自己是一个"老布尔什维克"，还要求公司的所有党员必须佩带党徽。

王正华没有糊涂，也不是在唱高调，党建工作出身的他，深知"党指挥枪"绝非一句空谈，也并非仅适用于国有企业，甚至在某种程度上，他觉得原本就缺乏政府引导的民企更需要做好党建工作。党的思想能给企业来带什么呢？当然是送来思想武器，若真的贯彻"一切向钱看"的思路，他的春秋集团非得掉进钱眼里拉不出来。

正是因为经商不忘本，所以老王特别重视对入党积极分子的培养，这一点跟其他民企相比有很大的不同。在集团里，王正华将党组织工作摆在了一个很特殊的位置上，他经常亲自精心挑选入党积极分子，并说："公司有一个观念：凡是优秀的、积极的、上进的都要发展进入党内。"

王正华倡导集团的全体党员和员工发扬"争一流人品、创一流服务"的精神，让每一位党员都不要忘记自己的身份，时时处处充当表率。在主抓业务之外，王正华坚持对党员进行理想信念教育，让他手下的党员们时刻保持着党员的纯洁性和先进性，用主流价值观引领企业员工的思想，力求打造积极、健康的企业文化，塑造独特的春秋人精神。因此，王正华十分重视党员的传统和理想教育。他说："一个公司一定要有自己的文化，要有共产党员的品格，要有信仰，要为别人、为社会、为地球着想。"就是这么简简单单的一句话，用朴实的文字证明了王正华对党员进行理想信念教育的坚定态度。

如果将目光从博大的蓝天移至他处，换一个角度去看春秋航空的发展历程，就会发现整个春秋集团的辉煌，恰恰是其党建工作的辉煌。老王这场"天上的革命"，不光是扩充飞机、吸纳旅客、拓展业务，更是不断地发展党组织。春秋集团的党组织党员，由创业伊始的 3 个人发展到了现在的几百人，先后成立了几十个党支部。在 2006 年，春秋集团的党委被中共上海市长宁区委评为"五好"党组织。

在老王"党指挥飞机"的思想影响下，春秋航空的党建工作直接推动了企业的经济发展，在关键时刻发挥了党员的先锋模范作用。

2008 年汶川大地震时，四川省旅游局副局长吴勉，亲眼目睹了王正华率领的春秋人在地震灾区的优异表现，称赞他们是"员工教育的好、队伍管理的好"。当时，汶川地震发生后，春秋航空的外籍飞行员 Park 和 Tony 主动加入到集团的捐款队伍中，向灾区人民伸出了援助之手。其中 Tony 不仅自己主动捐款，还致电给英国的家人一起加入到抗震救灾的行动中，以此来表达他们全家以及春秋航空对灾区人民的关爱。

当时，上海市委副书记、市长韩正在上海市紧急支援四川抗震救灾工作会议上，作出了"灾区需要什么，上海必须不折不扣地全力提供!"的指示。王正华自然积极响应，他指挥工作人员救助了 322 名被困四川的游客，同时还利用下属成都和绵阳分公司的便利条件，动用各种手段了解当地受灾情况和急需物资，紧急筹措并捐助 3000 份方便面、蛋糕和饮用水，通过 9C8809 航班顺利启运到绵阳。在大难骤临的危机关头，能够挺身而出救助游客，一个人这样做了是英雄，可王正华手下的 31 位导游个个都奋不顾身，这显然是长期思想教育的作用。正是通过汶川地震，不少人给予了春秋集团的党建工作高度的评价。

王正华经常说，作为员工需要一种内心自律的道德，而这种道德是共产党人的基础。他自己经常讲共产主义、全心全意为人民服务，这是他党建思想中的核心要素，他也希望每一个春秋人都能够恪守这个原则。王正华认为，道德首先是诚信守道，一个人做任何事情都要凭着自己的一股诚心、热心和道德心。在春秋航空，从来不会拖欠员工的工资。一次，人力资源部发工资，本来钱款早早就入账了，可是当天晚上下班前却没有打进员工的工资卡里。到了下班时间，就有员工在 BBS 上反映，说自己的卡里没有拿到工资，结果马上有几十个人跟帖回复。王正华为此严厉批评了人力资源部，虽然责任在银行，但是王正华也告诉了大家一定要讲诚信，而诚信是共产党恪守的原则之一。

在一次党员扩大会议上，王正华讲了一个事例。一个名叫杨冕的员工，接待了一个东北旅客，由于有事需要退票，虽然按照规定已经过了退票期，但是杨冕对这位旅客还是十分热情，一边倒热茶一边让对方坐下，最后领着他到市场部解决了问题。对此王正华的评价是："我们需要这样的人，我们的上帝、我们的旅客、我们的同事、我们的家人，这就是我们共产党员、共产党人。我们的党解放前，打天下的时候，你说共产党员为什么会得到那么多老百姓拥护，老百姓牵着牛牵着羊把家里的门板拆下来，扛着我们的伤病员。我们的党今天掌了权，我们不能忘记那些一起打天下的人。同理，我们服务行业不能对我们的旅客漫不经心，这是不许可的。所以，作为共产党人，就要有满腔热情，包括对事业也是应该如此。"

王正华在企业中强调讲公德和讲信仰的时候，曾经说过："我的管理水平不高，但是我们追求共产主义信仰。"这些话被一些媒体得知之后，都表示很震惊。王正华则有些不以为然，他认为这和当下的社会潮流很符合。中国人已经缺失了信仰，只有用共产主义理念去教育大家为社会服务才真的有意义。王正华觉得，人在社会上，就是要为它负一点小小的责任。一个人吃了那么多粮，用了那么多草，就应当回报这个社会。

王正华对一些媒体说过，他们每年会举办两次全公司性质的入党审批大会，会请两三百名积极分子共同参加，每次 80 后和 90 后的员工都抢着在会上发言、表决心。很多人听了王正华的"爆料"之后都感到很惊讶，但是王正华却认为这再正常不过了，他将共产主义理念融入到企业文化中，变成了它的精髓部分。王正华之所以这么做，是因为他觉得工作不仅仅是为了生活，也是为了一种事业和信仰。

　　虽然王正华十分看重党建工作，但在春秋集团，他不会因为谁是共产党员而特别提拔，也不会因为谁不是党员而不加重用，他对管理人员的要求就是"做仆人"，因为管理就是服务。所以每次遇到重大节假日的时候，春秋航空的管理层都会在机场迎接最后一批返航的机组人员和地勤人员，而在清晨又会慰问第一批上岗的员工。在王正华这种党性培养的企业文化之下，很多管理人员经常晚回家，甚至过年吃不上年夜饭也是常事。

　　王正华传递的党员精神，就是一种做人实实在在、做事真心真诚的信念。他始终将"春秋航空是共产党员办的企业"这句话挂在嘴边。而且，他在多次讲话中，都紧紧围绕"共产党人的道德"来展开论述，不论是预备党员还是正式党员，都要按照共产党员的标准要求自己，做一个无愧于时代的共产党人和春秋人。

第四章

良性竞争， 低调的崛起

风口中散步，浪尖上炫舞

王正华来了，春秋航空来了，低价机票来了，竞争对手有些坐不住了。

199 元的机票已经让人大跌眼镜了，99 元的机票更让人瞠目结舌，而 1 元的机票简直让人抓狂！于是，各大媒体纷纷这样形容王正华的飞机大队：在目前的中国航空界，他们是一支前无古人后无来者的轻骑兵部队，他们将"春秋"二字作为大旗，高高举起来，左手抄起低成本的盾，右手紧握廉价的矛，所到之处，必定会引发一阵弥漫的硝烟……然而这群人从不知道什么叫做害怕，反而快马加鞭地朝着中国最广阔的平民航空市场，一往无前地开进！

王正华比任何人都清楚，他在航空业插的这一脚，必定会遭致不少人的嫉恨。一方面是因为他抢走了部分宝贵的客源，另一方面让航空业的某些"秘密"昭然若揭。

王正华之所以进入这个领域，就是他看到了旅游行业确实存在着大量的"水分"，而一旦他拥有了自己的飞机，就能够将占据旅游成本的50%—70%的运输成本进一步缩小，从而让他的旅游产品价格空间得到提升。现在，老王的这个目标实现了，他已经牢牢地将旅游产业链上的交通环节抓在了手中。

可就是这一抓一控制，引起了一些航空大佬的不满：你自己有了飞机，我们的票怎么卖？而且你还卖得那么便宜。

实际上，如果将中国的机票和中国人均消费水准对比一下，就可以发现这个比例实在是太高了，这也是西方发达国家人民坐飞机跟坐火车没什么区别的原因。当然，王正华主要学习的还是美国的西南航空公司，因为他们将廉价做到了极致。

虽然王正华的廉价飞机将他推向了风口浪尖，但是王正华觉得这么做很值，因为他正向着一个极具挖掘潜力的市场挺进。要知道，中国地广人多，幅员面积辽阔，对航空交通的需求非常大，只是因为机票价格较高，屏蔽了相当大的市场需求，所以廉价航空一定是"朝阳产业"。

从另一个角度看，老王制定的廉价航空，也是为了促使春秋国旅的旅游产品，渐渐产生巨大的价格优势。尽管春秋旅行社在国内首屈一指，可王正华绝不会就此满足，他还要竭尽全力继续提升春秋旅游的品牌形象。经粗略统计，春秋旅游每年包机在3000架次左右、客座率达到了99%。这么坚挺的数据，预示着春秋航空的运营风险将会逐步降低。

于是，老王的脑海中，浮现出了一个整合产业链上下游、互补性和联动性极强的"旅游＋航空"大计划。在这个计划总方针的指引下，2004 年春秋航空成立之后，王正华立即打出了"廉价航空"的旗号，震动了整个中国航空业。

震动之后的结果不言而喻：航空巨头们开始对王正华虎视眈眈——这个六十多岁的老头，真的想掀起一阵血雨腥风吗？

眼看着老王被人侧目而视，有人不得不出来对他提出善意的劝告。当时的韩亚航空中国部的总经理对王正华说：你可要做好连续亏损 7 到 10 年的心理准备！

这位经理的话并非危言耸听，要知道韩亚航空当初只跟一个竞争对手鏖战——大韩航空，用了多长时间呢？整整 9 年才开始盈利！王正华的情况似乎更糟糕，他要面对的是一群如狼似虎的航空巨头。

可老王就是这么倔：风口又能怎么样？正好吹吹风、散散步，人生不拼搏还有什么意思？于是，他从 3 架 A320 和 8000 万元注册资本起步，将所有的瞻前顾后统统抛到脑后，开始向航空业步步紧逼：你们不是巨头么？你们不是票价高吗？那我就用低价来发起攻势。王正华没有思前顾后、考虑太多，而是无所畏惧地果断出击。299 元、199 元、99 元……王正华就像堂·吉诃德那样，挥舞着锋利的廉价之矛冲向了巨人般的风车，当然他和堂·吉诃德不同，他的利矛最终刺穿了在风中怒视他的风车。

这些闻所未闻的低价票，一刀一刀地直刺竞争对手软肋，由此引发的连锁反应，又像是一枚枚凝固汽油弹，在中国航空市场来了一场精彩的"火烧博望坡"。

不过，勇气归勇气，风口上散步还是存在一定危险的。当王正华的低价票被炒得火热之际，对他的争议和讨伐也接踵而至。2006年12月，春秋航空因为在上海—济南航线推出了1元机票，遭到了济南市物价局开出的15万元罚单。

其实在国外，低价票的事情也是常有的，这只不过是一些航空公司常用的市场促销手段而已，在全部的票价结构中，或许这样的座位连10%都占不上。而且从当时的航班时刻上看，春秋航空从上海直飞济南的飞机，必须要在海南的凤凰机场过夜，所以这么晚的航班时刻散客必定不多，推出这种1元的票价，也是一种无奈之举。

罚单开出后，王正华面临着巨大的压力。不到一个礼拜，济南物价局开始对春秋航空进行调查，最后决定召开一次听证会。这次听证会需要民航总局和发改委一齐出面，自然让他们犯了难：如果支持王正华，那么这等于宣告总局自己给自己破了行规；如果反对王正华，那春秋航空这个受到总局支持的先行者该怎么定性呢？

王正华考虑再三，最后提议取消听证会，让票价恢复正常。这一次对王正华来说很委屈，而被迫恢复票价也的确很无奈，但是他并没有灰心丧气："我们要给政府改革、改变价格的时间，而不是硬要在山东的事件上断个是非。"

不管怎么说，危机化解了，王正华的名气大了，春秋航空的招牌响了，他立即成为了全国媒体关注的风云人物，之前不了解春秋航空的人通过"山东事件"终于知道：居然还有敢卖"1元机票"的民营航空公司！

据说，在王正华临回上海之际，山东物价局的工作人员还跟他开了个玩笑："这次你要谢谢我们，免费为春秋做了一次极具轰动性的广告。"

广告的确是免费的，但也真是让人惊出一身冷汗。风口散步，果然不是一般人玩得起的。

这边王正华名声大噪，那边竞争对手们沉不住气了：1元机票没受到惩罚，往后这老王没准还能弄出5毛钱的机票呢！于是，大佬们站在同一个立场上，纷纷指责王正华是"价格屠夫"，他的低成本运作根本就是炒作，是恶性竞争。

低价挨人骂，这大概是老王早就料到的事情，所以他面对竞争对手的唾沫星子，展开了毫不客气的反击："正是因为票价高，很多平民百姓都望尘莫及。让更多的人能够坐上飞机，这才是平民大众的航空、民生的航空。我要做的，就是'人人都能飞'！"

很多人不敢在风口上散步，一方面是担心会被吹走，另一方面是担心想自己找台阶下又下不来，可是他们忽视了一个事实——只有在风口上散步，才有机会飞上更广阔的天空。

当然，老王敢于在风口散步，并非他性情彪悍、做事不考虑后果，而是他沉稳有余、能扛得住大事，这才是在浪尖上炫舞的硬功夫。熟知王正华的人都说："他是一个很有人格魅力的领导者，很和蔼，没有领导架子，和员工一起吃食堂。"

就是这样一个行事低调、为人亲和的老王，在航空业这个新战场上招兵买马，摆开了一字长蛇阵，向巨头挑战，向所谓的"规矩"挑战，上演了一幕幕惊心动魄的"空战"传奇。

不走寻常路，七剑合璧破苍穹

自从杀进航空业这片红海，王正华就一直在思考一个问题：怎样才能让春秋航空的优势上扬、劣势下降呢？

众所周知，国内的航空业现在是国有和民营兼具，竞争对手越来越多。如果大致划分一下的话，可以分成三个梯队：第一梯队是南航、国航、东航和海航等四大航空集团；第二梯队是上海航空、深圳航空等地方航空公司；第三梯队，基本上就是像春秋航空这样的民营航空公司。

从目前这个态势来看，中国的航空公司之间，实力差距比较明显，特别是国有和民营之间更是划出了一条鸿沟。不过，春秋航空虽然不能和第一梯队及第二梯队相比，在第三梯队中它却已经是当之无愧的大佬。

但老王不会满足，因为只有懦弱者才甘当鸡头，强者都会选择先当"凤尾"，然后找机会让自己成为"凤头"。

为了实现这"鲤鱼跳龙门"的精彩一跃，王正华探索出了一条异于常人的发展道路。拿办公楼来说，跟占据了整条街道的东航集团相比，对面的春秋航空总部简直小得不敢让人相信：偏安于一家宾馆的二层小楼，略显紧张的办公区。如果你没看见身着统一制服的飞行员从这里穿行而过，你准会以为这儿是春秋国旅新开的一家小分店。就是这么一栋不起眼的小楼，伴随着春秋航空经历了一个注定难忘的年月——2006 年，中国民营航空最为动荡的一年。

这一年的确发生了很多大事，同为民营航空的奥凯，打算和大韩航空合资，走一条货运路线，结果因为控股权问题没有谈成。接着，均瑶又变成了幕后控股股东，而奥凯则开始拓展支线航空。更糟糕的是鹰联，他们在跟新加坡的大股东对簿公堂之后，由地方航空公司川航接过了位子……真个是多事之秋！

奇怪的是，几家民营航空公司都在新闻上闹了个头条，为什么见不到名气更大的春秋航空公司呢？这恐怕要归结于王正华的"独门秘诀"。

在一个长期由大型国有航空公司掌控的市场中，王正华坚持让他的飞机大队走一条特立独行的道路，他几次打破航空业约定俗成的"行规"，就是要让消费者了解他们、认同他们。为了让春秋航空的名头更加响亮，王正华努力让他的飞机大队具备别具一格的竞争优势。

所谓竞争优势，是指消费者眼中一个企业或其产品区别于其竞争对手的优越之处，它可以是产品线的宽度，也可以是产品的大小或者质量等等。实际上，王正华在进入航空业之前，就想到了这一点。

春秋航空和竞争对手们最大的差别，是它拥有春秋国旅的品牌和业务支撑，其他的航空公司都只是单纯的运载服务企业。从 1994 年至今，春秋国旅每年都会获得国家旅游局排名的中国旅游全国第一，是一个国内连锁经营最多的全资公司，也是最具规模的旅游批发商和包机批发商。粗略统计，春秋国旅在中国至少有几千个网络成员，在北京、广州等 30 多个大中型城市都设有全资公司，全资公司下面还有 2 到 10 个连锁店，另外它在境外还有全资公司。

如果说在创办春秋航空之前老王的深谋远虑没几个人能看出来的话，那么现在明眼人都能看出来了，春秋航空在春秋国旅的支持下，面对其它竞争对手时具备了"不一样就是不一样的"的绝对优势。

第一是品牌优势。凭借春秋国旅的优势品牌，春秋航空的认知度比其他竞争对手（主要是民营航空公司）更高。所以，广大消费者对春秋国旅的信任，会借着"春秋"和"王正华"延伸到春秋航空的身上，这可为春秋航空节约了一笔不小的广告投入成本，也更容易吸纳到更丰富的客源。

第二是客源优势。春秋国旅本来就掌控的巨大旅游者市场，现在已经成为了春秋航空的主要客源之一，而且还十分稳定。最重要的是，春秋航空获得这些客源基本上是零投入，节约的资金自然相当可观。由于春秋航空的总部设在上海，所以可以充分利用上海自身巨大的区域优势和高度配套的航线格局，成为春秋航空的中转枢纽和强有力的后方支援。

第三是延伸服务优势。春秋航空凭借春秋国旅在旅游市场的优势资源，能够顺带给客户提供"机票＋酒店"及旅游套票服务，这可是相当有卖点的：低价机票加上低价住宿打包再加上一站式服务的便捷，让一大批商务客和"自游人"怦然心动。王正华将航空和旅游两大业务进行了强强联合，实现了成本的最低化和效益的最大化，更能让广大游客得到实惠。

第四是产品策略优势。在春秋航空旅游网的首页上，写着这样一句话："春秋航空——中国首家低成本航空公司。"王正华一直将"省之于旅客，让利于旅客"的经营宗旨作为经营信条，推行了"携带行李的服务差异"和"航班延误服务差异"等措施。虽然这需要一个让更多人接受的过程，但这个时间已经在逐渐缩小了。

第五是销售机制优势。王正华的一次"犯糊涂"（没有加入中航信），恰恰让春秋航空成为了中国唯一不参加中国民航联网销售系统（CRS）的航空公司，而且还打造了属于自己的售票系统和专门的航空旅游电子商务网站——春秋航空旅游网。有了这个网络平台，春秋航空就能给客户提供最方便快捷的航空票务、旅游和酒店等在线预订服务。现在，春秋航空的网上电子订票业务，已经在商务客中占到了至少55%的比例。

第六是运营机制和管理体制的优势。王正华虽然出身于机关，但他终归是一位"民间英雄"，他的春秋航空资金来源主要脱胎于民间资本，而正是民营的色彩，让他们在运营方面更有主动性和灵活性，这体现在管理决策、资金使用、员工聘任、市场营销策略等方面。相对而言，国营航空集团就不行了，他们要受到政府管理部门的约束，无法进行自主经营和决策，市场上一旦有风吹草动，很难迅速作出反应。

第七是信息管理优势。春秋航空在刚成立的时候，王正华就敏锐地认识到，信息化管理是将来企业发展的重要推动力，所以他加大力度搞好这一块。现在，春秋航空的信息技术部从属于集团总部，不仅负责春秋航空公司，还负责春秋国际旅行社的信息系统的规划、开发、运行和维护工作。这个部门下设开发部、技术支持部、测试部、运营保障部等科室，拥有一大批技术过硬的软硬件工程师。目前，自主开发和运营的信息系统有：遍及全国的旅游销售系统、航空离港值机系统、机务航材管理系统等航空销售订票系统等。

春秋航空的优势或许不仅仅是这"七把利剑"，大体的格局已经被具有真知灼见的王正华划定好了。现在他要做的，就是在发挥优势的基础上，让春秋航空的差异化特征逐渐凸显，力争成为压倒性的绝对优势。

春秋航空，客户的"菜"

随着人民生活水平的提高，现在老百姓无论是进行商务活动还是休闲旅游，都愿意选择更方便、更快捷的方式。在这种经济高速增长的环境下，航空业市场也日渐广阔。所以，民营航空公司冒头的越来越多，尽管春秋航空是其中的佼佼者，但是随之而来的竞争压力也不言而喻。

在王正华的掌舵下，春秋航空曾经连续两个航季获得了由民航总局谱写的"五率加权"总评分第一名，把那些航空巨头们远远甩在了身后。春秋航空的成功，不光是王正华为它构建了一系列独有的优势，更是通过差异化战略，让更多消费者不由自主地选择了它。

一、定位差异——我的飞机很"亲民"

王正华在旅游业摸爬滚打十几年，早就摸透了人们的一个观念：出门坐飞机就是一件很有面子的事儿，而有面子往往和价格不菲是孪生兄弟，所以老王就确立了低成本运营的策略，被他盯住的客人不是那些社会名流，而是观光度假的游客以及中低收入的商务客——这才是属于春秋航空的大蛋糕。

王正华不仅要让他的飞机上座率爆满，更希望能就此改变国人的观念。正如那句话所说："定位是钉子，战略是锤子，不能没有钉子就拿着锤子乱抡。"现在，老王找到了钉子，于是大胆地挥舞起了他的锤子。他在中国航空业留下了深深的印记，成为了中国低成本航空的领头羊。

二、服务差异——简约不简单

经过多年的磨合，王正华的个性经营套路，逐步得到了民航总局和旅客的认同，同行们也不再暗中打小报告了——原本人家就是靠这个路子活的！老王的飞机里，基本上没有头等舱和经济舱的分别，买了票大家都一样。如果旅客没有托运行李的话，可以凭电子客票在机场自选座位。这些规定都是针对低端消费群对服务内容和服务价格比较敏感而制定的。因为这一类人群之所以选择飞机，主要是为了快捷和舒适，至于其他的，只要能满足这些需求，有没有都无所谓。

当然，老王的精简化服务可不是打折的服务，春秋航空一直践行着"四个一"服务：帮助手提行李的老年旅客提一提行李；为捆扎勒手的行李垫一垫衬垫物；对行动不便的人扶一扶；为抱孩子有困难的旅客抱一抱孩子。另外，老王还十分贴心地推出了针对旅客睡觉而孩子没人陪伴的服务指示卡，还增加了常用药包、针线包、旅游图册等便民服务措施……低价不低质，这就是老王追求的航空梦，他不想让任何一位旅客对他的飞机产生不良印象。

三、营销差异——网上"搞掂"你

王正华经过多年来对美西航等世界低成本航空公司的研究，他的低成本运营蓝图在脑海中已经越来越清晰了。当然，王正华还进行了适当的改进和完善，他没有像美西南那样，将目标市场一律锁定在商务旅客，而是将他的市场营销定位为"旅游者和对价格比较敏感的商务旅客"。由此可见，王正华的营销对象并非是传统航空公司面对的中高端商务公务旅客，也不仅仅是低端商务旅客，而是巧妙地找到了一个结合点，等于扩大了客源范围。

另外，王正华力主在营销手段上也搞差异化，他不像传统的航空公司那样，通过大量的机票代理公司和旅游社销售机票，因为这样会无形中增加很多中间成本。老王的选择是，通过网络和春秋旅游的门店售票——以网上电子客票为主。这种电子客票和传统的纸质机票相比，存在着印刷、运输、存档等多方面优势，能节省80%的成本。另外，这种网上预订的效果非常好，它的超低价电子机票勾起了旅客购买的欲望。这么一看，王正华既给自己做了免费广告，又培养了客户的消费习惯，还把成本压缩到最低，真可谓"一石一窝鸟"。

四、经营成本差异——该省的必须省

王正华的省钱之道，是典型的"内向型"——将重点放在公司内部，向经营和管理要低成本。为此，老王总结出了一个很有意思的"两高两低两单两控"。

"两高"，是要保持85%以上的高客座率以及11至12小时的高飞行日利用率。当初，老王创办春秋航空的最初目标，就是为航班70%的机组组织旅游观光客、30%组织商务客，由此将平均客座率维系在85%以上。现在，王正华已经将商务旅客的比重提升到了55%，其客座率也大大超过了85%。王正华将统筹学运用得炉火纯青，他让春秋航空白天飞商务航班，早上和晚上则飞旅游航班，超过了传统航空公司日飞行9小时的数据，将飞机的利用率提升到最高。

"两低"，是让销售费用和管理费用降低。王正华利用现成的春秋国旅销售系统，分担了销售任务中的70%，而剩下的30%则通过网络和Call Center呼叫中心销售，节约了代理人费用和营销队伍的费用，将营销投入始终保持在2%—3%，低于传统航空公司的8%。在人力成本上，传统航空公司的人机比例一般要超过100∶1，而王正华经过整合，将这个比例控制在60∶1，相当于少花了40%的费用。

"两单"，是单一机型和单级舱位。目前，王正华的飞机大队只有一种机型，表面上看比较单一，但实际上大大减少了管理费用、航材备件以及维修成本。而且，飞机的机舱布局也只有一种舱位——经济舱，在同等座距中增加了飞机的座位数量，单机运力在无声无息中提升了。这样一来，节省下来的资金就能让利给乘客，还能抽出一部分投入到安全建设中，进一步增加了总体收入。

"两控"，是控制可控成本和日常经营管理费。王正华一直用逆向性思维，颠覆着中国传统航空公司的运营模式，经常不按套路出牌：不加入中航信，自建售票系统、离港系统，推行减轻配重比和免费行李重量，让飞行员冒着接受紫外线过量照射的风险迅速拉升飞行高度以降低飞机油耗，租用国产机场的摆渡车弃用高价的进口摆渡车，飞机的清洁工作让空姐来完成，普通工作人员用混纺当工作服面料，办公文件实行电子化，打印文件则是双面打印……对传统航空公司来说不可思议的事儿，王正华一样没拉都干了。更神奇的是，这么节俭的公司，却没有人产生跳槽的想法。

一处细节的胜利，或许不会让春秋航空有什么无可比拟的优势，然而处处细节都能考虑进来，这个优势的总和就无法让人小视了。从飞上蓝天的梦实现的那一刻起，这个有些固执有些"狡猾"的太极老人，就在步步为营地勾勒着一幅宏伟蓝图：飞机上天不算什么，要让它飞进客户的心里。

融合之道，和气生财

王正华喜欢太极，太极之道在他身上最明显的体现就是他绵软的个性。虽然春秋航空特立独行，但那只是商业策略，王正华本人却是一个不招风、不惹祸、不树敌的人。

尽管王正华的竞争对手是一些航空巨头以及相同出身的民营航空公司，但这并不意味着他们处于敌对状态，竞争是为了促进这个行业更有序更良性地发展，并非为了恶意攻击谁或者挤垮谁。

王正华认为，他的战略选择和日常经营之道的一些点子和招数，的确是从那些航空巨头那学来的。所以他认为，不是春秋航空在给老牌航空公司上课，而是老牌航空公司在"传授"给他经营技巧。

在竞争中有学习，在对抗中有融合，这就是王正华的"平和"竞争法则。或许，王正华的这种个性特征，与他的成长经历不无联系。

王正华家中兄妹七人，他是长子，从来没有和姐姐弟弟妹妹们红过脸。不光对亲人如此，王正华对外人也是尽量修好。所以在2006年其他民营航空公司屡遭变故时，春秋航空却稳坐钓鱼台，这跟老王的"绵里藏针"有着直接的因果关系。

就拿同为民营出身的东星航空创始人兰世立来说，他的性格跟王正华几乎完全相反。他是家中最小的孩子，亲情观念比较单薄，一手将其带大的二哥不止一次在媒体上爆料，指责兰世立不念兄弟情谊。另外，兰世立的高调，也是王正华忌讳的行事风格。

2005年，兰世立第一次以20亿元的身价，光荣挺进福布斯中国富豪榜。当媒体采访他时，兰世立说"福布斯把我低估了"、"当初如果我一直在省机关工作，就断送了一个湖北首富"。

相比之下，王正华就谦虚了很多。他曾经在2007和2008两年入选福布斯中国富豪榜，传言身价高达17.9亿元，然而这个数字老王至今都没有承认。当记者就这个话题采访他时，老王总是哈哈大笑地说："我始终认为钱应该大家赚，我们有100个大股东、近400个小股东。我们还打算明年上市，争取培养100个百万富翁、10个千万富翁。我自己嘛，顶多1个亿吧。"

在企业管理方面，王正华也不像兰世立那样树大招风，而是更加富有策略性。

2006年5月，东星航空推出了低价促销，结果引起了一些国有航空公司反感，据说有八家航空公司私下里达成协议，共同对付东星。面对国有航空公司的围攻，兰世立马上将这件事闹上公堂，弄得双方都下不来台，直至相关部门出面调停才算罢休。这件事过后，兰世立就不再做低价竞争了，而是转向了高端商务运输，然而由此而产生的高票价推行却困难重重，为东星日后的危机埋下了隐患。

王正华也有过类似的遭遇。

山东事件结束之后，那些老牌航空公司开始对王正华进行"群殴"——南航和东航都加入到了票价大战中。当时，南航对郑州到上海的机票打了 2.5 折的优惠，票价为 200 元，不过要求旅客必须提前预订而且数量有限；东航则在同样的路线上推出了 199 元的特价机票，不过限于每天 3 个航班、每个航班 20 张，售完为止。面对巨头的出手，王正华自然早有心理准备，他选择跟这两家老牌航空公司对着干——把每条航线中的"99 元票价"从 30% 扩大到 40%。为此，春秋航空的新闻发言人还说："虽然我们草根出身，但是我们从来不惧怕打压"、"春秋航空的客座率仍然在 95% 以上"。

无独有偶，在 2005 年 7 月春秋航空首航时，王正华就试探性地推出了 13 张单价 199 元的"上海—烟台"特价机票，结果没几天他就收到了工商部门的责令——"必须遵守禁折令"。据说，这是几家国有航空公司暗中打了小报告。

尽管和东星航空有着相似的遭遇，但是王正华可没有像兰世立那样跟人家打官司，而是很听话地将 199 元的机票全部停掉，然后乔装改扮成"300 元的机票 + 酒店特价套餐"、"买机票赠红酒"。这种聪明的应对之策，既绕过了"禁折令"，还能借机会搞一搞促销。与此同时，王正华还去了航空总局，跟有关负责人讨论弹性票价的社会价值和企业生存意义，最终如何呢？人家默许了——199 元的特价机票可以继续推出。

曾经有记者在报道中说，一次王正华参加全国民航工作会议的时候，显得十分小心，生怕给别人留下不好的印象。当他的低价票惹了点小乱子之后，他也没有去见对春秋航空恩重如山的杨元元局长，因为他觉得给总局带来了压力。

王正华不仅对主管部门礼貌有加，即使面对国有航空公司等竞争对手，他也会将自己的姿态放得很低。不管是公众场合还是私下场合，他都尊称国有航空公司为"老大哥"，而将自己比喻成"小兄弟"和"小角色"。

王正华这么做并非"卑躬屈膝"，而是他真的和这些国有航空公司的高管关系不错。

2006 年底，王正华面临着是否进入干线市场的抉择。由于干线竞争十分激烈，不是你有胆子就能狭路相逢勇者胜的，所以王正华十分谨慎地召开了一次决策大会。放在过去，只要老王认定自己的决断没错，即便有多大的反对声音他仍然会坚持到底，可是这一次他真的有些犹豫了。就拿上海—广州航线来说，聚集了国内好几家实力雄厚的航空公司：国航、东航、南航和上航，这跟春秋航空以前的航线情况完全不同，比如上海—珠海这条线，差不多只有一家公司在飞，竞争压力要小得多。

为了征求意见，王正华给当时东航集团董事长李丰华打了电话，这个竞争对手其实私下里是他的朋友。让王正华意外的是，李丰华对他是否进入干线市场，表示了绝对的支持："飞，为什么不飞，一定要飞！"

有了朋友的支持，王正华最终下定决心，向民航总局申请了上海—广州的航线。

在《中国周刊》采访王正华时，他曾经表示，如今每开辟一条新航线，他都会主动登门，拜访当地的主流航空公司，拿一些具体的数据给他们看。数据显示的是什么呢？是春秋航空到过哪个城市，就会让那里的旅客总量有所提高，所以不会减少当地航空公司的客流量。

王正华说过这样一段话："在市场上，只有永远的利益，没有永远的敌人。"可见，王正华是一个不愿意让人觉得他很"牛"的低调老者。他觉得无论是国有航空还是民营航空，终归都是一家人，而竞争本能能够促进企业成长，并不一定要谁将谁置于死地。更重要的是，王正华一直认为："我们认定的竞争对手不在国内，而是国外的旅行社和航空公司，我们为什么不团结起来一致对外？"

王正华就是以这样的态度，让他的竞争对手们渐渐明白了一个道理：春秋航空不是跟他们抢客源，而是帮助他们拓展新的市场。正是王正华的低价策略，让以前从来没坐过飞机的人养成了坐飞机的习惯，所以即使没有春秋航空他们也会选择其他公司的飞机。更重要的是，王正华的目标客户主要是自掏腰包的白领和普通民众，而航空巨头们通常服务的是高端商旅，双方的利益交界点并不是很多。

也正是因为老王的这种柔性生存法则，才让他对媒体一度大肆鼓吹的春秋航空是"市场鲇鱼"之类的说法很不喜欢。他始终觉得，自己从来没有随便树敌，春秋航空所做的事情只是在适应市场需求，满足普通百姓坐便宜飞机的梦想而已，他是在开拓市场，而不是在分割市场，丝毫没有和主流航空对抗的意思。

正因为这种融合之道，才让王正华和气生财，柔中寓刚，刚柔并济，所向披靡！

第五章

上市融资， 梦圆春秋大业

融资借钱，寒冬扩建

春秋航空从创立伊始，几乎一路顺风顺水，不得不让之前对其不看好的人刮目相看，更让国有航空公司为之咋舌。然而好景维持了不到三年的时间，它就在 2008 年遇到了第一次严酷的挑战。

这一年是金融危机，在这次全球性的金融危机中，中国民营航空市场上演了一幕又一幕悲壮的"蓝天大撤军"：先是奥凯航空有限公司停航，紧接着鹰联航空有限公司惨遭收编，东星航空有限公司又濒临破产……王正华的日子也不太好过，他的春秋航空，净利润一下子骤减 70%，再加上汶川地震、北京奥运等多重外界因素，给春秋航空的运营带来了不小的压力。另外又赶上了上半年航油高企和市场的不景气，让整个民航业一片惨淡。

　　然而，正是在这样形势不妙的环境下，王正华却出人意料地采取了"对外扩张"之路。他购买的第一架空中客车 A320 飞机，已经从空中客车公司的总部——法国的图卢兹飞到了上海，很快投入到了上海、兰州、乌鲁木齐、张家界、贵阳等西部新航线的运输大队中。当时，王正华的机队规模达到了 12 架。

　　外界称王正华的这一系列举动为"西进运动"。而老王也真的像一位浑身是胆的西部牛仔，骑着烈马在一片萧条的草原上奔驰疾行。有人会问：难道是老王再一次"失去理智"了么？别人都勒紧裤腰带攒钱，他却明目张胆地花钱，莫非春秋航空得了意外之财？

　　当然不是，王正华的飞行大队和其他民营航空公司一样，都承受着消费萎缩的市场寒流，而且还无法享受政府对国有航空公司的政策支持。可尽管如此，王正华还是显出了"笑傲蓝天"的气魄，毕竟他有以春秋国旅为支柱的旅游产业，这是春秋航空最强有力的依托。

　　非常时期需要非常举措，老王已经完成了一些对内的调节。现在，他还要考虑另一个对外的问题：融资。

　　其实，王正华在创办春秋航空之初，很少提到什么借贷、融资，一方面是他不想让外界因素过早渗透到他的飞机大队中，以影响到他的决策和企业发展。另一方面，是他对外资"心有余悸"——他曾经吃过外资的苦头。

　　这个苦头是怎么来的呢？那还是在 1996 年，春秋国旅和美国的罗森布鲁斯国际商务旅行管理有限公司开始合作，美方的管理者是罗森布鲁斯大中华区总经理，是一个台湾人。当时，罗森布鲁斯是世界上数一数二的商务旅游企业，因为他们的国际客户在中国的商务活动越来越多，所以从 1994 年开始谋求在中国找一个称心如意的合作伙伴。挑来选去，他们发现王正华的春秋国旅不错，所以双方就开始了合作。

在和罗森布鲁斯建立合作关系之后，春秋国旅随即成立了一个罗森部，由一位台湾籍总经理负责，专门处理罗森布鲁斯在中国境内的业务，当时老王还开玩笑地表示，亏了算罗森的，赚了算春秋的。可让他没有想到的是，那位台湾总经理真的不负"重"望——天天亏钱，月月走低，月营业额居然只有 20 多万元，这让罗森布鲁斯总部都怀疑跟王正华合作这步棋是不是走错了。自然，惹祸的台湾人也坐不住了，他找到王正华表示愿意拱手让出大权，老王自然毫不犹豫地接手了罗森部，很快就让营业额连月翻番，从 20 多万元猛增到 400 多万元。当时，罗森布鲁斯在美国本土无法竞争过运通公司，但在中国市场上却将对手成功超越。

就在双方的合作越来越"甜蜜"之际，那个台湾人却再次将罗森部的管理权收归己有。一天，台湾人特意邀请了春秋罗森部的全体员工吃饭，却唯独没有请王正华。为什么呢？因为这家伙想借机干挖墙脚的勾当，他向春秋罗森部的年轻人许愿，只要跟他走就能得到很高的待遇，还可以去美国接受培训。

这个价码对在场的年轻人诱惑力太大了，给王正华带来了很大的负面影响，最后他不得不终止和罗森布鲁斯的合作。从那之后，王正华是"一朝被蛇咬，十年怕井绳"，对外资充满了戒备之心，他觉得引入外资就像在头上顶了个"太上皇"，给自己套上了解不开的紧箍咒，做起事来碍手碍脚的。不仅如此，王正华也不喜欢培养或者接收"海归人士"，每次在各地建立分社时，除了总部派出经理和财务人员之外，他还是喜欢在当地招聘那些没有工作经验的人。

尽管有过这么一段伤心往事，但王正华也不是固执之辈，随着市场竞争的加剧，他也意识到企业发展不能失去外资注入这个重要"外援"。于是，他经过再三考虑将融资提上了日程。

航空业是高风险行业，国有航空的资金大多来源于国有银行，民营航空要得到国有银行贷款相对比较困难。虽然近几年来情况有所好转，也有一些银行愿意出面组织财团给春秋航空提供贷款，但春秋最后还是选择了上市融资这条渠道。王正华表示，上市一方面是为了钱，另一方面也是为了引入现代企业制度。他表示，春秋航空作为民营企业，目前权力过于集中，正好借此机会形成科学的公司治理结构。

在航空业内部，创办航空公司被视为"吃钱的老虎"，几百万元、几千万元人民币在它面前，简直不够塞牙缝。这种资金密集的特点，决定了航空公司要想获得规模性的成长，只能依靠融资。可惜的是，大多数民营航空公司都在资信记录方面有不足之处，这让他们的融资难上加难。

然而王正华却是个例外，他在包机路线走了几年之后，自然想拥有属于自己的飞机。不过，飞机这种东西不是说买就能买得起的，所以他决定融资购买飞机。从 2006 年到 2007 年，王正华领着春秋航空参加了国家大机队的订购计划，第一批订购了 6 架空中客车 A320 飞机，前面提到的那架飞机就是其中之一。紧接着，王正华又向民航总局和发改委提出申请：想要分配 8 架空中客车 A320 的订单。同时，他又和中国航空器材进出口总公司接洽，打算再订购 2 架空中客车 A320。

至此，王正华订购的飞机数量已经达到 16 架，总价超过 60 亿元人民币，他也由此成为空中客车飞机在中国民营航空市场的 VIP 大客户。

据王正华自己透露，当时他购买飞机的计划，得到了工商银行金融租赁公司、建设银行、德国北方银行、英格兰皇家银行等好几家融资机构的支持，另外还跟花旗、建行、民生等多家中外银行签订了很多短期融资项目。有了这些财团的强力支持，老王的飞机大队将会继续扩充。

这么多金融机构乐于跟王正华合作，到底是为什么呢？原因很简单，王正华一直小心翼翼地保持着良好的信贷记录。自从公司成立以后，他在政府基金、机场费用、航油费用方面，从没有拖欠过任何人一分钱，由此被政府、金融机构以及一些中外机场和飞机租赁公司、航油公司等，清晰地标注为"最高诚信"等级。另外，王正华很识时务地不做高负债率的买卖，也很少进行基建，因此他的负债率通常会保持在 40% 到 50% 之间，和民航业中的平均负债相比，足足低了差不多一半。

还有一个很有意思的现象是，越是金融危机到来时，国内外的金融投资机构，越是死心塌地地要借钱给王正华——比危机前更强烈。当时，德意志银行、花旗和建行等机构，都密切地和王正华保持着接触，他们在经过了一番考量之后，认为当时好项目难找但春秋航空还是很有希望的。

面对融资，王正华心中可真是有点五味杂陈，之前创办春秋国旅的时候，无论多么难他都没有想过走这条路，而是全部依靠自己。现在情况不同了，春秋航空是个胃口大的孩子，单凭自己来养活恐怕难度太大。最终，王正华选择了德国北方银行。

在确定合作意向之后，第一笔 2000 万美元的融资很快敲定下来，用于支付 2009 年一架飞机的最后付款。虽然这 2000 万美金王正华也出得起，但是既然银行给出了如此低的利息，老王还是决定"借别人的钱花花"。

钱借到手之后，王正华继续加紧了扩张的步伐。很快，在他的带动下，春秋航空的管理层决定集体降薪 30%，目的是为了齐心合力对抗金融"寒冬"，同时他们的扩张战略也将保持不变。

有决心有勇气是值得夸奖的，不过这场"寒冬"的危害也不是说着玩的。春秋航空在 2008 年的营运收入是 16.2 亿元，盈利为 2000 万元，比 2007 年骤减了 5000 万元。而且这 2000 万其实也不是赚来的，而是受益于当年民航局对国内航空公司的一项政策：民航企业缴纳的 2008 年下半年民航基础设施建设基金是"先征后返"。在这笔返款中，春秋航空大概拿到了 2000 万元，于是就算作了 2008 年的利润。

这么一比划，王正华在 2008 年根本就没赚到钱。不过，尽管遭遇了如此严酷的困境，老王却依然没有闲着，他在 2008 年投入 1 亿元引进了 30 多名飞行员，为飞行大队增添了生力军。这还不算，王正华还透露春秋航空计划在 2009 年开通港澳航线、日韩、东南亚等国际航线的申请，同时，他将继续斥资 5000 万元到 7000 万元引进飞行员。

这么一看，深藏不露的王正华还真是民航界的"土豪"。当时王正华也没瞒着，他说春秋航空现金流充裕，完全可以支撑机队扩张的发展计划，所以暂时不考虑用私募的形式来融资。

　　王正华如此乐观地"扩军备战"，源自于他对春秋航空的信心：一方面来自于他的精细化管理和经营，另一方面来自于全球低成本航空市场的扩容。当时欧洲2到3小时航线70%的市场份额，都已经被"廉价航空"占领，而亚洲航空公司也抢走了从吉隆坡出发的大部分2小时航线。这一系列的变化，促使欧美许多传统航空公司被迫在2小时航线中，降低姿态学习人家的低成本航空，比如英航开始对之前免费运送的高尔夫球杆收费了。

　　王正华曾经坦诚地表示，春秋航空除了一直未能解决航线争议这个问题外，在购买飞机方面，他们也因为规模不大而难以获得比较优惠的价格。另外，他的低成本航空路线又遭受了低成本候机楼这个"程咬金"的干扰，导致他要比国外航空公司多花出总成本中6%到7%的份额。

　　尽管如此，王正华的融资还是成功了，而在寒冬中坚定不移地扩建，将推动着他的飞机大队朝更具发展潜力的方向畅快飞翔。

迎风直上，坚守低票价

　　市场竞争，不进则退。可如果一味地只知进攻而不懂得坚守阵地，同样会死得很惨。更何况，王正华进入的航空业，原本就是一个强手如林、竞争惨烈的非蓝海市场。前有南航、东航这样的国有航空巨头，后有吉祥、鹰联等一大批民营低价航空公司。为了稳中求胜，老王开始给他的飞机大队规划一条"先生存再发展"的市场路线。

　　从2005年7月8日首航，王正华率领的春秋航空一直保持着盈利状态，2007年的时候达到了盈利7000万元，而且当年他们投入的资金才不到 4000 万元，硬是将一架架飞机送上了蓝天。所以王正华最感到自豪的是，他们一直保持着低负债、高现金的良好财务状况。

王正华的航空生存之道，概括起来就是：先生存再发展，不奢求高利润，看重实际利益。他的飞机大队为什么有那么出色的低成本优势？因为他的航班上从来不提供餐饮，那些烤箱、烤炉什么的统统撤掉，只保留了飞机上最基本的设施。此外，王正华还砍掉了代理人环节，减少了中间成本投入，为此他还在春秋航空内部先后成立了 8 个委员会，干什么？专门做降低成本和节省开支的计划。

尽管"寒冬迫降"，但是根据当年民航局的规财司财务信息快报可知，2008 年春秋航空的主营业务成本低于同行业平均水平的35%，管理费用低于平均水平的 72%，营业费用低于平均的 69%，财务费用低于平均的 73%。

2008 年金融危机时，王正华说了一句话："今年做到保本微利已经很不错了!"可见，作为民营航空掌门人的王正华，虽然持家有道，却也深深感受到了 2008 年民航业遭遇的寒冬绝非"小寒"：市场疲软，赢利不易，当下面临的最紧要的是要想尽一切办法控制成本，确保市场份额。所以，当王正华参加完珠海的航展之后，马上回到了上海，召集大家开会商量解决办法。

这次会议中有一项重要内容，就是关于春秋航空准备推出一些收费服务的旅客调查情况。老王认为，现在的形势十分严峻，所以收费是一个必要的选择，但也是一个敏感的话题。原本他不想采取这样的非常手段，可 2008 年航空业利润急剧下滑，他不得不有所动作。

当然，加大力度投放低票价的措施还是要继续贯彻，目的是为了保住客源。现在王正华要考虑的是他手中的两个产业——春秋旅游和春秋航空。2008年，中国经济正好处于下行周期，所以两大产业都遭到了冲击。究竟先保哪一个，老王思前想后，还是觉得春秋航空更紧迫一些。

2008年是春秋航空诞生的第三个年头，它和旅游行业相比是一个高投入行业，每天的运营成本相当昂贵。比较起来，如果是春秋国旅生意不好，大不了减几个运营网点，这钱也就省下来了，可是航空公司却不能这么干。当时王正华算了算，就算让飞机停飞，每个月还是要投入几百万美金，包括了折旧费、租赁费和维修费等。只有让飞机飞起来，才能真的降低成本。

说白了，老王现在想的核心问题是："尽量少亏，不亏是不可能的。"另外他不得不在意的是，他们是一家民营航空公司，不可能像国有航空公司那样赔上十几亿都有人管，他们是自负盈亏，只有将一切资源充分利用起来，才能挺过这一关。

那么，一架飞机到底怎样才算不赔呢？王正华简单计算了一下，一天的收入要达到40万以上才能保证收支平衡。可是谁都知道2008年的情况不容乐观，航空业整体客座率下滑，导致一些大型航空公司也玩起了低价战略，又让业内的整体机票价格继续下滑。这样一来，王正华的飞机就没有那么高的吸引力了。

过去，王正华在一个航班上投放10%—15%的低价票，就能确保高客座率，而在当时恐怕要将这个比例增加到30%—40%才能保住高客座率。最终，王正华确定的思路是：继续严控成本，降低票价保持客源市场，削减或调整亏损航线航班。

2008年的经济放缓，对春秋航空这样的低成本公司来说，会不会有更多的机会呢？这是当时个别媒体的一种猜测，然而王正华却没有这样盲目的乐观，他觉得作为民企，无论在资源还是政策上，相对劣势只会更大，结果必定殊难预料。

形势所迫，不容王正华跟着媒体去做假设，他要做的是真正行动起来。在经济从紧的形势下，他要继续挖掘春秋航空内部资源，要继续培育低成本化的发展，还要让广大旅客参与到减少非必要需求的意识形态中，同时还要开展满足旅客个性需求的辅业服务以增收节支。为此，王正华推出了行李收费服务，将免费托运行李的公斤数减少，赚取一定的差额收费。

收费，是老王万般无奈的选择，他知道在正常客座率下，一次航行的盈亏临界点和行李总重有着比例关系，所以怎样制定合理的收费标准以至不损害旅客从低廉机票中获得的利益，需要经过大量的统计数据支撑才能实施。

收费的最终目的不是为了增加票价，恰恰是为了降低票价。王正华之所以制定了这样的措施也是从国外的成功经验中学习到的。

当时，整个航空业都在面临一个共同的难题：由于前几年经济高速增长，航空需求也不断增强，导致各航空公司大批量地引进飞机扩充队伍，可因为飞机交付的滞后，致使飞机实际交付高峰与需求下滑时间不幸地撞在了一起。简单点说，需要飞机的时候飞机还没来，不需要那么多飞机的时候，飞机到货了。

王正华却并不因此发愁，正如前面所说，他反而借着2008年的金融危机，订购了一批价格相对低廉的飞机，虽然要经过民航总局和发改委的批准而没有在当年到货投入使用，但仔细拨弄一下算盘也真的省了一笔。不管怎么说，2008年恶劣的生存环境，王正华不得不将公司上市的计划延后。

上市被推迟，这个王正华可以忍，但是眼看着收支难以平衡，他是真坐不住了。为此，他推出了一个强硬而又坚韧的"99攻略"。

什么是"99攻略"？顾名思义，就是坚持推出99元的票价系列，用低成本保持客源，最大限度地争取盈利。

99元实在是太有诱惑力了，它比火车票的硬卧价格还要低，大大刺激了普通大众乘坐低成本航班的欲望。很多人觉得，要是不坐这99元的飞机简直赔大发了。

当然，"99攻略"也让王正华多少有些心痛，毕竟这样能赚到的钱会越来越少，所以这项政策的推出也经历了一个痛苦的过程：票价从399元、299元降到199元、99元……正是到了99元这个节点，王正华的低价策略才被淋漓尽致地体现出来。也正是发现了99元的强大功效之后，他决定继续扩大这一类特价机票的投放量，从原有的10%提升到40%以上，甚至推出了100万张"99系列"特价机票。

这些特价票相当有市场，因为它所涉及的航线足有20多条，其中包括上海始发飞厦门、福州、温州、南昌、长沙、海口、三亚、重庆、昆明、常德、哈尔滨、沈阳、长春、大连、青岛、兰州、乌鲁木齐、张家界、贵阳等航线，基本上都是热门航线，受众群体十分庞大。

就这样，闹得全球都不得消停的金融寒冬，并没有将王正华的飞机大队冻僵，反而成了他继续践行"低价航空"的发展机遇。毕竟，他的成本控制能力天生就很强，完全有可能吸引到更多的潜在旅客。有了客源，王正华就有了继续扩张和推进的资本，这就是他的王氏兵法——不扩则已，一扩千里。

下一站，上市融资

在二十世纪九十年代，著名的"股神"巴菲特曾经说过这样一段话："你想成为百万富翁吗？很简单，你先成为亿万富翁，然后去投资航空股，你就会变成百万富翁了。"

巴菲特为什么对航空业这么偏见呢？原来他曾经被航空股深深地伤害过。

1989 年 7 月，由巴菲特控股的柏克希尔·哈撒韦公司，一下子买进了总值 3.58 亿美元的美国航空公司优先股。当时，这些特别股能够转化成每股 60 美元的普通股。不过巴菲特没有做这道简单的数学题，他很看好航空业的发展前景，认为航空业进入门槛高，是典型的寡头竞争行业，风险系数很小。为此巴菲特坚信，美国航空的股票将会有不俗的表现。结果精明的巴菲特这次看走眼了。

过了几年，美国航空公司开始在动荡不安的航空界中急剧萎缩，在 1988 年到 1994 年期间，先后亏损了 30 亿美元，让巴菲特的这项投资彻底钻进了死胡同，也成了他人生中屈指可数的失败案例之一。从这以后，巴菲特在很多公开场合都表示，千万不要投资航空业和航空股，因为航空业不仅成本高还生产过剩，是全世界最差的投资标之一。

正因为大名鼎鼎的"股神"放出了这句在业界流传甚广的话，所以不少海外私募基金对航空股持有偏见。当然，这个带有个人经验主义色彩的投资理念，也严重影响了国外大批基金经理和私募投资，让春秋航空在上市的过程中没少遭遇白眼。

但是，王正华对巴菲特的"航空公司不赚钱"论断表示不赞同。

老王坚定地认为："任何行业的经营都是事在人为，取决于你发现市场的能力，经营航空公司同样也有基本的规律可以遵循，那就是人才跟着飞机走，飞机跟着市场走。"

王正华向股神"叫板"了。

据说在华尔街一直流行这样一句话：对于一个 10 亿量级的公司而言，如果说销售业绩最重要，那么如果它想步入 100 亿量级，就不再是简单的收入叠加，而是对资金的使用和资本的运作。

这句话最适合王正华的春秋航空，航空业的特殊行业属性，决定了它只有在具备较大规模的承运人之后，才能在盈利层面上获得优势规模。尽管还不能和国内航空三巨头相比，但春秋航空自创立伊始，承运人规模增长就呈现出几何式。为了能够进一步扩大规模，打破股神对航空业不赚钱的定论，王正华开始发挥他资本运作的能力，让春秋航空规模化发展。

在和几家金融机构取得合作之后，王正华不满足于这些"小钱"，他想要为自己的飞机大队获得更多的资金。为此，王正华加紧了金融知识的学习，接受了瑞银证券有限责任公司的辅导，同时还在中国证券监督管理委员会上海监管局进行辅导备案，上市辅导期为一年。

王正华之所以加紧上市的步伐，是因为他预示到了上市融资会增强春秋航空在四个方面的优势：

一、能够规范公司运作，增强运营效率

王正华一旦融资上市成功，就等于保障了企业内部的管理机制，将有助于进一步规范春秋航空的日常运营，从而实现更完善、更科学的法人治理结构和决策机制。同时，从公司运营层面来看，融资上市还可以降低公司内部交易的成本，让全部关联交易透明化、公开化。另外，经过完善的董事会决策机制，能够避免"一言堂"现象出现，特别是上市后各方机构将对公司进行监督管理，促使公司各方面运作趋于完善和规范，从而建立现代化的经营管理机制，提高公司运行质量，保证公司健康、平稳、有序地运行。

最重要的还有，一旦春秋航空成为上市公司，就必须要履行上市公司重大事项公开的义务，自然会有更多的投资者关注春秋航空的所作所为，其股票交易的信息也能通过报纸和电视台等媒介传递到社会的各个角落，等于提升了公司的知名度、增强其市场地位和影响力，有益于树立公司品牌形象。换个角度看，这些都是上市融资给王正华"赠送"的附加收益。

二、能够继续筹集购买飞机的资金，进一步扩大飞机数量

根据国际航空业的普遍经验来看，对于以低成本为卖点的航空公司，平均在开航3.3年之后，上市时的机队规模应当达到20架才对，这样算的话，当时已经有6年开航历史的春秋航空，在2010年底的飞机数量才达到21架。更为重要的是，飞机资产最好是占到航空公司资产负债表中的35%，这样才是最佳的状态，然而当时的春秋航空仅仅占到了11%。

为此，王正华下了一个断言："如果政策允许的话，我们会以35%的速度增长，到2015年春秋航空保持100架机队数量。"话虽如此，然而要想真的实现这个目标同时还要降低经营租赁的飞机数量并增加自购飞机的数量，只能走上市融资这条路。在上市之后，一旦春秋航空的机队配置进入到均衡状态，就能够通过科学的机队规划和机队管理，将公司的市场价值进一步提高。这不仅对春秋航空有意义，对整个中国民营航空而言，也会是一个具有里程碑意义的范本。

三、兑现股权激励方案，增强团队凝聚力

王正华一直称自己是一个"老布尔什维克"，所以他对共产主义是有着向往之心的。为了激励员工，增强员工的积极性，他给予中高管理层和普通员工大量的股票或期权。在公司融资上市之后，这些人将获得巨大的经济收益。

根据国内外资本市场的经验，王正华用股权激励员工的做法是相当可行的，有不少企业正是通过这种办法改善了经营面貌，特别是对那些奋战在一线的核心员工的激励，有助于将人才留下，增强企业的市场竞争力。而且，这种广泛坚实的利益链条，会让王正华的团队更加紧密团结，其整体能量将会进一步被释放，实现甚至可能超越公司既定的业绩和发展目标。当然，这也有利于提高资本市场对王正华飞机大队的信心。

四、能够合理调节资本结构，减少资产负债率

由于航空业是一个资金密集＋风险密集的行业，所以高额的资产负债率已经成为了这个行业的定式。王正华当然明白这个道理，所以他很清楚自己在得到贷款之后，将会支付更多的利息，也会付出更高的代价。而如果实现了上市融资，王正华就可以让他的公司降低资产负债率，从财务管理的角度出发，"曲线"增加企业的利润。

当时，春秋航空的资产负债率徘徊在70%上下，如果融资上市成功，将会降低这个比率。经过2008年的金融危机"清洗"，全球大量航空公司都出现了流动性的风险，导致很多中国民营航空公司

面临着前所未有的压力，如东星、鹰联等，他们的颓势无一例外都和现金流压力有关。相比之下，一旦王正华成功上市，春秋航空将会进一步提高自身的信用状况，增强金融机构对他的信心，从而将获得更多的资本。

创办于1967年的美国西南航空公司，是王正华一直学习的公司，它从1973年以来连续保持着盈利的势头，打破了全世界航空公司的所有盈利记录。王正华清晰地记得，美西航在1971年6月8日，在纽交以每股11美元的价格发行了650000股普通股，一下子缓解了美西航的资金压力，为其日后的崛起奠定了坚实的基础。

既然"偶像"美西航都走了融资这条路，王正华自然要紧随其后。在筹划融资上市的那段日子，老王被这样一个全球皆准的市场规律吸引住了：当人均GDP达到了2000美元，每个家庭平均每年可外出度假一次；当人均GDP达到3000美元，每个家庭平均每年可外出度假两次；而一旦人均GDP提升到6000美元以上，这个国家便会进入到"休闲时代"。

据考证，上世纪60年代的美国、上世纪70年代的欧洲以及上世纪80年代的日本，都经历过上述提到的市场规律。王正华清楚地看到，依照2010年的统计数据，中国GDP比上年增长10.3%，逼近40万亿元，一跃成为全球第二大经济体。如果参考IMF（国际货币基金组织）的预测，中国在2010年的人均GDP已经达到了4283美元。这组数据表明，中国正在朝"休闲时代"迈进，这是旅游业和航空业大发展的绝好机会。

王正华研究到这儿，忍不住一阵兴奋：这么重要的历史性时刻，春秋航空绝对不能错过！

这一时期，外部条件对王正华也十分有利，政府对电信、民航、铁路等行业实施了垄断打破，给了王正华向外突破的机会。他不能在天时地利人和都占据有利条件的情况下畏手畏脚，他要将他的"春秋大业"之梦，通过大胆的融资，借用资本市场的保护腾飞得更远。

航线补贴，收益的第二命脉

王正华能在如狼似虎的航空市场中存活至今并发展壮大，所依靠的不仅是低价策略、"抠门管理"……更重要的是一双极具洞察力的眼睛。老王的目光所到之处，必定会想方设法找到有利春秋航空发展的机会。

在春秋航空提交的招股说明书中，这个传奇民营航空公司历年的经营情况第一次公诸于众：2011年、2012年和2013年，春秋航空的净利润分别为4.8亿元、6.2亿元和7.3亿元。然而，大家在仔细阅读了春秋航空的招股说明书后发现，从2011年到2013年的盈利点来看，差不多有一半收入来自于补贴：2011年占据74.50%，2012年占据59.89%，2013年占据52.90%。其中，跟春秋航空经营业务息息相关的航线补贴，分别占同期全部补贴收入的80.20%、72.52%和79.30%。

为什么王正华的口袋中会有一部分收入来自补贴呢？其实，这和他选择的商业模式以及中国航空市场的环境有关。

王正华在招股说明书中讲得很明白，这些航线的相关补贴，大部分是地方政府或机场根据他的飞机在特定航线的旅客运输量、建立运行基地、投放飞机运力等情况，按照一定标准给他的定额或者定量补贴。其中，来自河北省政府和河北机场的补贴占了相当重要的比例。

原来在 2010 年，王正华开始走出以上海为主营基地的地缘战略，朝着河北市场进军。经过几年的发展，他在河北放置的飞机和开辟的始发航线越来越多，由此也增加了在河北的市场份额，甚至超过了很早就在河北打拼的东航河北分公司以及河北航空。

如果算一下中国各省份的人口基数，河北省当属名列前茅，然而由于距离航线丰富、航企众多的北京和天津太近，导致他们的客源被严重分流——不少河北人经常去的地方就是北京和天津。为了培育本省的航空市场，最近几年河北省做出了对航企加大补贴的决定。

正是看准了河北的这一需求，王正华决定趁机加入进来。恰在这个时候，春秋航空的扩张进程也走到了这一步。之前，王正华瞄准的自然是大本营——上海的航空市场，后来慢慢地在沈阳、常德等拓展出一些过夜基地。尽管上述城市也有航线补贴，然而跟河北的补贴相比要少多了，这更坚定了王正华进入河北航空市场的决心。

2011 年，王正华跟河北省政府和河北机场签订了为期三年的合作协议。所谓的合作协议，实质上就是对补贴标准的细化，主要根据旅客量、建立运行基地、投放飞机运力等因素来考量，比如每增加一位旅客需要补贴多少钱等。应当说，这种补贴模式，对王正华来说再合适不过了，本来他们的各项管理、销售费用就比同行低，现在如果加上能低到 9 元的票价，更会大大地吸引客源。

相比之下，获得同样标准补贴的河北航空，如果采用和春秋航空一样的票价，就不容易赚到钱，客量也很难做上去。

事实上，这也是王正华最喜欢也最擅长的惯用商业套路：最大限度地压低成本，然后推出"99 元"、"199 元"的超低价机票，吸引那些对价格比较敏感的自费旅客和追求高性价比的商务旅客。

经过在河北市场的三年运营，春秋航空的客座率一直保持在90% 以上，给河北机场带了大量的旅客。根据民航局的统计数据，在 2010 年时，河北石家庄机场的旅客吞吐量仅为 100 多万人次，可是到了 2013 年却增加到了 500 多万人次——足足涨了四倍！其中，王正华的春秋航空就贡献了三分之一。

老王帮助河北繁荣了当地的航空市场，自然人家也忘不了他——补贴增加了。

王正华在河北经营的"补贴盈利"模式，成为了航企获得航线补贴和地方政府意欲做大市场的典型模板。当然，除了河北之外，还有很多有财力的二三线城市，也希望通过这种补贴政策吸引更多的航空公司入驻，很多传统的航空企业也常常加入进来。比如在 2012 年，国航、东航和南航三大国有航空公司，一共获得了总数超过 40 亿元的政府补助，其补贴占据净利润的比重，基本上也达到了30% 到 50%。

地方政府为什么如此慷慨呢？很简单，他们希望凭借开通航线来促进当地的招商引资和旅游。在 2005 年，重庆市政府就决定让市级财政在 3 年内每年拨款 2000 万元，一共 6000 万元补贴航空公司在重庆的国际航线，目的是为了拉动当地旅游、商务谈判及地区经济。根据统计，重庆每增加一条国际航线，1 年就可以增加 500 万元的税收。

王正华正是看到了地方政府的这种意愿，才加大力度开辟"地方航空战场"。同时，他也意识到，航线补贴也会间接地促进他通过低票价吸引大量乘客进而培育市场。当然，假设这种补贴收入在总利润中占据的比例太大，也会埋下一些隐患和风险——一旦政府换届后能否对补贴政策继续支持将是个未知数。

王正华与河北省政府、机场签订了为期三年的合作协议，到期的时间在 2014 年。除此之外，王正华还将开拓更多二三线城市未被挖掘的潜在地方市场，这是他一直要贯彻的政策之一。

截止到目前，春秋航空的主要运力还是集中在大本营——上海市场。此外，王正华经过一番考察之后，决定加大力度争取更多的东部热门城市航线，同时他也逐步在石家庄、沈阳等地布置了过夜飞机。老王认为，相对于热门航线，他更倾向于开发这类相对竞争不太激烈的地方。

从资本市场一向比较在意的盈利能力等指标来看，春秋航空显然要优于不少国内的同行，特别是对净资产收益率影响较大的销售净利率、客座率、飞机日利用率等方面，都比同业平均水平高出不少。

王正华说过：春秋航空本来就是定位于低成本航空的业务模式，是在响应民航局"大众化战略"的号召下应运而生的。航线补贴的产生，既有利于通过他们的低票价优势吸引乘客，从而让更多的普通消费者得到便宜机票；同时也能带动地方民航业、旅游业以及相关产业的发展；还能让他的飞机大队迅速扩大在当地的市场份额，是绝对意义上的"三赢"。

政策补贴，虽然听起来不是"正儿八经"的获利方式，但在中国特定国情的前提下，这也成为了国内航空公司共同的盈利点。王正华敏锐地洞察到了地方政府意欲拉动当地经济的迫切心情，这不能不说是一种具有超前商业意识的体现。

　　殊途同归，是王正华信奉的思维方式之一，也是他能灵活地带着他的飞机大队在天空中顺利穿行的主要原因。有着丰富创业经验的他深知，要想在一个僧多粥少的庙里混下去，光是盯着那碗粥是不够的，还得走出去化个缘赚点外快，这才是生存的智慧。

春秋十年磨剑，获批 A 股上市

　　2014 年 4 月 24 日，春秋航空在中国证监会网站，对外正式发布了预披露招股书，他们准备在上海证券交易所上市。初步计划发行不超过 1 亿股新股，计划募集资金大约 25 亿，其目的主要是用来购买不超过 9 架空客 A320 飞机（总价值约为 13.3 亿元），另外还要添置 3 台 A320 飞行模拟机（总价值约为 3 亿元），再就是想补充一定的流动资金（约 9 亿元）。

　　这距离王正华第一次递交 IPO 招股书，已经过去了两年多的时间。

　　从 2005 年首航开始，融资上市一直是徘徊在王正华脑海中的幽灵，既给他带来了希望，又总让他有些担心，正如很多上市公司的老总曾经矛盾的心理一样：面对喜忧参半的上市之路，到底该何去何从呢？

　　2014 年对于王正华来说，传奇人生已经步入古稀之年。随着年岁的增大，他的世界观多少也有了些变化，面对上市他似乎有了更清醒更理性的认识：脚踏实地赚钱比上市更重要。的确，老王一直坚信的是钱有一半是省出来的。但是，如果真的上市了，对春秋航空来说，未尝不是一次书写中国廉价航空股的破冰之举。

自 2004 年成立到现在，王正华迈向资本市场的这一步，用了将近 10 年的时间。在这不长不短的十年间，王正华率领的飞机大队，成为了国产民营低成本航空的代表。虽然他是佼佼者，是传奇人物，但他每走一步都要付出外人不得而知的艰辛，他所代表的民营航空也在不断遭遇着各种尴尬。用一句话来概括，王正华和春秋航空依然在夹缝中艰难地生存着、发展着。

现在，春秋航空大约拥有 40 架飞机，其中自购的 14 架现已全部到位，剩下的基本上是租赁的飞机。2013 年，王正华很有气魄地一举购买了 30 架空客 A320 飞机，同时还跟国开行签署了 3 亿美元的贷款协议。这 30 架新买的飞机，在 2015 年到 2017 年投入使用。王正华并没有就此满足，他还计划将自己的飞机大队进一步扩建——在 2018 年力争达到 100 架，同时还要保持 150 架飞行模拟机的强大阵容。

老王这些年太不容易了，他依靠包机路线起家，多年来一直坚持走"轻资产"的运营模式，而融资上市，将是对之前所走道路的"颠覆"——开始朝向"重资产"之路进行转型。不过，就目前的形势来看，全球航空业可能还将继续保持一段时间的低迷状态，因此王正华在这个时期上市，算不上赶到了最佳时机。而对"高资产+高负债"的航空企业而言，一旦引进飞机，花销就要在成百上千亿元，无论有多么雄厚的底子都吃不消。所以，要想赢得规模化优势就得不断添置飞机，而添置飞机就只能依靠上市来获得成本较低的融资。

上市的好处显而易见，但是王正华也并非急等着用钱，所以他对媒体的交待是：春秋航空一直注重对现金流的管控，所以在资金储备方面总是比较充裕，在 2013 年还有 15 亿元的现金流。

老王很了解资本市场的舆论导向，大家通常都会将上市和圈钱联系到一起——甭管你是否真的想要套现。因此，为了保持春秋航空良好的成本控制，王正华再三对外宣称，他上市不是缺钱，而是想借用资本市场的优势资源和基因，促进公司的进一步发展。此外，王正华还表示，将来他的飞机大队或许还要在境外上市。

当然，王正华所说的这些并非掩饰，他的确就是这么看待上市融资的——不上死不了，上了会活得更好。

如果根据王正华当初的上市计划：只要连续 3 到 5 年能够盈利就上市。那么，他的上市进程可真的是太缓慢了，这其中自然包含着诸多难以讲明或者不便讲明的原因，也从侧面反应出民营航空生存状况的艰难。

2004 年王正华筹备成立春秋航空的时候，高盛、花旗等多家投资机构，就闻讯找到了他商谈上市融资的事情，不过那时候他还立足未稳，所以老王不想过早提及这个话题。经过几年的经营和发展之后，到了 2007 年和 2008 年，王正华开始酝酿上市计划。然而，当时却出现了一个较大的分歧：是否应该引入私募？正是因为公司内部没有达成统一意见，再加上全球金融危机的爆发，这一年度的上市计划被搁置一边。

王正华很清楚，上市是一个敏感的话题，也是一个复杂的问题，其中还会涉及到多方面的利益，所以他必须谨慎行事，以免横生枝节。于是，为了避免关联交易，他开始逐步减少和其大股东春秋国旅的业务往来，好凸显春秋航空的独立性。到了 2010 年，王正华对春秋航空进行了股权改革，在春秋国旅的主导之下，成立了上海春翔投资有限公司和上海春翼投资有限公司。这样一来，两家公司便以代持股份的方式入股春秋航空公司，从而彻底解决了股权分散的老大难问题。

到了这一步，王正华才扫清了内部层面对上市的障碍。于是2011 年底，他第一次正式递交了 IPO 招股书。然而让他没想到的是，因为 A 股暂停新股发行等多个因素的干扰，这次上市让他的飞机大队铩羽而归。

就这样，王正华怀着复杂的心情，再度等待了 3 年。

当有人问起王正华：这一次春秋航空冲刺 A 股上市有把握吗？他的回答是："今年上市应该是没问题的！这也是公司年轻人期待已久的时刻。早两年我们就想上市，但后来由于 A 股暂停 IPO 等多重因素的影响，近 700 家企业暂停上市，春秋航空的上市之路也被迫中止了。但我想今年年内上市是可以的。"

已是古稀之年的王正华，上市对他而言几乎成了一块心病。但是，他也讲了一句话："事实上我打心底是反对上市的。"

老王何以这么说？仔细咂摸咂摸，他的意思很简单：春秋航空一步一个脚印走到今天，完全是凭借他的运筹帷幄和广大员工的不懈努力。但是随着时代的发展，公司里的年轻人产生了不一样的想法，他们希望能够将自己的股权变成现金，也希望让春秋航空得到更多的关注，所以他们一直在劝王正华上市。内部的声音和王正华对资本市场的认识，最终让他下定决心上市，他还十分诚恳地说："我尊重年轻人的选择……但我认为春秋航空一直是规规矩矩在经营，即使没有外界监督，我也照样安分守己。"

事实正像王正华所说的那样，春秋航空所披露的说明书，摆明了一种对投资者高度负责的姿态，对所有可能存在的风险都进行了详尽的披露。

2014 年 5 月 14 日，由于春秋航空公司尚有相关事宜需要进一步落实，证监会决定取消第 62 次主板发审委会议对春秋航空公司发行申报文件的审核。

时隔五个月，2014 年 10 月 16 日，证监会发布的"发审委 2014 年第 171 次会议审核结果公告"显示，春秋航空股份有限公司首发获通过，这也意味着，继国航、东航和南航三大国有航空公司及海航之后，国内首家低价民营航空公司拿到了 A 股上市的通行证。

省吃俭用十年，王正华的春秋航空终于熬得正果，可以说春秋航空获批 A 股上市，在老王意料之中。多年来老王都坚持安分守己、本本分分，即使没有获批，老王也不会失望，而是会坦然接受；此刻春秋航空获批上市，只会令老王和他的春秋人更加努力、再创辉煌，因为他清楚：他的飞机大队跃上蓝天的那一刻，靠的就是以他为首的春秋人血胆拼搏、自力更生，是否借上市之力，他与他的春秋航空都会在民间起飞、向未来远航。

第六章
勤俭之道，开源节流的经营韬略

节俭持家，将抠进行到底

　　王正华的飞机以低票价著名，他的公司以低成本运营出名，而他本人则以抠门而"闻名"。似乎在老王的世界观中，浪费一分钱都是极大的罪过，而企业的利润产出也和成本控制息息相关。估计王正华不会相信什么"会花钱才会赚钱"、"钱是王八蛋没了再去赚"之类的"至理名言"。秉承着节约之道，他把自己的蓝天之梦真的送上了天。

　　值得大家佩服的是，王正华在创业时期抠门，在业绩辉煌时还是抠门，他对企业的日常花销抠门，对自己的生活也同样抠门——他并非一个持有双重标准的刻薄鬼，而是地地道道的省钱专家。这种行为方式，已经通过他的观念上升成为一种信仰，深深地根植于他的骨髓当中。

一般人很难想象，一个身价过亿的航空公司老总，居然连吃饭都是青菜萝卜豆腐之类的普通素食品。据老王自己说，他每顿饭差不多都是这么简单，素菜为主，荤腥有一点就够了。这样的伙食标准究竟要保持多久？老王曾说，他会把企业一直干到自己老年痴呆为止，估计这饭菜标准也会延续到那个时候。

有人曾经亲眼见过，在一次开会时，因为开到很晚，于是工作人员给王正华买来了晚餐：一个面包、一袋牛奶和一个卤蛋。王正华在吃了这么点东西之后，就接着工作了。别说加班如此，就是平时在公司里吃饭，王正华也没有任何特权，都是和员工一起排队打饭吃。一次，一位新来的员工排队打饭时，无意中才得知排在他身后的一个穿工作服的老人，竟然是他们的董事长！

王正华的节俭不是一般人能比的，他的节俭在他的生活和工作中处处可见。最出名的便是他对餐巾纸的使用。根据春秋航空一位营业部的总经理透露，有一年，她在上海总部开完会后到一家小餐馆吃饭，看见餐桌上有油迹，便顺手从桌上扯了一张餐巾纸擦了擦，谁知当她扯下第二张餐巾纸时，和她同来的王正华却拍了一下她的手，表情极为严肃地说："你用第一张时，我就想说你了，你还扯第二张，简直太浪费！"后来这位总经理才知道，敢情王正华一张餐巾纸都要用三四次。为此，老王还有自己的理由："不就擦个嘴吗！用完之后，叠起来再用。"也正是这个原因，他的裤兜里总揣着几张用过的餐巾纸。

现在，王正华的飞行大队已经拥有四十架飞机，每一年的净利润足足超过5个亿。按说，他有如此雄厚的底子，不应该再对自己省钱了，然而老王似乎对这些数字一点儿都不敏感。众所周知，春秋航空总部的办公地已经很寒酸了，而王正华的办公室更可以用"简陋"来形容。身居高位的他，竟然和公司的 CEO 共用一个面积还没超过 10 平方米的房间，里面摆设的东西简直惨不忍睹：陈旧的沙发、掉漆的办公桌椅，就连经常要用的一个厚文件夹都是老得发黄，封面都破破烂烂的，用多块透明胶粘接着。

要是有不认识王正华的人走进这间办公室，定会以为这是一个普通员工的工作间。就是这样的一间小屋子，居然连饮水机都没有——每次王正华要喝水，都得到楼道里的公用饮水机接。

很多人都说，春秋航空公司到现在还没个像样的办公楼，还是那机场的几千平米的小楼，买个空客的钱就足够盖个像样的楼了。对于这样的建议，王正华是从来不采纳的，他有他的算盘：买空客飞机需要 4 亿元，用这些钱的确可以造一个像样的大楼了，可是划得来吗？不如先保证公司的正常经营，好的年份能盈利，差的年份能打平，即使有个别几个月份不盈利也就无所谓了。

身为一家大型民企的董事长，王正华从来不用什么专车和备车，无论上哪儿，除非特别紧急，否则怎么方便怎么走，丝毫不讲排场。事实上，他在公司和 CEO 张秀智用的是一辆车，谁有事可着谁先来。而且，他的这辆公用车也仅仅是别克而已，似乎在他看来，别克已经相当奢侈和豪华了。

看着老板如此节约，有人忍不住给他提意见：不要太委屈自己。老王却像什么也没听见似的一笑了之。

其实，王正华是一个很注意企业形象和个人形象的人，尽管他年过古稀，但只要出现在公众场合，必然是西装革履。然而熟悉内幕的人都知道，老王的衣服虽然干净体面，但通常都要穿上个十年八年的。有人劝老王换几套新衣服，老王却认为衣服没坏干嘛要随随便便扔掉。老王脚下的皮鞋也一样是"老古董"级别：看着被鞋油打得锃亮，其实连他自己也记不清这双鞋穿了多少年。当然最"牛"的要属老王的内衣，上面居然还打着补丁，只要没彻底坏掉就接着穿。

为了避免自己过享乐的生活，王正华将全部时间都给了工作，他基本上365天每天都在工作，只要不出差那一定是两点一线：从早上8点开始一直工作到晚上9点。作为一个有社会地位的人，王正华从来不摸高尔夫这种奢侈的贵族运动，顶多打打太极拳……这些生活方式的选择，原本是王正华自律和节俭的一套风格，但是时间长了，他的言传身教也逐渐影响到了员工，进而让大家在公司运营的各个环节中都能将低成本贯彻到底。

凡是跟老王出过差的人，更是会被他的那种抠门震惊：身为飞机大队的大队长，王正华只要是出差，无论身体多么劳累，也无论家人和下属怎么劝说，他从来都不坐头等舱。当然，他首选的航班自然是自己的飞机。这还不算，要是机票达不到五折就不能报销。一旦需要住宿，老王挑的也是三星级以下的酒店，什么高档奢华之类的名词儿跟他没有丝毫联系。

有一次王正华到海南和海南省长见面，由于他们一行五六个人，所以酒店准备了一辆凯迪拉克和一辆奔驰，谁知王正华坚决不要，而是换了一台能坐五六个人的小面包车。结果，政府接待人员在门前等待时，都只注意看那些来往的豪华轿车，最后王正华来到他们身边时接待人员才看见。有人埋怨道："哎呀王总，你怎么坐这么辆车来了？"王正华不以为然地说，我们五六个人，坐五六个座的车，不是正合适么。

更绝的一次是，王正华在 2008 年带着一帮人去伦敦考察，居然随身带了三大旅行袋的食品。不了解的人以为他带着什么好吃的中国特产，结果打开一瞧顿时傻眼了：里面有整整 60 包方便面、40 包拌面，此外还有一大堆榨菜、辣酱、煮鸡蛋等。到了英国之后，王正华的抠门才刚刚开始：有出租车不坐，而是拿着地图找更便宜的公车、地铁，用他自己的话说，这样既方便又省钱，何乐而不为呢？

2013 年 2 月，王正华带着 20 名员工去新加坡参加亚太航空低成本会议。为了节约差旅费用，王正华让大家跟着他从上海乘车转到杭州，于凌晨时分再乘坐低成本的航空飞机，一路上顺便让大家在飞机上参观学习了 40 多个要点——这可真是既省了钱又偷学了经验。为了节约伙食费，老王还动员大家从上海带了电饭锅、米和菜等，住的自然是廉价的小酒店，早饭也是自己做着吃。怪不得王正华的一位 IT 总工程师开玩笑说："跟着王总出差，吃的是'猪狗食'，住的是地下室，誓把低成本航空进行到底。"

还有一次，新加坡召开了全球航空年会。当时的国营航空公司都只派一两个人去，住的是五星酒店，王正华为了让大家都长长见识，就派了将近 30 人的代表团。结果，老王让他们联系了一家印度人开的小旅店：每个房间只有 6 平方米，勉强容纳下两张小床。虽然春秋航空的日本高管享受着一人一间房的高规格待遇，但是早上起床之后，喝的却是由 IT 总监煮的大米粥。

有人会问了：老王你这么节约，钱都放哪儿了？王正华会笑眯眯地告诉他：他的钱都由老伴管理，一般的用途也就存存银行，做做理财。

王正华就是这么抠，而且以身作则带着大家一起抠，就这么一个过生日员工给买个生日蛋糕都嫌浪费的老人，将"节俭"注入到了春秋航空的毛发皮肤之中，渗透成为了最重要的企业文化。2013年曾经有人算过一笔账：从2004年春秋航空成立到2013年，九年多的时间，王正华为他的飞机大队足足省下了利润20亿元，为2600万人次的客人省下了70亿元。

这样的抠门，还有什么不值的？

做业界的"低价蝙蝠"

王正华的飞机实在太便宜了，便宜到了比一些火车的卧铺票都便宜。正是因为这种对传统飞机票价格的颠覆，让王正华获得了一个"低价蝙蝠"的绰号。

蝙蝠是什么？是一种形似普通却带有神秘色彩的生物，似兽非兽，似禽非禽，然而却有着一种魔力。或许，低价蝙蝠这个称号，真正道出了王正华的飞行大队非一般人可比。在众多曾经炙手可热的民营航空公司消陨之后，王正华的春秋航空依旧坚挺在这片蓝天之上，可谓创造了一段神奇的航空佳话。

有一位春秋航空的员工曾经这样描述王正华："他是真正干出来、搏出来的企业家。"当时准备采访王正华的媒体是著名的《时代人物周报》。

王正华没有深厚的政治背景，也没有庞大的货币资源，然而他的飞机却顺顺当当地飞上了天，而且还以极低的价格吸引了广大的消费者。说一千道一万，老王的成功绝学数不胜数，但就低价而言，他做到了别人做不到的事情，那就是始终保有清晰的定位。

就像蝙蝠多在夜间活动一样，老王的飞机大队也有自己的目标——瞄准对价格敏感和追求性价比的两类客户。别小看这个目标，它让王正华在激烈的市场竞争中，始终能够摆正自己的位置，而不像一些民营航空那样迫不及待要赶超某某，最终一败涂地。

2004 年，中国民航总局批准了 3 家民营航空公司，王正华的春秋航空成了其中的佼佼者。王正华从包机到购机，走了一条有着充分准备和精心策划的路线，而他坚守的原则只有一条——"低价＋实惠"。

低价自不必说，实惠是什么？实惠应当是老百姓在商品交易中的附加值获得，用四个字概括就是物超所值。

也许是上天有意安排，也许是王正华早已筹谋大志在胸，让他掌控着旅游和航空两个领域的走向，从而将低价和实惠的集合点发挥到极致。

2005 年的时候，王正华的飞机大队还是个小得可怜的小分队，他的飞机除了要首飞上海—烟台一线，还要飞上海—桂林、上海—南昌以及上海—绵阳等路线。由此可见，老王采取的策略是用低价的机票和实惠的旅游架构产品线。这种"肥水不流外人田"的策略，将低价这一卖点提升到了最高。用王正华自己的话说，就是将春秋航空"嫁接"到春秋国旅上，让春秋国旅一步步实现全国几十个分社的对口接机。这样一来，老王曾经在意的航空票价问题，自然迎刃而解。

从这个初期的战略可以看出，王正华依然将春秋国旅当成他的经营命脉，没有了旅游业的支撑，他的飞机大队恐怕消化不了那么多的客源任务。

如果说这个低价蝙蝠有什么特殊标志的话，那么首次飞行的"199元特价票"，便是王正华低成本航空的重要标签。有人曾经质疑，这不过是王正华的一种炒作手段罢了，然而事实上，这是王正华对市场的一种超前预见，而且已经得到了现实的认同。

2005年7月18日，从上海首飞烟台的航班，王正华就轻松地卖掉了所有的180张机票，而199元的特价牌，差不多等于正常票价的2.5折，是当时上海—烟台航线的最低价。相信如果不是因为国家对机票价格有一定的限制，王正华还会在价格问题上大做文章。

当然，低价蝙蝠也有自己的低价原则——总不能赔本赚吆喝。老王的低价哲学是，尽可能让特价票维持在相对合理的比例中，比如上述提到的上海—烟台的航班，特价票只有13张，大概相当于全部票的7%左右，而其它的票价大都在四、五百元左右，价格依然低于该航线上其他航班的均价，而又不至于让低价蝙蝠折了翅膀。

"低价蝙蝠"的魅力所在，是让广大消费者清晰地看到，他的飞机大队不是在局部性地、短期性地以低价来吸引客源，而是一种长期的、板上钉钉的永久性策略。在当年的其他航线上，王正华也是一以贯之地推出了特价票：上海—南昌的199元，上海—桂林的299元，上海—绵阳的299元……其中要属7月20日南昌—上海的票价最为震撼——199元，比南昌—上海的K288硬卧的中铺票价还便宜两元钱。

这么低的价格，给王正华带来的压力却不大。根据计算，只要王正华让飞机的上座率保持在85%，就能轻松达到盈利点。经过粗略统计，春秋航空的平均票价，普遍比其他航空公司便宜20%左右，这样一来，王正华坚守的低价和实惠，会对消费者构成相当大的吸引，而稳定的上座率，也决定了王正华在民航航空公司中不可动摇的位置。

不过，蝙蝠虽然低价，但是并不以牺牲安全为代价。事实上恰恰相反，王正华最重视的就是飞机的安全性问题。此前，曾经有人对航空公司的廉价运营产生质疑，认为航空本来就是风险比较大的行业，无论是对技术还是经验都有着较高的要求，特别是安全方面更要投入不少准备。也是基于这个观点，部分人是戴着有色眼镜来观察王正华的飞机大队的。

这些都是不了解王正华其人的表现。正如蝙蝠所带有的超声波一样，王正华的飞机也具备了相当高的安全指数。他十分肯定地说过："春秋航空将安全放在首位，安全有完全的保障。"的确，老王无论怎么省钱，都没有在安全方面节约一分钱，甚至是高投入。该添置的安全设备一台不差，该制定的安全制度一点不缺。

当初老王还只有3架飞机的时候，他就马上为其配备了与之相对应的空勤、机务维修、飞行签派、运输业务和经营管理等人员，特别是在安全设备的维护和保养方面，更是专人负责专职，绝不会有漏岗、空岗的情况发生。

当然，这只低价蝙蝠在起飞的过程中，也曾遭到一定的质疑和反对，特别是老王的超低价票，一度成为同行的打击目标。不过，让王正华深感欣慰的是，在春秋航空的首航上，低价票毕竟得到了民航总局的批准，而正是它的顺利实施，才让王正华和春秋航空两个词在国内引起了轰动和强烈的反响。由此，王正华掀起了一阵"低价风暴"和"业内震荡"，也使得他的飞行大队声名远扬。

蝙蝠虽然生命力顽强，但毕竟是一种夜间生物，在某些方面不得不进行让步。比如在实施低价策略的时候，由于民营航空公司和国有航空公司有不一样的体制，所以很难达到像国外那些"廉价航空"能做到的那种惊人地步；另外，由于低成本并非等同于盲目降价，更不是缩减服务质量，所以它需要的生存土壤和条件是苛刻的。从目前来看，中国要真正进入低成本航空时代，仍然需要几年的时间。

这就是低价蝙蝠的生存能力和生存环境，当有人说他的超低价机票是"昙花一现"时，他依旧保持从容和镇定。因为王正华比任何人都清楚，低成本之路是一个管理经营之路，而非一场营销之战，他需要做的工作还有很多，他能够给大家带来的奇迹也不仅于此。正是出于这样的原因，王正华依然兴致勃勃地在这条路上继续探索，最终让他的飞机大队像一群破洞而出的蝙蝠，以黑云压顶的气势雄霸国内低价航空市场。

"省钱哲学"，成本控制

说到吝啬，恐怕人们立刻就能想到不少代表人物——巴尔扎克笔下的老葛朗台、果戈里笔下的泼留希金、吴敬梓笔下的严监生等等。除去这些文学形象，每个人的圈子里都会生活着一些吝啬鬼、刻薄鬼，甚至很多大企业的老板也有着抠门的故事。

不过，抠门和抠门可不一样，要看站在何种高度去抠门。具体到企业的成本控制，领导者展现的格局也是不同的。有些企业对员工抠门，对客户抠门，结果如何呢？流失了人才，丢掉了市场。这种成本控制，完全是一种误读和误用，甚至可以说是彻底的背离。

对于王正华而言，省钱不是一种策略，而是一种哲学，甚至是成功之道。这个看似简单其实内涵深刻的方法论，让他以"节俭赢春秋"，开辟了一条值得大多数民营企业学习的持家之道，而这种持家之道，是王正华从父母身上学来的。

"一丝一帛当思来之不易"，是王正华最为熟悉的一句话，也是从小父母经常对他传授的教诲。长大之后，王正华读了不少诸子百家的经典著作，从中汲取有关的理论来源。其中荀子的"强本而节用，则天不能贫；养备而动时，则天不能病"让他感慨颇深。

一次，王正华跟一个采访他的作者聊天，无意中听到了老子在《道德经》中讲过的一句话："治人事天莫若啬。"王正华顿时兴奋起来，他觉得这是先贤对俭朴进行的最高程度的概括：只有节约资源、情感和语言，将这套思路应用在全部的细节中，不走捷径，才能让自己提升到天人合一的境界。

随着年龄的增长和管理层的日趋成熟，王正华已经在公司的实际运营中放了不少权，更多的则是研究一些相关的流程和细节。他知道，光是自己践行省钱哲学是远远不够的，他要让整个企业都能在"俭朴"二字之下照常运转。

现在，春秋航空的日本高管，是王正华从稻盛和夫服务的日航中挖过来的。这位高管在春秋航空呆了一段时间之后，不无感慨地说："日本低成本航空公司高层对员工、旅客低成本，而自己却住五星级酒店，他们想搞低成本航空，没门！"

正是有了这个鲜活的例子，才让王正华有资本为自己感到骄傲：他的省钱哲学不仅影响了他的中国员工，还深深影响了日本人。

后来在对春秋航空进行管理时，王正华努力降低运营成本，实现了低于同行20%的成本控制，而消费费用和管理费用比同行要低70%，财务成本相当于同行的60%。其中，王正华对管理费用的控制可谓独具匠心，他采用了扁平化的管理方式：举个例子，春秋航空的某位高管同时担任了后勤负责人、总办主任、人力资源总经理、保卫部经理、监察委员会负责人和党委副书记6项职务——这就等于用一个人的薪水养活了六个负责人。

2008年，王正华的省钱哲学，让他节约了代理佣金将近1亿元。同时，由于他自己开发了订票系统，所以在价格方面有着充分的自主权和保密权，外人很难直接看到。如果使用中航信的系统，这些优势都将不复存在，也会让王正华陷入相互竞价的困境中。

为了更好地贯彻节约之道，王正华还组织成立了7个节省成本委员会，制定了明确的节省成本目标，比如其中的节油委员会，仅2009年上半年就帮助公司节约了几千万元。

王正华不光对个人的生活奉行节约之道，对员工也有一套节约策略，当然这种节约是合理的节约，而不是舍不得跟员工利益分享。在他的主张下，公司基本上很少进行分红，这是因为他平时已经通过工资和奖金给予了员工。另外王正华反复强调，他相信公司给员工的待遇足以保障他们的日常生活，其余的钱当然要用于事业的再投入，而公司每发展壮大一步，最终得益的还是员工本身，这从他分给员工股权便能得到证明。

在老王的省钱哲学中，贯穿着这样一种思维方式：省钱不是为了将银子揣在兜里不花，而是为了创造更多的财富，简单地说，省钱其实就是在生钱。因此，老王对春秋航空进行企业文化培育时，就是用的这个思路：第一要讲奋斗，第二要讲远虑。

所谓奋斗，意味着要在一定时期内保持艰苦朴素的作风，所以对待金钱的态度就是不要将其全部花光，而是节约下来留作再生产；所谓远虑，就是无论从个人还是公司的角度来看，意外的事情总会发生，而兜里没有底子的话，一旦遭遇变故只能坐以待毙，为此老王总是叮嘱大家，要经常对 20 年后的事情进行预想和讨论。

王正华不仅对内采用了节约成本的方法，对外运营也是如此。王正华认为，只有保持低营销费用和低管理费用，公司才能在健康有序的状态中运行。为此，老王作了一个重要决定——他的飞机不为乘客提供免费的食品和饮料。原因很简单，因为春秋航空的大多数航线，飞行航程不过几小时，吃不吃饭无关紧要，即使像其他同行那样给旅客提供食物，也是让人吃得味同嚼蜡，无关痛痒，所以干脆就不准备了。当然，老王也不是抠的什么都不给，他会给乘客免费提供 1 瓶容量为 300ml 的矿泉水。

由于不提供伙食，老王也就节约了送餐、送饮料等服务内容，这为春秋航空每次航班，至少平均节省了两名空乘人员的人力成本。此外，王正华还将空保和空乘两个岗位进行了合并，任务集中在少数几个人身上，这就让春秋航空的人力成本在确保安全的前提下，充分实现了最小化。

可这样一来，旅客会不会满意呢？不排除有个别人有意见，但是对大多数人而言，原本机票就非常便宜了，现在省去了吃的喝的其实也无所谓，大不了自己准备一点，或者等到达目的地之后再吃再喝。如果实在想吃东西，可以自己额外掏钱在飞机上买东西吃。此外，王正华还根据航班的不同情况制定了特别的政策：当飞行时间超过 2 小时并且正赶上用餐时间或者超过 3 小时，将为旅客供应正餐；当飞行时间超过一个半小时并且正赶上用餐时间或者超过 2 小时，将为旅客供应点心。

这样贴心的安排，自然减少了旅客的抱怨，也维系了坐飞机是一件很有面子的大众认知，继续保持着春秋航空良好的企业形象。

其实，换个角度看，王正华这种看似"抽条"的运营思路，其实还是在维护旅客自身的利益，毕竟羊毛出在羊身上，若是提供了所谓的免费食物饮料，票价自然会增加，到头来遭受损失的还是旅客自己。

由此可见，王正华的低成本战略十分清晰，就是提供将旅客从甲地安全、正点地运送到乙地的基本服务，其他额外服务需要另加钱。王正华这个"低成本战略"的成功之道很简单：目前中国的收入分配呈现出金字塔形，消费能力也是金字塔形，而他要做的是吸引那些构成"金字塔底座"的庞大人群。

低成本战略的核心，就是凭借加强管理和降低成本，以低票价赢得市场。它的替代效应是让更多本来准备选择其他交通工具的人选择飞机，它的收入效应是让人们在现有收入水平下相对提高购买力，从而增加旅行需求和乘机需求。

这就是王正华"低成本"的经济学理论依据。

2009 年是春秋航空收获的一年。3 月，王正华如愿以偿地接收了第一架自购飞机；7 月，他获得了经营国际航线权，同时增加了 10 多条新航线，引进了 30 多位机长和飞行员……上述成果的取得，与王正华"省钱哲学"的企业经营理念不无关联。

老子曾经深有感慨地说："我有三宝，持而保之。一曰慈，二曰俭，三曰不敢为天下先。"仔细品味这句话，感觉完全适用于王正华，他虽然没有系统地研究过国学，但却在实际行动中传承着中华文明的精髓。从这个角度来看，王正华是怀揣着蓝天梦、平民梦和中国梦在努力圆满他的终极追求。

财富赚省对半开

王正华有一句座右铭："钱一半是赚的，一半是省的。"这句话并非他的原创，而是他的母亲给予他的最朴素的一句教育箴言，足足影响了他一生。王正华经常劝诫员工："我从来都认为我要赚辛苦钱。我告诉员工，你拿到钱后，想想有没有我们春秋人的汗水，如果有，你才能安心地装到兜里，只有这样我们才能长久。"

平心而论，王正华的确抠门，可他并不是守财奴，他的节约永远和赚钱捆绑在一起，形成了一套"财富赚省对半开"的理论基础。

王正华是一个既善于经营也善于理财的人，他将中国传统文化中倡导的"开源节流"观念，升华到了全新的境界。母亲传授给他的那句至理名言，让他在打理公司的时候特别注意赚钱和攒钱的辩证关系：攒钱是为了更好的赚钱，而赚来的钱一定要留有结余。

经营民营企业的艰难，让王正华时刻注意两手抓：既不能铺张浪费，也不能因为害怕投入而放弃扩大规模。所以在经营春秋国旅的时候，王正华一旦赚了钱就马上投入到开设分店的工作中，而不是盲目地攒钱。结果大家都看到了，今天的春秋国旅成绩斐然出众。试想，如果老王的两只手出现了偏重其一的情况，今天的人们可能只会听到一个"过去时"的春秋国旅。

难怪王正华总把这段话挂在嘴边："旅行社利很薄，2004 年民航局放宽民航业准入门槛时，中国有近两万家旅行社，但绝大多数都拿不出太多资本。而春秋国旅却能挤出资金投入航空业务，这起初的 3 亿元不仅是春秋人挣来的，也是省下来的。别人拿着利润去享受奢侈的时候，我们则想着如何为未来的发展节省每一分资金。"

一边赚钱一边省钱，体现的不仅仅是王正华的正确观念，更是一种拿捏尺度的高明手腕。因为什么地方该省什么地方该花，是一个存有争议的命题。就拿当初老王开分店的时候，不少人就表示反对，认为这是在浪费现金流，刚到手的钱还没捂热乎就又投了出去。

对于大家的这些说法，王正华当然表示理解，但是他更清楚旅游业市场不做大便会被压小的残酷现状，所以他纠正了大家的观念，让春秋国旅得以遍地开花，有了今日的成就。

王正华赚钱，还体现于稳中求胜的一种理念：他不赚那种毫无预见性和极大风险性的钱。就拿投资来说，王正华十分谨慎，不管手里有多少闲钱，都不搞投机倒把的买卖，更不会抱着赌一赌的心态去投入某个新领域。当然，他创办春秋航空之初，很多人认为老王就是在赌博，但事实上，王正华对国内航空市场的预测、对春秋航空的客源以及消费者的反应都有了一定的认知前提，所以也谈不上是在冒险，只是别人还不知道他早已了然于心。

春秋航空在首航的头一年盈利之际，王正华给大家交了个底儿："从1994年筹备到2004年获批，我就想了10年，准备了10年。"的确，老王拿出了十年磨一剑的劲头，目的就是稳稳地赚钱，尽可能多地攒钱。

王正华省钱有道，赚钱有方却隐于无形，以至于很多同行怎么也分析不出：都199的票价了他怎么还有的赚呢？

老王认为，锁定目标客户非常重要，所以他将春秋航空的目标客户大体上定位在三个群体中：第一是旅游客户，他们也是春秋国旅的老客户；第二是自掏腰包的商务旅客，他们对价钱比较在意；第三是年轻的都市白领，他们虽然赚得钱多，然而花钱的地方也不少，所以偶尔也会量入为出。

王正华这套赚钱秘诀，简直就是在石头里拧水——能挤出来一点是一点。

当初春秋国旅实行旅游包机业务时，客座率一度达到了99.09%。春秋航空成立之后，王正华马上推出了商务旅客业务。到了2006年他算了一下，全年的客座率还是保持在95.04%。相比之下，同期的国有航空公司平均客座率仅仅70%左右。

这下，有些内行人士就看不懂了，老王这钱究竟是怎么赚的呢？明明别人卖给乘客1000元的机票，才刚刚保住了本钱，王正华卖了750元却还有利润？就算老王的飞机省钱，可也不能差这么多吧？

对于大家的疑问，王正华给出的答案是：他把刚性成本柔化了。

航空公司的刚性成本较大，这是大家有目共睹的，但是老王如何将这些成本降低呢？这不是王正华省出来的，而是他精明地将这些成本人为摊薄了，从而变成一种赚钱的策略。对此，王正华这样解释："旅客在乎的是价格而不是航空公司的成本，将刚性成本摊薄到95个人和70个人，效果完全不一样。只要旅客得到了实惠，客座率就会提升。"

王正华的精明点在哪儿呢？在于他认识到了航空公司的本质——其中很大一块成本是飞机的利用率。曾经有一段时间，王正华将春秋航空的飞机利用率设为每天13个小时。客观地说，这在业内已经达到了较高的水平，有的国有航空公司的飞机利用率，恐怕连王正华的三分之二都达不到。

这样一来，每天增加一个小时的飞行量，就会让飞机的各种折旧费用、大修费用和航材损耗等成本相应拉低。假设老王继续这么干，让他的飞机每架每天多飞2到3个小时，那么飞行成本会被摊薄超过10%。

然而这个办法王正华并没有长期采用，其中最大的问题就是，高飞机利用率容易引发航班延误。所以从安全的角度考虑，王正华现在已经不再在飞机利用率上"拧水"了，反而将飞机利用率降低到了平均每天 10 个小时。然而即便如此，王正华透露说这样仍能节省 10% 左右的成本。

这就是老王"赚钱＋攒钱"的双刃齐舞之道。王正华会攒钱，是源于他的理性分析，而他会赚钱，是源于他敏锐的洞察力。比如，他能够力排众议开发出自己的售票系统，就是在变相地为春秋航空赚钱。

按照王正华的计算，国有航空公司在机票营销费用方面，普遍要超过机票总成本的 8%，而春秋航空的此项成本只有 2%—3%。在此之前，民航总局曾经有一位分管运输的副局长，在任期间非常喜欢欧美国家不用代理的机票销售模式，甚至还把"航空销售不通过代理"当作任内的主抓工作，结果却以失败而告终。

后来，几家大型国有航空公司也一度耗资上亿元开发自己的售票系统，然而搞了很长时间都没有成功。这就奇怪了，无论是资金还是人力，国有航空公司都能"秒杀"民营航空公司，可为什么偏偏王正华成功了？

其实道理很简单，这项工作本身就严重触及到了航空公司的既得利益，而王正华却不受这种制约，因而终于破冰成功。

这便是王正华敏锐的洞察力所在，也正是因为这种卓尔不凡的能力，让老王的飞机大队在国内的航空市场中，引领了一股低价的热浪，这股热浪产生的能量，很可能会在未来的几十年引发多米诺骨牌效应。

第七章
逆势高飞，披荆斩棘趟前路

甘做民航改革试验田

中国的很多行业起步都很晚，有些甚至要从改革开放之后才真正算起，也就是说即使到今天，它们的成长历程也不过三十多年。很显然，王正华的航空业就是其中之一。只不过，王正华所走的低成本航空之路，更是一条鲜有人问津的荒路。

虽然低成本航空在中国是起步阶段，但在欧美已经获得了成功，现在3小时航线基本上成为了低成本航空公司的天下。也正是国内外的这种差距，有人将王正华的事业视作"民航改革的试验田"。

曾经有一位中国国际航空股份公司的负责人，对春秋航空作了这样的评价："他们不是国外航空公司那种真正的低成本运行模式。他们的发展前景不容乐观。"这并非恶意攻击，事实上，业内有很多人同意这个观点，他们对王正华的低价航空并不看好。

走一条没有前人经验的路，的确不容易，但王正华还是坚持要走下去，因为他觉得越是没有人走过的路越蕴藏着更大的商机，就像大路边上的梨树还能有多少果子留给你呢？

从春秋航空成立的那一天开始，各大媒体就对王正华的"199元"、"299元"的低票价进行了疯狂的报道，也将这个当时六十多岁的老人推到了风口浪尖。

春秋航空刚刚成立那会儿，王正华非常清楚当前的处境：既然自己没有加入中航信，又没有属于自己的机票代理商，那么剩下的路只有一体——集中力量走宣传路线，否则春秋航空只能活活等死。但是老王同时又很明白，按照业内的"潜规则"，从业者最好是多做事、少说话。

可是，老王还有别的选择吗？他个人可以选择低调，但是飞机大队也低调，那客源从哪儿来？光靠春秋国旅那是远远不够的。没办法，王正华还是硬着头皮展开了铺天盖地的宣传，结果他这低价招牌一亮出来，来自四面八方的批评就开炮了，而且还"赠送"给他一顶大帽子：春秋航空的低成本运作其实是一个噱头，本质是低成本运作，是一个凶残的价格屠夫，掀起了一场航空业的恶性竞争。

王正华身边的一位朋友看不下去了，他劝老王道："中国还没有一家航空公司像你们这样张扬，要注意影响啊！"王正华听了只能无奈地摇摇头，他何尝不知道高调会引发"枪打出头鸟"呢？

一次，王正华将他心中的苦闷向民航总局的杨元元局长诉说了，杨元元却笑着说："这样的状况很好嘛。改革就是要宣传的嘛。"王正华知道自己多少给杨局长惹了麻烦，所以他一个劲地给对方赔不是：

"对不起杨局长，你看报纸都刊登了，说几个航空公司联合向你们打报告，说是要封杀我们……"杨元元还是保持着微笑问："不是你们故意放出的风声吧?"王正华一惊，忙说："我们从来没有这样宣传过。"杨元元点点头说："你放心吧。你想想，整个民航总局没有一个人因为这个事给你打电话，是不是?"

有了杨局长的大力支持，王正华心中的顾虑总算打消了一些，接着对他的飞机大队进行宣传。虽然宣传效果让他满意，但是他发现人们对春秋航空产生了两个误区：一个是春秋航空的低成本运作并非是低于成本运作；另一个是春秋航空虽然有199元、299元的机票，但并不是所有的机票都这个价，只是向旅客承诺在同一时间购买同一时间起飞的机票才会比别的公司便宜20%。

其实这些误解，都是来自对低成本航空的误读：低成本不是地摊货，只是压缩不必要的开支，也不会赔钱赚吆喝。不过，无论王正华怎么解释，他的低价票还是在航空市场掀起了一阵波澜。2005年6月29日，民航总局专门就"携带行李、航空餐食、延误赔偿和机场配套政策"四个方面，为春秋航空召开了一次差异化服务听证会。

在上海召开的"春秋航空有限公司旅客服务差异化听证会"，目的十分明确：春秋航空作为国内第一家明确提出做低成本航空的公司，因为其服务标准越过了之前民航总局的规定，所以需要召开听证会征求多方面的意见。

事情果然"闹大了"，但是王正华心里没有慌，因为他的机票卖得便宜是有道理的，并非恶意竞争。随着这次听证会的召开，王正华向民航总局以及社会各界讲述了春秋航空的一系列低成本运作模式。

第一，赢在B2C。王正华说，传统的航空公司仅给零售商的让利就达到了3%。为了省下这笔银子，王正华和他的团队草拟了6套方案，其中包括手机购票、开通800电话以及门市销售等种种措施，不过最终他选择了B2C模式。在他看来，B2C是当前国际上低成本运作公司的"常规武器"，春秋航空做B2C就是在和国际接轨。虽然目前中国的电子商务还不够成熟，但这种担心是多余的，事实上，春秋航空的全部散客（除去春秋旅行社的客源）中，通过B2C吸引过来的就达到了70%，而当时中国B2C的平均量还没有超过10%。

第二，胜在客座率。王正华向总局说明，他们春秋航空的客座率基本都保持在95%以上，而传统航空公司的客座率平均水平也就70%左右，这种薄利多销的方式稀释了他们的成本投入。

第三，"简"在服务。王正华解释了，他的飞机基本上不供应餐食，春秋航空的空中小姐只要在门口一鞠躬然后发一瓶矿泉水就完事了，这也算是一种简约式服务。

第四，"增"在飞机利用率。王正华的低成本原则是，在允许的前提下，飞机在天上飞行的时间越长越好。当时国内租赁一架飞机的费用大概35到40万美元/月，而春秋航空的租赁费用则低于30万美元/月。如果按照每月30万美元来计算，每天相当于有1万美元的租赁成本。假设飞机一天飞行10小时，租赁成本就变成每小时8000元人民币，要是飞行13个小时，那就减少到了每小时6154元人民币……对于这么做是否存在安全隐患，王正华也讲得很明白——国外有飞机飞行14小时/天的例子，所以安全不成问题。

听证会结束后，民航局破天荒地同意了春秋航空对旅客携带行李重量的限制，也对"不提供航空餐食"、"赔偿航班延误"等问题不予硬性要求，这让王正华长出一口气：春秋航空的"低价票"终于有了政策支持。

尽管在听证会上，王正华将春秋航空的很多"内幕"讲了出来，让大家明白了他的低价航空的运作模式，但是对于竞争对手来说，王正华还是影响到了航空业的某些"规矩"，于是各大媒体上就出现了"春秋航空不安全"的负面报道。

当时媒体的言论是："王正华只是在价格上做文章，而忽视了对飞机安全、质量、服务等方面的关注。"对此王正华感到十分委屈。事实上，在春秋航空刚成立的时候，老王租了3架飞机，但是真正在飞的却只有1架。他这么做的目的就是为了考虑安全因素，因为机务人员和飞机需要一个磨合和检验的过程，一下子将3架飞机都派到天上去，他是不放心的。

王正华的所作所为，还是得到了民航总局的认可，后来总局做了一个"五类加权"的评测，春秋航空位列第一。

既然是试验田，总是会经历"病虫害"等意外因素干扰，也会有失误失策的时候，但是王正华却不介意这些质疑的声音，因为他是第一个大张旗鼓走这条路的人，自然要承受比别人肩头更沉重的压力。老王依然乐观地看待春秋航空的前景：一旦成功地迈出这一步，试验田很可能会变成"模范田"，春秋航空也会成为同行学习的榜样。

多次颠覆只为梦想

由王正华掀起的低票价讨论，已经不再是低成本运作模式的争议和探究，而是演变成了对国内未来航空市场走向的预测。在一元机票事件之后，王正华歪打正着地打了一场漂亮的营销仗。而这次"低价"的广告效应，极大的震动了被垄断多年的国内民航业。于是，有不少人开始思考：会不会有更多的王正华冒出来？

在王正华看来，春秋航空并非仅瞄准低成本发动进攻，这只是他的飞机大队发展过程中的一个步骤而已。老王的计划是，让他的飞机在全面发展中推进，最终实现自己制定的目标。为此，老王给春秋航空制定了十二字方针——安全、低价、准点、方便、便捷、温馨。

尽管老王遭到了外界的质疑，但是他对低票价的发展前景仍然信心十足，他认为低价票的空间是非常大的。但是，另一个问题随之产生：尽管低票价很有市场，但是时间长了会不会引发行业内的恶性竞争呢？当有人问及王正华这个担心时，老王的答复却是："不，这是两回事。"

王正华觉得，春秋航空选择的目标客户跟其他航空公司是存在差别的，这是一种市场细分行为，而不是资源抢夺。他还举例说，当年英国航空做了一个市场细分，在那里廉价航空做得非常成功的Ryanair公司拥有一百多架飞机，然而却并没有影响到其他传统航空公司的生意。

其实，王正华给航空业带来的不是被迫降价，而是颠覆了大众的消费观念和生活方式。

王正华的春秋航空，正在一步步地冲击着中国人的航空消费观念，像"空中演讲服务、跪蹲式服务、挎篮销售服务、客舱健身操等"独具特色的服务项目，都让大家颠覆了对"坐飞机"的认识。更重要的是，王正华所倡导的可持续、低成本的运营模式，不但给所有的民航企业提出了挑战，还给相关的政府主管部门提出了有关管理模式的改革需求。

不仅是在模式上颠覆，就连经营者本身的执行能力和创业精神，王正华也在某种程度上改写了历史。他曾经说过："如果说，别人也跟着我，被我拉下来了，那就说明他们的定位有问题，我们能吃的苦其他公司是做不到的。"没错，如果将春秋航空和其他公司对比一下可以发现，他们吃的苦头着实不小：工作环境艰苦，消费标准较低，承受的压力很大……也正是因为王家军这种坚韧不拔的劲头，才让王正华相信，这是其他企业的领导难以做到的。

当初，在一次中国民航业竞争力的研讨会上，中国内地首家民营航空公司，奥凯航空的总裁刘捷音，对王正华的春秋航空"点了32个赞"，不过又接着浇了点凉水——刘捷音觉得国内的低成本航空市场至少要5年以上的时间才能成熟，现在王正华还没有条件搞低成本航空。

对于同行的质疑，王正华马上作出了回应："我不认为不对，我认为5年前就已经有条件了，1998年时我就开始包机，而且包机我仍然是用现在的推广理念。"

事实正是如此，王正华每搞一次颠覆，都是颠覆得合乎逻辑且充满理由。春秋航空锁定的三大客户目标——"自掏腰包的、年轻的白领、游客"，这个定位其实早在5年前就被写进了计划书。所以，王正华凭借着多年来的考察和经验积累，有把握在低成本领域做出成绩。

王正华的颠覆，也是顺应时代潮流的表现。在他看来，当民众有购买低价机票和乘坐飞机的需求时，商家就应该尽量满足民众和市场的这种需求。春秋航空没那么神勇，它只是在实现民众利益和自身利益之间找到了一个合适的结合点。而且，王正华为了这个目标不惜一切代价，就像他常说的："有条件要上，没有条件创造条件也要上。"

面对王正华在航空市场的步步颠覆，一些所谓的业内专家也站了出来，他们声称只有当一个航空公司拥有二十架以上飞机时，才有可能盈利，而春秋航空创立之初只有三架飞机（还是一架在飞行），根本就是个"赔钱货"。

这恐怕又是一个"巴菲特式"经验主义例子。对于这个理论，王正华没有急着反驳，而是用年底的财务报告进行了有力的回击："报告已经出来了，现在正在进行审计阶段。我们既不是八月份说的一千万，也不是三月份说的两千万。现在是可能将近三千万，一架飞机将近一千万的利润。"2006年，春秋航空总营收5.4亿元，安全正常执行了6713个航班，输送旅客113万人次，创造利润超过2000万元。近三千万的利润，终于让一些人闭上了嘴，也增强了王正华继续干下去的信心。

不仅是春秋航空方面对外界的质疑给出了答案，就连民航总局也承认了王正华取得的业绩：在春秋航空进入民航一年的时候，荣获民航总局公布的2006年上半年全民航"政府性基金征缴"（包括民航基金、机场建设费）的总评分第一名；荣获民航总局公布的2006年上半年全民航"五率"（公司原因飞行事故征候万时率、公司原因航班不正常率、旅客投诉万人率、正班执行率、基金缴纳率）加权积分总评比第一名。此外，春秋航空还获得了媒体与专家评选的"2006年度优化生活特别贡献奖"、"2006年度中国最佳新锐品牌奖"以及多个全国性评选的最佳提名。

民航总局颁发的两个"第一"终于让外界认识到，他们一直谴责的"低票价噱头"是春秋航空真正实力的体现，意味着王正华非但在企业经营上实现了微利，而且在综合运营、市场营销、安全管理以及客户满意度方面都齐头并进、健康发展，形成了多元竞争能力。

对于在业绩方面的颠覆，其实王正华自己也有些意外。他原定的目标是打算在2010年之后，实现一架飞机赚一千万的目标，然而这个目标竟然在春秋航空运行的第一年就完成了。这样一看，王正华不光是在颠覆整个航空业，也是在颠覆自己的某些传统观念。

拥有了傲人的业绩，可是外界还是继续对王正华发难：你们是赚到钱了，但是航空燃油价格不断上涨，导致刚性成本占到了总成本的78%，这个问题你能解决得了么?

这个质疑还真是戳到了老王的痛处。

目前，中国航空公司的燃油供给，基本上被中航油一家垄断，而它的燃油销售价格要超出国际水平。可是在国外却不是这样，他们的航油供应商很多，所以会在价格和服务上采取一些措施来吸引航空公司客户，让航空公司有选择地寻找最经济、服务最好的航油供应商。而且，国外各航空公司，还拥有更大的对冲空间：当油价飙升时他们会采用金融衍生工具，键入到和燃料油有关的期货交易中，利用期货市场进行套期保值，从而确保航油成本得到控制。

基于这种国情，王正华也做过研究和思考对策，但每一次得出的结论都大同小异：在规模和资金都不到位的情况下无法实施。另外，国内规定的出厂油价与全部机场的基本价虽然大致相当，针对不同的用油量却有着不同的调整价。王正华的飞机大队因为规模受限，自然享受不到这种待遇。

因此，对于实在没辙的刚性成本节约，王正华不得不认输——任何东西都不能形而上学，像飞机的折旧、租金、航台、发动机等成本谁能节省下来？当然，直接节省做不到，他可以通过提升上座率等其他因素间接节省下来。

将刚性变成柔性，这是老王成本控制上又一次颠覆。可就是这种节俭持家的做法，遭到了不少人的反对：在上海做什么低成本？在中国一个大城市中建立几个二类三类机场，放到欧美也许行得通，但在亚洲是绝对不可能的。

对于这一类声音，王正华也表示某种程度的赞同：亚洲的国家确实不可能存在欧美那种二类三类机场，因为那是人家几十年沉淀下来的东西，跟中国的国情完全不同。但是另一方面，老王却继续提出他的颠覆理论：在中国非要刻意建立二、三类机场是没有必要的，春秋航空是学习了外国的经验，但他们不会照搬欧美的经验，而是会针对国情进行修改和完善——这才是颠覆的真谛。

迎难直上，逐步突破瓶颈

不经意间，王正华和他的春秋航空成了"逆势高飞"的典型。不过，在光鲜闪耀的荣誉背后，王正华也意识到自己的飞机大队正遭遇着低成本带来的瓶颈。

春秋航空刚成立的时候，民航企业管理研究基地研究员邱连中教授就说："过去近30年的世界航空史证明，以低成本为主流的新兴航空公司存活率并不高，十有八九都以血本无归而告终。"邱教授的话并非危言耸听，在当时油价节节攀升、航线、价格被处处约束的国内市场，王正华的确面临着不小的经营难度。

事实上，中国民营航空公司的现状不容乐观，亏损已经成为家常便饭，是业内公开的秘密。就算是做得最好的春秋航空，它的客源也仅是相对充足一些。根据统计数据表明：春秋航空的不可控刚性成本约占78%左右，其中包含两个方面：一个是纳税成本，主要是飞机的增值税和关税，占据购买飞机总成本的5%；另一个是运营成本的三大"硬件"，包括了航油成本、起降服务费和飞机大修、折旧、保险等。

显而易见，低价位和高成本，成为了王正华亟待解决的问题。虽然春秋旅游和春秋航空的强强联合，从表面上看优势远远大于其他民航企业，然而王正华也逐渐意识到了低成本发展的各种困难。如何突破这个发展瓶颈，成为老王不得不面对的事实。

王正华说："现在经常讲的，所谓的蓝海战略，实际就是指未来的市场，未来的客人。"一句话道破了一个流行话题——蓝海战略并非是那么乐观的，它只是对未来的一种预支，身在红海就要解决当下面临的难题，玩概念是没有任何意义的。

王正华分析了一下，目前春秋航空主要存在以下瓶颈需要突破：

一、资金瓶颈

航空业是一个非常烧钱的行业，具有高投入、高风险、低利润、回报慢等不利特点。其中购买飞机或者租赁飞机的开支浩大，同时像航油成本也开支不小，大概占到航空总成本的40%左右。另外，飞行员的培养和训练费用也非常昂贵，据说培训一名合格的飞行员至少要10年的时间，培训费用更是高达400万元！所以别看王正华给春秋航空的注册资金定为一亿元人民币，和这些巨大的开支相比，简直是九牛一毛。

对于资金瓶颈，王正华的解决办法无非是两条路：一个是继续加强低成本运营，另一个就是加快融资上市的步伐。

二、规模瓶颈

虽然从 2005 年首航开始，春秋航空在各项业务和指标中都取得了惊人的业绩。然而如果真的拿它和传统的国有航空公司相比，还是存在着运营经验少、企业规模小、市场抵抗力较弱等缺点。为此，王正华不断地添购飞机、引进飞行员，但是国家的政策是航空公司买飞机需要经过民航总局的审批才行，否则没有自主购买权。

规模是个问题但也不是个问题，因为当春秋航空真的发展到一定阶段之后，它所面临的规模制约会被更多的变量因素冲破，比如经验、风险抵抗力等等。

三、竞争力瓶颈

目前的中国，航空运输量和业务需求，主要集中在 30% 的区域——以北京、上海、广州为辐射点的十几个大中城市。从这些城市的发展规模来看，他们的机场运力已经趋于饱和，很难给新进入的航空公司足够的生存空间。同时，由于国内航线的审批制度非常严格，同一条航线上一般只允许有三家公司运营，因此对王正华来说，他的飞机大队根本无法"按需入市"。

国有航空公司的存在，对王正华的确是个难以逾越的障碍。但是老王也多次强调过，春秋航空更多的不是抢客户而是培育新客户，况且它所瞄准的并非高端的商旅客户，和传统的航空巨头没有那么激烈的对抗。

四、管理瓶颈

目前春秋航空的组织结构，使用的是部门首长制。也就是说，公司赋予了这些首长极大的权力。这种制度优点在于，如果首长能力和责任心都比较强，这个部门的运转就会趋近完美。然而这种制度的弊端是，如果首长能力不行，会大大阻碍部门发挥能量，一旦部长调动或者离职，整个部门也将陷入瘫痪状态。更要命的是，随着春秋航空企业规模的壮大，这种体制的弊端会暴露得更加明显，甚至会表现出人力资源结构失衡的现象：组织结构分布不均衡、人才的短缺与闲置以及劳动生产率的降低。

管理制度，本身就是一个在变化中不断完善的问题。王正华虽然主导扁平化管理模式，也深知这种模式的弊端，但是他对年轻人的重视和培养，恰恰是对这种机制的有效补充。简而言之，如果真的有人离职，相信老王马上会从庞大预备队伍中挑选出顶替者及时补上。

五、政策瓶颈

从中国独有的政策环境来看，《国内投资民用航空业规定（试行）》和《国务院关于鼓励支持和引导个体私营等非公有制经济发展的若干意见》这两个文件都已经明确表示，国家鼓励非公有制企业投资民用航空业。然而国家却没有将相应的配套政策一同跟上来，比如机场、油料、空管等各个环节的细则，有的是没有出台，有的是还不够完善，这就让春秋航空经常在飞机引进、飞行员引进、航线选择等方面处于被动状态，让公司的运营受到掣肘。另外，中国的民航业因为多种原因，至今还存在着一定的计划经济色彩，更多的时候扮演着一个保姆式的行政管理者，而不是服务性的市场监管者。

虽然政策因素是客观制约，但是王正华更敏锐地看到，民航总局的杨元元局长等领导，一直在密切关注民营航空的发展，可见党中央是有决心打破民航垄断的，所以政策瓶颈或许只是时间问题。

六、人才瓶颈

目前，春秋航空无论是飞行员、空乘队伍、维修技师还是市场营销人员乃至公司高管等岗位从业人员，基本上都需要从其他航空公司挖人，甚至从国外引进，这样一来，必然要付出更高的薪金待遇。随着公司的不断扩大，偶尔就会出现关键岗位员工短缺的情况，影响到了公司的健康成长。其中，以飞行员的匮乏最为严重，由于中国对飞行员的培训被官方垄断，其主要来源为特定的几个航空学校和空军退役飞行员，多年来数量都没有十分明显的增长，已经跟不上航空业的发展速度。春秋航空要想提高飞机的利用率，就必须保持或增加飞机的单日飞行时间，因此就需要更多的机组人员。这种核心人才的"断档"现象，一定程度上阻碍了公司业务的发展，再加上各航空公司对飞行员的争夺，更是增加了春秋航空的人力成本。

飞行人才的引进，是王正华不可控的因素之一，但也是大部分航空公司都要面对的问题，所以这个瓶颈的束缚性要小得多，对春秋航空的影响也不是致命性的。

很多人都说，王正华是第一个吃"螃蟹"的，这句话的另外一层意思是：中国自从改革开放后，很多第一个吃"螃蟹"的人都遭遇了失败。所以外界认为，王正华要想改变或者影响中国民航几十年来形成的制度和理念，必然要承受相当大的束缚力量，而他正是将这种压力转化为了动力，每前进一步，都在改写中国民航的发展史。

低成本航空，大势所趋

一般来说，人们印象中的低成本航空公司，通常属于"不入流"的边缘航空体系，他们虽然价钱便宜，但是提供的服务也谈不上高大上，让那些想通过花钱来提升自我良好感觉的人很不满意。然而，这种印象正在逐渐发生着改变。

最近几年，王正华不断地改变和提升自己的服务和企业形象，航线扩充至国际，飞机也变得比以前更加宽敞和舒适，有的还增添了独立的航站楼，大大提高了运行效率。由此，很多经常出门的旅客渐渐意识到，低成本航空和"简陋"不再是一家，也开始将其当做航空运输服务必不可少的选择之一。

伴随着低成本航空和传统航空的竞争对抗出现转机，越来越多的传统航空企业开始朝着低成本领域进发。由日本全日空航空出资的低成本航空公司——日本亚洲航空，开辟了日本国内航线，向这个新领域进发。

与此同时，由全日空出资的另一家低成本航空公司——蜜桃航空也开始有了动作，它以大阪的关西机场为据点飞往北海道、福冈，其票价在首航日居然定到了 20 元人民币。另外，新加坡航空公司也开办了名为"Scoot"的低成本航空公司，它是由新加坡航空完全独资，业务方向设定为中远程市场，将涉及到从新加坡至澳大利亚和中国部分城市的航线。此前，新加坡航空已经持有低成本航空公司——虎航 32.9% 的股权。

现在，不仅这些世界级的大型航空公司，开始朝着低成本航空服务要利润，很多国家和城市也把引进和扶持低成本航空，当成推动地区经济发展的重要战略之一，正如王正华的河北模式——凭借低成本航空的优势，以输送大量旅客为桥梁，大力促进刺激所飞城市的商务、旅游和就业。

与此同时，一些机场的管理者们，也将低成本航空公司当成是客源和新的盈利增长点。为了最快程度适应低成本的运营模式，机场方面不但大幅度降低对低成本航空公司的业务收费，同时还为其投资，帮助他们修建停机坪、跑道和航站楼。现在世界各地在原有枢纽机场再建低成本站楼或者直接新建低成本机场，已经是司空见惯的事，并有逐步扩大的趋势。最典型的例子是英国伦敦的卢顿机场和考文垂机场、比利时沙勒罗瓦机场、法国里昂机场 T3 航站楼等。

基于这种变化，很多专家分析，目前全球航空市场正在逐步出现"高低融合"的趋势，这一现象将最大程度地覆盖市场，从而构建新的利润增长点。相信在未来不久，传统航空企业不会再高高在上，而会变得越来越亲民和接地气。

对于王正华来说，高低融合是挑战和机遇并存的。说是挑战，是因为航空巨头也涉足这个领域之后，春秋航空面临的竞争对手将不再是民营航空，还会增加国有航空乃至外国航空公司，这种压力不言而喻，他只有将自己的飞机大队做得更有特色才能继续生存和发展。一旦王正华的差异化识别度下降，就会流失不少客源。

但是从另一个方面来看，机遇也是存在的。随着低成本航空的概念逐渐普及，之前对春秋航空低价行为的攻击将会越来越小甚至彻底消失——因为大家都在玩低价也就没有资格再指责谁。同时，低价航空还会连带着一些政府支持政策出台。更重要的是，当航空巨头也进入这个领域之后，他们和春秋航空的品牌区别度将会逐渐缩小，大家也就不会产生高低贵贱之分了。

王正华说过："我们做低成本航空，只要在确保安全的前提下用低廉的价格将旅客运送到目的地，其他服务项目都可以由旅客来选择是否享受，这也是国际廉价航空惯用的。"为此，王正华一直在做飞行员的工作，让他们将飞机尽量拉高，这样可以节省一些油料，同时飞机停下来时尽可能少用发动机，此外备份油料也是在确保安全的前提下少带。

低成本航空将不再受到歧视，因为中国民航市场对低票价存在相当大的需求量。只是从目前中国航空业的状况来看，要想彻底得到改观仍需要很多时间。就像老王开玩笑说的："没有春秋航空，还会有冬夏航空。没有春秋会有奥凯、英联、东兴等，总有一家会这么去做的。"

从目前民航总局的态度来看，他们还是支持以春秋航空为首的低成本航空的，这也直接反应了中央对这一问题的改革决心。当然，单凭现在的规章制度，似乎还不能完全适应国民经济的发展，有时依然会遇到一些困难和麻烦。

从中国当下的航空市场来看，现在拥有13亿人口，每年的旅客运输量却仅仅7000万人次，也就是说每年平均20人中仅1人乘坐一次飞机。而美国怎么样呢？人口接近3亿，民航旅客的年运输量高达5亿人次，平均每年每人坐2到5次飞机。

现在，还有相当多的中国百姓无法成为民航的乘客，原因在于他们的人均可支配收入相比民航票价还是太低。也正是如此，才暗示着"低成本航空"有着巨大的市场空间可挖掘。

当然，有的人会从另一个角度看问题，他们把中美之间的这种对比视作是"运力过剩"。这就有些玩弄概念了，所谓的运力过剩只是一个相对的概念，中国飞机客运量低是因为高成本和高票价将大量有需求的潜在用户消灭了。如果大家都像春秋航空这样弄出低价票，这个庞大的潜在需求市场一定会被彻底激活。要求不用太高，只要能达到目前美国乘机市场的下限，其收益就将相当可观。

另外，还有一个因素也会推动低成本航空，那就是随着经济的发展，商务旅行和休闲旅行需求，将继续以每年12%的速度增加——未来的航空市场将是多大的一块蛋糕啊！

其实，低成本航空的"春天"不仅在中国即将来临。在金融危机之后，全球越来越多的商务旅客，都已经开始接受低成本航空公司的服务。一些业内的专家分析说，在目前经济形势尚不稳定的情况下，低成本航空在市场中或许比大型航空公司更有生存能力。假设这些大型航空公司管理不善，说不定哪一天就会被低成本航空公司所控制，甚至被吞噬。

有人曾经问老王，春秋航空是否会变成中国的"美国西南航空"？王正华没有正面回答这个问题，而是谨慎地说："会将低票价进行到底。"

为了摆脱困境，开辟生存之路，王正华已经开始寻找国际合作伙伴。虽然在短时期内受到规模的限制，想要把廉价做到极致还存在着一定的困难，难以和业内巨头相比，但是未来的发展趋势却注定这是一场属于低成本航空的胜利。

王正华已经做好了战斗准备，而且他和他的飞机大队，正在顺潮流而动，前途多荆棘，却也多希望！

第八章
运筹帷幄，突进国际

走出国门，与国际接轨

当春秋航空在国内航空市场"兴风作浪"之际，王正华的目光又瞄向了国际航线，他不但要让自己的飞机大队在中国的领空飞翔，还要飞出国门，用廉价航空征服外国的旅客。

王正华将这次突破选在 2009 年。

2009 年是一个丰收年：上半年春秋航空实现净利润 4117 万元，同比增长 200%，全年估计净利润差不多有 1 个亿，大大超出了 2007 年。对于上半年利润的逆势增长，主要得益于票价水平的提升和成本的持续降低。在上半年，春秋航空的吞吐量增长了 20%，主营业务成本低于行业平均水平 62%，管理成本低于行业平均水平 50%，财务成本低于行业平均水平 60%，营销成本低于行业平均水平 78%……

　　这其中有一个变化不得不说，那就是春秋航空商务经济座的大卖特卖。什么是商务经济座？主要是位于客舱第一排、第二排，与后舱用一道帘布隔开，比经济舱多 20%—40% 的腿部空间，同时还享有专用值机柜台、减少排队等候时间、优先登机、25 公斤免费行李额、可退改签、不亚于头等舱公务舱的可口餐食、高于其他公司的"积分"等优惠特权。

　　这是老王对经营策略的一个微调，他的目光不是只盯在普通消费者身上，又绞尽脑汁地研究起商务旅客的诉求，归纳起来就是：经济舱的票价、商务舱的服务、商务经济座的定位和政企客户——这些构成了春秋航空新的盈利点。特别是 2009 年限制三公消费和八项规定出台之后，商务经济座的订购比 2008 年足足增长了 50%。

　　当然，有收获的同时，威胁也像头隐藏多年的饿狼，从密林中悄悄钻了出来，这条饿狼就是高铁。随着高铁网络的不断扩大，它对中短程的航空公司产生了不小的冲击，未来不久，这种抢夺客源的情况还将继续存在。王正华必须要在新的篮子里放下新的鸡蛋，所以，他才加紧开拓国际航线。

　　王正华的飞机大队，主力机型是空客 A320，它的最远航程能够达到 5 个多小时。假设从上海出发的话，可以覆盖到港、澳、台、日、韩、东南亚、南亚、中亚等周边许多国家和地区。经过老王的申请和争取，他获得了中国民用航空局的审核批准，春秋航空终于拥有了"内地至香港、澳门特别行政区和周边国家的航空客货运输业务"的经营权。

　　这一步的迈出，意味着上述旅游热门线路的机票价格，会被王正华的低成本航空继续拉低。另外，根据民航局的批复，王正华还可以申请除上海以外其它内地城市飞国际航线。这样的话，民营航空进入了国际市场，肯定会把票价持续拉低，对那种纯购物团来说是天赐的福音，他们将以较低的旅游成本换来称心如意的商品。

2009 年，王正华开始对港、澳、台市场和周边韩国、日本、俄罗斯等国家，就航线问题开展论证和准备工作，其中有市场论证、合格审定、人员培训、外文网站建设、寻找合作伙伴等内容。除此之外，还有一些周边国家和地区的城市，比如新加坡、香港等，已经和春秋航空就开通航线的相关内容进行了接触。很快，春秋航空和香港机场签订了航班服务协议，还与韩国的 Eastarjet 公司，就合力开拓韩国市场、代码共享等合作形成了共识。

国际市场和国内市场毕竟有些不同，老王现在要抢别人的饭碗，就要进一步国际化，在运作模式、服务方式上进行一定的调整和完善，也将推出一系列符合所飞国家和地区民族特色和文化背景的服务产品，另外还要配备相应语种的服务人员，给入境客人提供便捷、贴心的服务。同时也意味着，王正华要让春秋国旅跟境外多家旅行社合作，一起打造更多优惠的旅游产品，从而让他的飞机大队飞得更有力量。

进入国际市场后，王正华不得不面对一个现实，那就是他与国内大航空公司可能会存在航线交叉的情况，不过这倒不让他担心，毕竟春秋航空的定位是普通消费者，非同质化路线的竞争策略，能让春秋航空在国内的优势继续得以保持。但是在国际市场上他可能会遭遇亚航等低成本航空公司的冲击，因此王正华必须进一步在成本控制上做文章。

2009 年成为了王正华大踏步迈出国门的重要年头。当时，他已经开通了 11 条国际航线，国际航线的占比从 2008 年的 8% 提升到了 2009 年的 18%。出境游客增长了 20%，飞往韩国、日本、泰国、港澳台地区成为了热门航线。

2014 年 3 月 5 日，春秋航空对外宣布，将在月底民航航班换季前后，开通上海直飞新加坡、日本大阪、泰国清迈以及越南岘港四个目的地的新国际航线，此外还增加韩国济州和马来西亚沙巴等地的航班。王正华做了下估算，2014 年国际航线运力占比将由之前的 16% 提升到 30%。

2014 年，无疑是春秋航空走向国际化道路的重要一年。王正华表示，这一年他投入国际化的兵力和力度以及谋求国际网络的布局是前所未有的。春秋航空的现有目标很明确，就是要朝立足上海、辐射东南亚以及东北亚的国际低成本航空公司转型。

王正华已经向大家描绘了春秋航空未来的国际航线版图：以上海为圆心，以 A320 的航程为半径的范围内，都将是他的飞机大队的飞行范围。更有利的因素是，国家大力提倡发展低成本航空，由民航局下发的《民航局关于促进低成本航空发展的指导意见》，从坚持安全发展、促进快速壮大、支持灵活经营、鼓励走出去、改善基础环境、加大政策扶持六个方面提出了多项政策保障措施，这成为了王正华敢于走出国门的政策推动因素。

当媒体采访王正华时，他对春秋航空的国际化布局是这样描述的："今年到时候了。"2013 年 9 月，王正华带着他的团队从 2013 伦敦全球低成本航空年会上回来，会议带给他的消息并不是利好，因为英航、汉莎、法航都相继表示退出全部二、三小时航程，交给他们旗下新成立的低成本航空公司来运营。

老王想过会有这一天，但没想到会来得这么快。他曾经和大家讨论过，5 到 10 年之后，航空公司不会再按全服务和低成本来划分，而是将区分为"大型跨洋国际航空公司和地区航空公司"。所谓的地区型航空公司，就是走廉价路线，因为 2 到 3 小时航程的旅客，一般不会对坐飞机的过程有太高的要求。

全球航空格局的变化如此之快，让业内实在没有想到。英航通过兼并西班牙航空等公司，成立了 IAG 集团，实力强大；而法荷航结成了同盟，合并建立了 HOP 低成本航空公司；汉莎则建立了名叫"德国之翼"的低成本子公司。这样一来，欧洲形成了一个"五强格局"架构——英航、法荷航、汉莎、瑞安、易捷，低成本航空公司五者已占其二。

在欧洲之外的美国也是如此，他们形成了以达美、美航、联航、美西南、捷蓝为首的"五强格局"，低成本公司同样占据两席。

王正华的计划是，2009 年是春秋航空筹划国际化的第一年，2010 年开通日本和中国香港、澳门等地，而 2014 年将是春秋航空迈向国际化的又一步。他要在 2014 年，将这个增加量提升到前 3 年的总和。

和亚航过过招

如今，发展低成本航空，不仅是国内航空业的共识，更是国际航空业的发展方向。从全球范围来看，低成本航空目前势头正盛，在欧美和亚太地区，低成本航空所占的市场份额已经达到或超过30%。中国虽然刚刚起步，但是潜力巨大。

根据粗略计算，目前全球拥有超过 170 个低成本航空公司，在美洲、欧洲、亚太地区前十家最大的低成本航空公司旅客运输量，已经达到了 6.6 亿人，低成本航空在全球占据了 26% 的市场份额，然而在中国的市场份额还不到 5%。

虽然老王是一个低成本专家，但是和欧美、东南亚地区的前辈们相比，还是存在一定的差距。比如在欧洲，低成本航空的市场份额能够达到 40% 左右，不少外国消费者也开始将廉价航空当做出行首选的交通方式。

在春秋航空顺利完成了由上海虹桥机场到日本东京茨城机场的首航之后，国内的航空业也好，各界媒体也好，都引起了不小的震动。于是，王正华带领的飞机大队成为了民营航空的范本，大家都在讨论一个问题：我们是不是也可以进行国际化扩张？

王正华觉得，这涉及到三个方面的因素：

第一，如果单从国际航权来看，民营航空公司也可以像国内的航空巨头那样，获得审批。不过另一个问题马上来了：想要进驻国际繁忙机场，希望十分渺茫。拿春秋航空的东京航权来说，为何最终选择了茨城机场呢？除去对成本控制的因素之外，原因还有繁忙国际机场的时刻带来的压力，这也意味着春秋航空要优先考虑二、三线的机场。

第二，民营航空错过了几次走国际化扩张路线的机会，所以他们很难像王正华那样走得如此之快。比如春秋航空的东京之航，存在着很多不可复制的成功因素，茨城机场距离城市中心大约 80 公里，是一个非常便宜的低成本航站楼，对于不走廉价航空的航空公司而言，飞抵这样的机场将会是一场灾难。另外，像这类每个星期 3 个航班的包机运营形式，如果没有丰富的旅游服务资源是供应不上的，也只有掌握了国内旅游资源的王正华才能解决，让市场与陆空联合运输的接洽不成问题。

第三，2010年3月16日，春秋航空的主运营基地已经成功启用了T2航站楼，而之前往返日本和韩国的国际包机航班，被留在了T1航站楼，这对春秋航空的独立运营和市场聚集效应而言，有着非常重要的推动意义。当然，这也跟当初上海世博会的召开不无联系。这种占据天时地利人和的额外因素，不是谁都能遇到的，老王赶上了，他就快人一步，后来者想要效仿门儿都没有。

从这些因素来看，春秋航空的国际化路线，很难让民营同行们复制，不过它的发展思路是值得民营航空学习的，其中最核心的一点就是独立的定位——在国际市场上和主要竞争者开展差异化定位。这种战略战术，是新兴航空公司生存和发展必然要面对的关键问题。

王正华知道，从目前全球航空运输业发展的趋势来看，低成本运营理念笃定会继续传播和扩散，特别是以中国市场为基础的航空公司，肯定要走国际化道路才能有规模性的发展和质的飞越。王正华形成这样的认识，不仅是因为对中国经济快速发展和丰富的旅游人口资源的分析，还因为他看到了中国周边地区想和中国建立经济贸易与文化往来的需求。

王正华进入国际市场，当时民航总局也存在着一些担心，因为老王的低成本套路在国内尚有一些争议，引发了几次小风波，现在到了国外，会涉及到更多的条例、规定和要求，而且其背景是要在国与国之间进行，弄不好就会将商业问题转变成涉外问题。

对于这种担心，王正华经过实际探索发现并没有必要。他曾经带着团队特地去拜访了日本的国土交通省，结果对方表示对王正华的低价票十分感兴趣，不像国内那样迫于压力而被停掉。

这次日本之行，让王正华明白，国际市场更加开放，只要遵循基本的商业法则，不触犯相关法律规定，你爱怎么玩就怎么玩，完全是自由竞争。也正是日本人的答复，让王正华相信，他的飞机大队飞出国门之后，其优势也不会减少。

但是，在王正华瞄准的亚洲航空路线上，有一个不得小觑的竞争对手——亚洲航空公司。它是马来西亚的航空公司，也是亚洲地区第一家低成本航空公司。它诞生于1993年，1996年正式营运，总部设在吉隆坡；2001年12月，亚航引入了"廉价、只提供基本服务"的理念，成为东盟地区廉价航空市场的领导者；2003年，它成为世界上第一家引进SMS订票系统的航空公司；2004年在马来西亚大马证券交易所成功公开发行股票，成为上市公司；2006年，亚航采用了世界上首个专用于廉价航空公司运营的新型廉价航空候机楼，每年承纳1000万乘客。

正如王正华的"让人人都坐得起飞机"，亚航也有一个极具感召力的口号——"现在人人都能飞"，他们的廉价理念是让每个人都能够支付得起机票，同时也致力于让旅行变得更简单、方便、有趣。亚航的费用和其他航空公司相比，简直是便宜到家了：由于很多旅客根本不需要在飞机上吃饭，所以亚航节约了高达80%的经费，同时亚航还频频出招，经常奖励给旅客里程数和机场休闲娱乐活动，让他们的"回头客"越来越多。2011年，亚航连续第三年荣获"世界最佳低成本航空公司"的称号。

现在，亚航在杭州、厦门、广州、深圳等地，都建立了多条航线，在东南亚地区也搭建了十分密集的航线网络，为广大旅客提供各种各样的转机服务。

如何跟亚航这样的巨头对抗，是王正华绕不开的问题。他知道亚航在政策支持上极具优势，因为它处于吉隆坡，旁边有曼谷、新加坡等城市，竞争十分激烈，因此政府给它的支持是：只要飞机能快速增长进而占据这些市场，就将全部的税返还给它，甚至连营业税也不要。政府的意图很明显，它根本不想从亚航身上赚钱，就是希望它能拉客源进来，将原本去曼谷、新加坡、印尼的游客，一律先弄到吉隆坡，然后再转机。此外，亚航还有一个优势因素：它的ASK（可用座公里）成本大概是 2.8 美分，而欧洲和美国的航空公司则在 8 到 10 美分之间。

关于亚航的厉害，王正华可是领教过的。春秋航空刚刚开航的时候，老王的飞机飞到厦门，亚航的飞机也飞到了厦门——亚航每天飞一个航班。王正华分析了一下双方的航班，发现他们和亚航存在着一些交叉点，结果他改成了一个星期三次班，抢夺客源。当发现亚航使用 B2C 时，春秋航空也马上用 B2C。

这场没有硝烟的战争打了一年之后，老王的航班交接都做的可以了，亚航却停掉了，从每星期 5 班变成每星期 3 班，最后变成了 0 班次。而春秋航空则从每星期 3 班变成 5 班，最后变成 7 班、14 班、21 班、28 班……

这一次的较量让王正华明白一个道理：双方竞争时，有些优势固然存在，但未必是能击败对手的关键因素，反之对手的某些其他优势，却能成为击败你的重勾拳。这次交战的胜利，也让王正华不再担心，将来遇上亚航这只"大老虎"之后，他老王还是可以变身武松，耍出几招打虎拳法。

0 元机票风波

王正华计划，从 2014 年开始，春秋航空将在 2 到 5 年之内，让中国的 20 座城市和日本实现通航，同时还要增加 10 个日本机场的起降配额。

这是一个大胆的想法，也是一个要承受某种风险的决定。众所周知，中国和日本是一衣带水的地缘关系，两国之间无论是出国教育、观光旅游还是各种社会交往方面，都有着密不可分的联系。然而，两国因为历史问题和意识形态问题，或多或少总有些摩擦和分歧，这种政治上的若即若离，对两国的正常交往有着一定程度的影响。

王正华当然深知这一点，但是他不能不朝这块蛋糕伸出刀叉，毕竟这块市场的需求是刚性的、常态的，他不去碰别人也会去碰。经过一番考察，王正华发现，在整个廉价航空市场份额扩大的前提下，中国去日本的游客人数，每年将增加 50% 以上，所以这是一块相当重要的市场。

在日本发展航空还有一个好处是，每条航线上都有来自日本当地机场的补贴，比如大坂关西机场就有扶持低成本航空战略的配套政策，它会根据起飞机的降率、客座率和旅客数量进行补贴。相比之下，国内这样有补贴的就比较少了，而且时刻面临着资源的困扰，更要受到一些大型国有航空公司的挤压，难以搞到最好的航线。

目前，春秋航空已经开通了连接上海和日本佐贺、高松、茨城以及关西的 4 条航线。如果将燃料费排除在外的话，上海到佐贺的单程票价仅仅是 3000 日元（约合 180 元人民币），这个价格对游客来说实在太有吸引力了。

眼看着市场反响越来越强烈，老王坐不住了，他要加大对日本航空市场的投入。很快，他申请加开上海至札幌、福冈两条航线，又申请开通中部（爱知县）、长崎和广岛等重要城市的航线。

航线增加了，王正华又琢磨着彻底打通日本和国内的交通脉络，因此他又构想了在 3 到 5 年内，开通连接天津、重庆两大直辖市和大连、西安、深圳等 20 个国内城市与日本成田、羽田机场的航线。此外，王正华还召集管理层商讨如何利用成田机场和关西国际机场在日本国内的转机形式等问题。

春秋航空也由此成为首家开通日本国内航线的中国航空公司，这在中国民航发展史上绝对是一个值得记录的大事件。当然，有人对老王这么大刀阔斧地开路心存疑虑：万一两国关系紧张该怎么办？

对于这种担忧，王正华不是没有考虑到，在反复权衡之下他觉得，两国关系紧张的情况毕竟不多，而且通常都能很快缓和，大势所趋是谁也改变不了的。更重要的是，王正华认定中国游客的访日潮正在逐步复苏，所以春秋航空必须积极增加航线才是上策，因为航线越多收入越多，成本就会被摊薄，票价会降低，就能吸引更多的中国游客赴日本旅游。

正是因为要扩张中日航线，王正华才对融资上市抱以期望，也加快了他扩充飞行大队规模的步伐，他必须在竞争日益激烈的亚洲廉价航空公司市场上，插上他春秋航空的旗帜。

2012 年 10 月 16 日，王正华在互联网上掀起了一阵新的狂潮——他推出了中国飞往日本的"0 元机票促销活动"。

这一次对日本航线的促销，是王正华所有市场宣传中最低调的一次，但也是最惊心动魄的一次。当时，由于受到日本"购买钓鱼岛"的闹剧影响，飞日本航线的客座率严重下降，大部分都面临着停飞和减班的情况。当时，春秋航空一共有3条飞日本的航线，都是从上海出发，飞抵日本的佐贺、香川和茨城。由于政治局势所迫，王正华已经考虑到减班和停飞。但是这样一来，日本佐贺和香川之间最便利的交通方式，等于被拦腰斩断了。

于是，佐贺当地政府马上和王正华取得了联系，表示他们不希望春秋航空停飞，甚至连减班也不想发生。日本人的认真劲上来之后，佐贺的知事们立即飞到上海，考察了上海的景点、饭店和交通等人文地理情况，最后一位名叫古川康的知事还特别和王正华见了面。这些事情，都被王正华记录到了博客中。

知事们回到日本之后，马上召开了一次新闻发布会，向旅客告知："到上海等地旅游是安全的。"显然，佐贺政府希望有更多的日本游客乘坐王正华的飞机，满足它和中国的交通联络。

既然日本方面表示出了很大的诚意，王正华当然不能拒绝，在佐贺的支持下，从10月15日至12月20日，王正华推出了佐贺县政府与春秋航空共同对佐贺—上海航线的"1日元机票"促销活动——每趟航班只有50张。

2012年10月15日下午2点，由佐贺县交通政策科和春秋航空佐贺营业部，联合在佐贺召开了新闻记者会进行促销宣传，反应相当热烈，当天就卖出260多张促销机票。

10月16日，王正华继续复制佐贺模式，在日本的香川也推行了同样的促销计划。当然和往常一样，王正华让春秋航空官网挂上了"0元机票"的促销信息，目的是吸引更多的眼球。可就是这么一个再平常不过的常用宣传手段，却在网民中引起了强烈的反应。

这条促销信息，就像开水锅里扔进了一块石头，溅出了一地的水蒸汽。仅网上的一条信息就有多达4万名网民浏览，有1万1千多的网民留言发表评论，而评论的内容几乎是一边倒地谴责："春秋航空见利忘义"、"以后再也不乘坐春秋航空的航班"、"钓鱼岛事件没解决，白给也不要"……一个很正常不过的市场营销手段，一下子被赋予了浓厚的政治色彩。

春秋航空自从成立那天起，就是主打经济和廉价牌，王正华推出的打折优惠活动，给了不少消费者实惠，然而这一次却因为优惠的对象发生了变化，让王正华和春秋航空陷入到了舆论的风口浪尖，这种攻击比之前山东事件的1元票价风波，更加激烈，如排山倒海一般滚滚袭来。

其实，王正华之所以没放弃飞日本的航线，主要还是因为这两条航线是独飞的，也就是说只有春秋航空一家公司在飞，一星期三个航班，一旦停止，将会给当地的县民和工商人士带来极大的麻烦，他们没办法选择最便捷的路线到上海，这在全球一体化的今天是个典型的反人类事件，所以才有了佐贺县知事亲自到上海考察的涉外活动。

互联网能传播正义，但也是演绎暴力的温床。网民一边倒谴责春秋航空的行为，跟购物网站上谩骂同胞买尼康单反的言论几乎都是一个调调：只要对日本人有利的，就是卖国行为。王正华当然知道这种不理性的批判会让自己多委屈，但是跟一边倒的舆论对着干，更是一种不理智的行为。最后没法子，老王在各界舆论的重重压力下，在10月18日将佐贺县和香川县日本网站上的"1日元机票"

销售活动取消，还在中文网站上将"0 元人民币机票"销售活动也一并取消，上海飞往日本佐贺的最低票价为 239 元——回到了促销活动之前的价格。

这个号称"中国航空公司史上最优惠机票"的活动，仅仅推出两天之后就悄然结束了。这种结束，某种程度上带有点悲凉和黑色幽默的味道。

开疆扩土，分羹中日韩

亚洲这个社交圈子，是一个政治话题敏感、经济交织复杂、人文关系微妙的圈子，这一系列特点也给亚洲航空业带来了上下沉浮的变数，让王正华感到充满了挑战性。

就拿 0 元机票事件来说，绝不是网络上大家抨击的那么简单，其实就春秋航空本身来说，如果这个促销活动继续开展的话，给王正华带来的不是利润，而是亏损。换句话说，这是在特定时期下，有日本地方政府牵头举办的一次引发争议的促销活动，而不是王正华处心积虑推出的赢利活动。如果按照原计划进行，这次促销活动会给王正华一个很尴尬的结局：看着风光，其实沧桑。

就拿上海飞往佐贺航班为例，原定的促销期内一共有 28 趟航班，如果按照最大的促销量来计算，在促销期内能够卖出 1400 张"0 元机票"，如果再加上返程将会达到 2800 张。在此之前，这些机票的最低售价是 239 元，这样一算，春秋航空上海—佐贺航线将因为这次促销活动少收入将近 67 万元。

当然，对王正华来说，他考虑问题不是目光短浅地只计算眼前的利益得失，他更关注的是因为客座率持续走低而带来的减班问题。

中国的民航业有一个特点，那就是对国际和国内政治经济形势的走向特别敏感，只要经济出现波动就会立即反映出来，而且波动反应相当大。在日本政府上演"购岛"闹剧之前，春秋航空飞日本的三条航线的客座率，已经到了80%—90%，这对处于培育期的航线来说，已经早早进入到了盈利状态。

糟糕的是，购买钓鱼岛事件之后，客座率直降到40%—50%之间。王正华万般无奈，只好取消了9趟航班。不光是民营航空如此，就连国营航空三巨头也不得不采取了措施：国航取消了原定在2012年10至12月间每周3至5次直飞札幌—北京的25个往返航班；南航决定取消原定在2013年1至2月开通的札幌—广州的定期航班；东航也取消了10月末至12月中旬每个星期5次、共计12个往返札幌的航班。

这样一来，大家都面临一个问题：这些从飞日航线中闲置下来的飞机该怎么办？

如果从政策上看，这些闲置的飞机自然是由企业自主处理，国家不进行干预，当然最好的建议是飞其他航线。不过这样问题就又来了——将会引发有关航权、时刻的审批问题，尤其是想进入热点航线更是相当困难。

相比之下，要是进入到那些发展程度不够高的航线和支线中，就容易申请成功，可是这样一来又很矛盾：从飞日航线中闲置下来的飞机大部分是150座以上，支线的市场量根本填不满它们的胃口。

这正是王正华担忧的问题，减班是一个让人相当纠结的问题：闲置赔钱，飞起来同样赔钱。幸好，时间是解决问题的最好帮手。虽然在2012年夏季，中日关系变得紧张和前途未卜，然而从2013

年 9 月开始，这种紧张的局面开始解冻。在 2013 年 1—2 月期间，访日的游客人数同比大幅增加了 92%。

这是一个让王正华十分兴奋的数据，他敏锐地意识到，由于受到 2012 年中日关系的影响，2013 年赴日旅游的人会出现反弹性的增加，甚至在十年之内，访日热潮依旧会持续。

时间是个好帮手，但时间更是个急性子，你必须要比它快才行。王正华做出判断之后，马上积极筹划为他的飞机大队增加航线数。

与此同时，日本政府也致力于增加国际吸引力，敞开大门欢迎各国游客访日，这样一来，访日的外国游客数量都大大提高，预计在 2020 年东京奥运会的影响下，这种高增长还将继续保持。

在日本航空市场中，走低成本路线所占的市场份额大概也就几个百分点，这就意味着今后的发展空间会相当庞大。不过，日本国内的乐桃航空等企业，也盯住了这块蛋糕，不断地扩大业务抢占市场份额，所以王正华的介入，肯定会加剧日本廉价航空领域的竞争。

2014 年 8 月 13 日，春秋航空在上海宣布，将在 9 月 23 日正式开通上海—韩国首尔仁川的航班，这意味着春秋航空将低成本航空在东亚范围内继续推进，从而连通中日韩都市生活圈。

阵地扩大了，山头增多了，老王的营销策略依然不变。春秋航空上海浦东—韩国首尔航班，也是采用了空客 A320 飞机，每星期二、四、五、七直飞。在开航初期为了吸引客源，王正华再次推出了单程 99 元的促销特价。

2010 年 7 月 28 日，春秋航空开通了第一条低成本国际航线——上海飞往日本茨城。历经短短 4 年的开疆扩土，王正华领着他的飞机大队相继开通了上海—香港、澳门、高雄、台北等国际地区的航线。现在，首尔的空中通道也被老王分了一杯羹，这意味着他又将获得一条前景可观的国际航线。

众所周知，首尔的仁川机场是亚太地区的转运枢纽，而且首尔本身又是中国飞往美国和加拿大的中转站，转机的价格通常要大大低于直飞的价格。王正华打开了这条航线，将他的低成本航空输送到了亚太转运的枢纽区域，让中国旅客飞往美洲的价格降到最低——这无疑是老王国际航线战略中的一次突破。

一直以来，韩国首尔就是王正华追求的目标，这一次开通首尔航线，不仅是将他的飞机大队送到更远的地方去开辟市场，也填补了中国低成本航空连通中日韩三地重要都市圈的空白。

王正华作出这个大动作，也是对中国经济发展环境的分析之后得来的：目前本土客源和市场，正在逐步成为春秋航空跟其他低成本航空公司竞争的最大优势。日韩航线开通之后，国内游客必定要多于日韩游客，这样一来，王正华的飞机就具备了本土文化优势，无论在语言、饮食、风俗习惯等各方面，都将充分展示出地缘优势。同时，老王还可以利用他的旅行社优势，全面推行旅游包机业务，这样就能很大程度上减少运营风险。

更重要的是，中国相对低廉的人力资源，也是王正华的另一大优势。根据中投顾问统计，在美国航空公司的成本支出中，成本最高的支出是劳动力支出，约占总成本的30%，而国内航空公司的劳动力就便宜多了，只要6%左右。这么一算，春秋航空一个乘务员的成本只相当于日方的十分之一，而飞行员成本相当于日方的三分之一，再加上中国空管成本也比日韩要低，所以支出费用是相当节省的。当然，唯一的劣势也许是国内机场航油比国际上要贵一些，但综合上述因素造成的负面影响就很小了。

不和谐声音总是伴随着掌声出现的。首尔航线启用之后，外界马上发出了质疑之声，他们说春秋航空的某些航线在开通后，存在着运营业绩不佳的状况，所以这是不是意味着：王正华的低成本路线只适合非枢纽的国际二、三线城市机场起降。

看来，廉价航空在短时期内很难摆脱被看低的惯性，但是内行人士都渐渐发现，低成本航空之前的确很难获得经营东京、首尔之类的航线，不过目前的世界形势是：随着国际航权的逐步开放，低成本航空将会占据越来越多的国际枢纽机场。

2014 年 8 月 1 日，春秋航空在日本成立的分公司——"春秋航空日本"正式启航。掐指一算，老王的飞机大队成为了日本国内第四家廉价航空公司，主要以东京成田机场为辐射中心，往来于广岛、高松、佐贺之间。

2014 年民营航空的累累硕果就是最好的例证。吉祥航空在广州成立了旗下的低成本航空公司"九元航空"，东航旗下的中联航也转型成为国内第一家国有航空公司涉及低成本的典型。

形势喜人，形势逼人。无论竞争对手冒出多少，王正华都坚定了掘金海外市场的信念，这也是在国内黄金航线激烈争夺之下的必然选择——主战场越少，完败的可能性就越大。所以在 2013 年，春秋航空向日本国土交通厅申请执飞日本国内航线资质，打算从国际航线跨到人家的家里去。不过这一步并不顺利，因为根据日本当地的法律，组成日本法人的股份有限公司要求外资出资比率要低于三分之一，这就意味着春秋航空在其成立的合资公司中，最多只能占据 33% 的持股，而剩下的 67% 将由商社、旅游行业和投资基金等日资企业持有。

更让王正华感到棘手的是，春秋航空日本分公司早期开通的 3 条航线都在日本境内，如成田—佐贺、成田—高松和成田—广岛，它们的初期客座率达到了 70% 以上，发展态势不错，但是日本本土也有三家廉价航空公司，这将预示着老王要披坚执锐地同本土巨鳄进行激烈对抗。

航线开辟得越多，版图扩张得越大，面对的竞争压力也会与日俱增，不过王正华既然已经选择走出国门，这些意料中的困难他早已心里有数，接下来他要做的，就是以王氏低成本战略来对抗国际低成本法则了。

第九章
决胜苍穹， 谨遵 "蓝天法则"

市场环境决定经济走向

自从进入到航空业之后，王正华对市场未来的走向一直充满信心，虽然很多人都在质疑他这种廉价民营航空能走多远，但是在老王看来，市场的发展前景还是非常大的。只不过，现在的市场气候和环境，还不是最理想的状态。

如果从旅游业的市场环境角度出发，王正华觉得现在的一些政策，其出发点是好的，但是具体执行的时候没有看准整个市场的走向，所以出现了一些偏差，属于典型的好心办坏事。就拿资源配置来说，应该是由政策进行引导，然后让市场进行决定，这样才能更好地发挥政府的作用。虽然国家在这个问题上是非常明智的，不过在 2013 年 10 月 1 日生效的《中华人民共和国旅游法》中，却作出了针对旅行社安排购物的禁令。

2013 年十八届三中全会隆重开幕之后，一直对国家党政生活非常关心的王正华，全程关注了大会的各项议题。可是，大会拟定推出的这部《旅游法》，却让他多少有些失落。

作为一个深入研究过世界旅游产业的业内人士，王正华十分清楚，"食、宿、行、游、购、娱"是构成旅游产业的六个重要因素。政府限制购物的政策，动机是很好的，不过对旅游行业属性还是存在着模糊的认知，这个"禁购"政策会产生意想不到的效果。举个例子，假设有一个旅行社，带着旅行团到三亚吃海鲜，按照行业的潜规则他们可能会拿一些返点，禁购令出现后，旅行社取消了这些业务，那此时不管是参团旅游的游客还是散客个人，在吃海鲜的时候就可能会遭遇更高价格的消费，花更多的冤枉钱，甚至有些游客由于去不了购物店或自费景点，会对旅行社进行投诉。

随着新法律新政策的实施，旅游行业中的乱现象没有得到明显的解决，因为认真执行《旅游法》的旅行社通常都是规模比较大的，而那些小旅行社和网上旅行社，却在暗中采用低价诱导等手段招揽游客，搞的完全是恶性竞争。对已经形成规模的旅行社来说，一旦取消了摊薄运营成本的增值项目，旅游产品肯定要加价。

新政策出来之后，一切如王正华料想的那样，政府的善意导向并没有得到市场的认可，在这部《旅游法》实施后的第一个月，由于上游旅游业务的不利影响，导致价格抬高，旅客很难被吸引，利润也大大减少，王正华的春秋旅游业务遭到了很严重的影响，接待旅客人数同比减少了 30% 到 50%，利润同比减少 70% 到 80%。

旅游业的低迷，直接影响到了春秋航空的客运量，毕竟春秋旅游和春秋航空是一对密不可分的经营链条，其中缺少了谁发挥作用都会对另一方造成沉重的打击。不过，遭遇了好心办坏事的王正华，倒没有怨天尤人地抱怨谁，因为他本人也非常支持国家打击旅游行业中的丑恶现象，也希望通过立法的形式来落实。

经由三中全会推出的《旅游法》，或多或少和业界现实产生了冲突，对整个旅游行业来说产生的负面影响较大。王正华在开会的时候，也和大家谈到了经济学家张维迎先生说过的一句话："评价政策（好坏）的第一个标准就是政策的结果与目标相一致还是相反。"最后，王正华认定，旅游业的一些政策首先要从旅游产业自身的规律入手，这样才能让市场在资源配置中起决定性作用，政府也就会"好心办好事"了。

虽然新法规的出台让行业内的利润大大减少，但是作为一个老共产党员，王正华是能体谅政府良苦用心的，因此当有人向他吐槽这部《旅游法》的时候，王正华会十分冷静地告诉对方：国家制定《旅游法》的目的和动机是好的，只是在它刚开始生效时，束缚住了企业的手脚，也在一定程度上影响了企业的业绩。

王正华的评价很客观，本来可以通过《旅游法》进行行业的大洗牌，通过政府之手进行优胜劣汰，可是因为那些小旅行社的无底线运作，导致整个旅游市场乌烟瘴气，上演了一幕"劣币驱逐良币"的闹剧。

王正华认为，国家规范旅游行业应该更多地借助市场作为调节手段，比如让旅游质监部门联手法院成立一个"旅游法庭"，专门处理旅游行业中各种纠纷矛盾，解决相关的法律诉讼问题，当然最好能够将这些案件进行公开审理，甚至让媒体参与旁听，将那些违法乱纪的行为彻底曝光，顺便进行一次普法教育，这样的做法还会有利于引导旅游者进行合理消费、理性消费和文明消费。

老王看得很透彻，旅游行业在中国总有些"奢侈消费"的味道，很多人出去走一走看一看，并非是真的喜欢哪些地方，而是想通过"去了哪儿"来体现自身的存在价值和消费水平。虽然这种混乱的消费意识能给旅游业带来利润，但是王正华从他的红色思想出发，觉得这种非理性消费是在拉低整个社会的消费道德，不利于精神文明的整体提高。

尽管《旅游法》没能让王正华看到他所希望看到的良性循环，不过在2013年十七届三中全会上，提到的"经济体制改革是全面深化改革的重点，核心问题是处理好政府和市场的关系"以及"建设法治政府和服务型政府"这一系列的政府观点，还是让王正华觉得市场的发展前景是广阔的，因为国家不仅是针对旅游业的乱现象进行改革，也加大了对整个中国经济环境的广泛关注，而这些恰恰是王正华所需要的政策支持。

更让王正华对三中全会的精神为之振奋的，是政府提出的"服务型政府"概念，这是对他们这些民营企业家继续埋头苦干的最大支持。只有政府更好地发挥它的服务作用时，社会主义市场环境才能变得更加有利于经营者生存。

王正华清楚地记得李克强总理一段有关论述转变政府职能的话："市场能办的，多放给市场；社会可以做好的，就交给社会。政府管住、管好它应该管的事。"

老王从一个关心国家命运和市场走向的老共产党员的角度出发，给市场号了一把脉，也给国家对旅游行业的支持方式提出了自己的看法。王正华有理由相信，当政府的改革步伐进入到深水区之后，市场规律就会像沉在河底的石头，慢慢被探索和发现。在政府制定了竞争规则并减少干预之后，占有着资源、规模和品牌优势的大旅行社，将在市场竞争中更有意气勃发的劲头，而整个旅游产业也会在优胜劣汰中可持续发展。

民航前景依然明亮

从 2004 年第一家民营航空被批准正式起航之后，中国民营航空已经走过了 10 年的岁月。当然，目前在航空市场中占据龙头位置的依然是国航、东航、南航这三大航，而其他的民营航空公司只能从夹缝中分到可怜的一杯羹。即便是这么小的一块蛋糕，盘踞在上面的分食者也经历着重大的变迁：有破产的，有被吞并的，还有萎靡不振的……民营航空的阵营，正在逐步缩水，人们起初对这个行业抱有的期望被残酷的现实消灭了。

似乎只有王正华一个人还在微笑着，面对这样惨淡经营的状况，他仍然表现出了前所未有的乐观情绪。可能是春秋航空走了一条独辟蹊径的道路，所以被同行们视作异类。不过，随着越来越多的航空公司开始降低票价，春秋航空的优势似乎不如以前那么明显了，因此也有人问王正华：这条廉价之路是不是还要继续走下去。对此，王正华做出了肯定的回答：既然选择了肯定就要继续。因为他觉得廉价航空还是非常有市场的，既然那么多同行都在降价，那就意味着这条路线没有错，别人进来了，我王正华更不可能出去。

由于国有航空出现了降价的趋势，所以有人担心这样发展下去会不会对春秋航空产生不利——国家将可能调整对低成本航空的政策。

王正华从来不担心这一类问题，民航航空虽然不是国家的嫡系部队，但是在政策上基本上享有着和国有航空相近的待遇，所以老王在回答记者采访的时候就说过：国家对国有还是民营都是一视同仁的。

当然，"基本"似乎也说明了是"不完全的"，对此王正华的解释是：这个世界是以社会经济为核心的世界，所以它不存在绝对的公平，也不可能有一个东西能够衡量一切，但是它要遵循一定的规律去运行。

不过有意思的是，国家在对春秋航空的政策上，还真没有亏待过王正华，在全国两万家旅行社中，就批了王正华一份，所以老王一直心存感激。他始终相信：未来的市场一定会有低成本航空的重要席位，所以国家在这方面的政策一定会越来越有利于他们，自然有些事情就不需要着急，只要慢慢等待就可以了。

其实，与其说王正华在耐心地等待着市场走向的变化，不如说他已经看透了中国航空市场未来的发展路线，因此他才保持着良好的心态。老王从来不盲目地乐观，而是充满自信地乐观。

最重要的是，王正华很清楚中国和欧美社会是没有可比性的，由于改革开放也才三十多年的时间，所以国家在各个领域的政策推行都需要一个过程，这就需要一些企业和政府共同去完善某些不足，而不是一味地埋怨政府为何不能出台最完美的政策。王正华既然看到了未来航空市场的演变方向，所以他就积极配合政府，一旦有什么想法和意见，都会在各个重大的场合里提出来，让更多的人了解，让上级主管部门知晓。

事实上，王正华不仅对民营航空能成为市场主体抱有信心，他还对中国成为世界的主体抱有信心。所以，每当他一个人在办公室里思考的时候，每当他和集团高层开会的时候，他的脑子始终都在描绘一幅宏伟的蓝图，这个蓝图的主体就是春秋航空的腾飞和中国的崛起。

有记者在采访王正华的时候问："既然中国开放和进步也是如此之快，为什么民营航空数量还是如此之少？会不会有人问你是否觉得有孤独感？"王正华回答说："民营航空终究会在这个市场成为主体，我认为中国也一定会成为主体。"当时他的这一番话让媒体感到很吃惊，因为谁也没有想到一个企业家在谈论自身问题的时候居然还能心系国家，这种格局绝非每个人都能有的。

格局来自眼界，而眼界来自关注。为了能印证自己所说的"两个主体"能成为现实，王正华专门研究了国外民营航空的案例。他发现，全世界的航空，特别是欧美的主体航空公司、主要航空公司，绝大部分都是私有的，其中最典型的就是英国航空公司，虽然它的服务一直遭人诟病，但是当撒切尔夫人将国旗挂在英国航空公司上的时候，英国航空的民营化就取得了成功，很快又顺利上市。

王正华从这个案例中发现，像国航这样的企业，也有可能走上一条和英国航空公司类似的道路——在国有化的招牌之下渐渐变成民营。虽然现在看来可能性不大，但这其实只是时间问题，因为要长期坚持市场经济，就必须要遵守市场经济的规律，这个大趋势是任何人都改变不了的。

春秋航空刚刚成立的时候，国航就向王正华抛出了橄榄枝：希望能够入股春秋航空。当时，国航的 CEO 是蔡剑江，和王正华的私交还算不错，他比较看好春秋航空的发展前景，所以就带了一帮人上门找到王正华约他聊天。结果，王正华被请到了国航大厦的一个巨大的会议室里，十几个专家坐在那儿，单刀直入地表示他们已经对春秋航空进行了分析和论证：一是低成本航空在国内肯定会有较大的发展；二是全世界传统的航空公司走廉价路线的几乎很少成功；三是希望能跟春秋航空合作。

国航的诚意王正华能感觉到，但是他却婉拒了对方的提议，理由是春秋航空规模还太小而且团队中外行人很多，一旦跟国航合作这些人恐怕都要靠边站，所以为了尝试和锻炼一下自己的能力，还是让他王正华自己带队干干。

事后，有人说王正华得罪了国航，但老王却不这么认为，他觉得国航是因为看得起春秋航空才提出了合作意向，并非是要故意整垮春秋航空这个竞争对手。时隔五年之后，2010年国航再次提出入股春秋航空，王正华也同样拒绝了，毕竟这个时期他的低成本航空已经有了明确的发展路线，更重要的是，他看到了民营航空生存下去的希望。

在王正华探寻民营航空出路的过程中，他也意识到来自前进方向的阻碍越来越多，比如最近新兴的高铁，速度很快，服务也还不错，虽然发生了一些事故，但是经过不断的完善之后，肯定会成为民众出行的又一个全新选择。

为了不遭受高铁带来的冲击，王正华分析了铁路和航空的各自利弊之后，制定了一个"撤出一千公里"的计划。

所谓的一千公里，其实就是高铁运载能力范围内的一千公里，在这个区域中，高铁的优势比飞机更明显，也更容易让民众接受，所以王正华思来想去，认为这一块蛋糕可以忽略不计，将眼光放得更遥远一些——超出一千公里，这样高铁的优势就减弱甚至不存在了。

当然，想让王正华一下子放弃一千公里之内的航线，是不可能的，他的这个应对策略是一种战略规划，一步一步地走才有意义。目前，他初步的想法是用 3 到 5 年的时间渐渐放弃这个区域，带着他的飞机大队飞行到 1000 公里之外的地方，1500 公里乃至 2000 公里……虽然这个区域的航线要少一些，但是只要将这个市场做好，同样能和高铁比拼一下，毕竟铁路跨不了大海，也跨不了高山，穿越的范围十分有限。另外，王正华还可以将航线继续拉伸到国际市场，将"一千公里"的战略继续深化。

随着中国经济的不断发展和人民生活水平及消费观念的改变，出行工具的选择范围势必比以前更大，而变数最大的自然就是飞机。如果飞机成为日后民众出行的首选，再加上民营航空占据的地位越来越重要，这个市场的前景自然是不可估量的。

其实，老王乐观的地方就在这里——民营航空的萎靡不振只是暂时的，在未来可能会有更多的民营航空冒出来，或者是国有航空摇身变为民营航空。到那个时候，恐怕又是王正华带着他的飞机大队大显身手的时候了。

安全，坚守航空的底线

2014 年是一个注定让国际航空业难忘的一年，不分国家和地域，一架接一架的飞机似乎开启了灾难模式，不断上演着各种惨剧：3 月 8 日马航 MH370 失踪，239 人和飞机至今杳无音信；7 月 17 日马航 MH17 航班客机被击落，298 人遇难；7 月 23 日中国台湾复兴航空公司 GE222 航班客机迫降重摔，48 人遇难；7 月 24 日阿尔及利亚航空公司 AH5017 航班客机坠毁，116 人遇难；8 月 10 日伊朗塞帕汉航空公司客机坠毁，39 人遇难……5 次空难一共造成 740 人遇难失联。

这些空难为什么会发生，是可以避免的吗？这给所有航空人提了个醒：安全永远是飞机运营中的第一位。无论是从设备上还是管理制度上亦或是思想意识上，必须要将安全放在首位。

作为中国廉航第一人的王正华，在得知这一系列噩耗之后，悲痛之余也深深地进行了反思，他认为春秋航空的安全系数还需继续严抓狠抓。对此，王正华也谈了他的看法："一次空难发生往往关系到的不只是一个航空公司，一个产业，在国外甚至可能导致一届政府的垮台。"

在老王看来，经常被人忽视的航空公司规章和飞行手册，其实都是由无数条生命和鲜血换来的，所以必须认真执行每一个细小的环节，因为一个细小的错误都可能酿成一个天大的灾难。王正华觉得国人在安全方面重视程度不够，中国人的传统习惯是，做事往往大而化之，差不多就行，而这种思想对飞机安全来说是相当可怕的。虽然人人都会犯错，但在飞行安全这个问题上，就不是"十拿九稳"这么简单了，而是要做到百分之一百、千分之一千、万分之一万。做航空就必须按照规章和手册操作，这是和其他任何行业不同的地方。

不过，王正华觉得这 5 起空难还是各有各的特点，不能因为发生在同一年就代表着航空业的安全有一个整体下滑的趋势。

比如两架马航的飞机，无论是失联还是被击落，其背后都隐藏着很深的政治原因，不是单纯的飞行技术故障，至于到底是什么原因现在谁也讲不清楚；阿尔及利亚的航班，差不多是 30 年前的飞机，自身本来就存在着一定的问题；台湾航班发生坠机也不是因为技术问题，而是飞行员有心理压力。

台湾飞机的坠毁，让王正华对一个问题产生了很警醒的重视：旅客的罢机。当时，台湾的 GE222 由于天气不好刮台风再加上旅客罢机，所以飞行员承受着一定的心理压力。本来飞行员应该等到台风过去了再选择降落，可是由于罢机事件的影响，飞行员只好硬着头皮进行迫降。一架中型的飞机至少有 76 吨，所以飞行员要比走钢丝还要小心细致才行，他必须让两个轮子在窄窄的一条线上，非常不容易，结果由于心理压力导致了判断失常。

王正华一边总结着这些经验教训，一边也在督促着春秋航空的安全工作。事实上，无论是王正华的飞机大队还是其他的航空公司，在 2014 年的时候事故率已经明显降低了。比如在 2004 年，中国的飞机差不多是 300 万到 400 万个小时就会发生一次事故，而现在则是 2600 万到 2700 万个小时。一些空难的发生跟一些偶然性的因素有关，不过王正华坚信一点，只要你的安全工作做得足够好，就不会让人们害怕乘坐飞机，飞机依然是安全性较高的出行工具。

在安全方面做得最好的是澳大利亚航空，它在 80 多年的发展史中没有发生过一次事故，这是因为澳大利亚航空对安全充满了敬畏之心，所以它才能认真做好每一个细节，避免哪怕一点小事故的发生，为此，王正华一直将澳大利亚航空当做安全方面的成功典范。

无论 2014 年发生的空难有多么可怕和离奇，都不能阻挡飞机在交通工具中的重要作用，毕竟在全球政治经济一体化的今天，没有飞机是相当可怕的，它的地位也是其他任何交通工具替代不了的。王正华对现在中国的高铁有些看法，觉得一些铁路专家和技术人员甚至是一些总工程师，考虑问题总有些好大喜功，他们一味地强调给高铁提速再提速，其实这是将火车往灾难的边缘驱动：速度太快，其他安全保障和安全措施跟不上来，这样的速度将是非常危险的。

老王虽然搞的是廉价航空，但是他在购买飞机和引进飞行员上，做得和大型航空公司没有什么差别，不像那些对廉价航空存在误解的人认为的那样：买的是二手飞机，引进的是素质低的飞行员。王正华在安全方面的投入从没有节约过一分钱。事实上，廉价还是高端，跟安全毫无关系，因为只要你想做航空，就必须坚守住安全这条底线。

为了加强对安全工作的宣传力度，王正华多次在全国的各个机场举办安全知识宣传日活动，比如上海虹桥国际机场 T1 候机楼、石家庄正定国际机场候机楼、沈阳桃仙国际机场候机楼等等，目的是为了宣传春秋航空安全文化、普及民航安全法律法规知识，紧扣国家安全生产月活动主题"强化安全基础，推动安全发展"，体现出春秋航空"服务大众、安全第一；平安出行、幸福万家"的企业运营宗旨。

在安全宣传日当天，各个宣传现场都设置了安全咨询台，向旅客发放《航空安全知识宣传册》，同时认真讲解了有关航空飞行、地面服务、行李托运、客舱安全、货运运输等专业安全知识，为了提高旅客的参与积极性，还增加了有奖问答活动，旅客可以通过现场抢答或者答题闯关的方式赢得奖品。其中有一个题目是"哪些人乘坐飞机耳朵容易疼痛"，一位旅客居然将答案脱口而出，让现场工作人员十分惊讶，后来才知道原来她是一位医生。这种有奖问答的互动方式，不仅让旅客在答题中体会了赢得奖品的快乐，同时也掌握了航空安全知识。此外，CEO 张秀智，党委书记赵玉华等高层管理人员也都在现场组织活动，让旅客感受到春秋航空对飞行安全的重视程度。

春秋航空的空客 A320，是世界上最安全的飞机机型之一，这也是当初王正华将其纳为唯一采用机型的关键因素。当然，作为一个怀揣红色梦想的老布尔什维克，王正华当然希望看到国产飞机占据国内外的航空市场。早在几年前，老王就非常爱国地表示：只要国产大飞机研制成功，他也会考虑采购国产飞机。然而让他备感失望的是，这几年很多国内廉价航空公司采购的国产飞机——新舟 60，居然接二连三地发生事故，引发了国人对国产飞机安全性的质疑。在网络上，当大家讨论怎样坐飞机才安全时，有人给出的答案竟是不要坐国产飞机。

曾经有人问王正华，怎么才能判断一架国产飞机的安全性。王正华觉得，以当前中国制造能力来看，新舟 60 其实已经是比较好的机型了，只不过还缺乏必要的扶持，飞机制造厂应该珍惜这个成果，不能因为出了点毛病就把它抛弃掉，国产飞机的制造是一条漫长的道路，不能太急。

黄金定律："王六条法则"

国无法不存，军无律不胜，人无规不立，店无章不继。

作为国内第一家低成本航空公司，春秋航空没有什么可以参照的对象，只能依靠自己的摸索找寻到一条出路。经过几年的摸爬滚打，王正华在这条国人以前没有走过的道路上不断做着各种实验，也尝试了很多新概念和新方法。

实验做过很多，路线也找了不少，不过有一个核心原则是不变的，那就是身为航空界的"异类"，王正华要在一片蓝海市场中给他的飞机大队寻找出路，而不是在红海市场中与强大的竞争对手搏杀。

老王十分清楚，业界的专家在关注着春秋航空的企业发展模式，寻常百姓也在看着他到底能否践行"让更多普通大众坐得起飞机"的战略定位。

历经无数次的探索和挫折，王正华带着春秋航空实现了目标，他归纳和总结了定乾坤的"王六条法则"：出头法则、彗尾法则、吆喝法则、互联网法则、精简服务法则以及快乐法则。

1. 出头法则

似乎人人都惧怕"枪打出头鸟"这个规律，但是王正华却恰恰相反，他希望通过无数个行业第一来吸引媒体和社会的广泛关注。这样做的目的显而易见：在春秋航空还不被人所知的时候，依靠舆论力量才能做出最廉价且效果最好的广告。虽然这些出头很容易遭到一些专家的质疑和猜测，但是只要能被王正华锁定的客户群体关注，这种代价是相当划算的。

出头即是"争当第一"，而争当第一还有一个好处就是，能够避开市场竞争，避免和行业内的佼佼者进行正面交锋，为自己寻找一个适合发挥自身长处的位置，从而摆脱积弊与羸弱。因为王正华十分清楚，一味和人争斗是不会有什么好结果的，所以一旦能进入"第一"的角色，剩下的工作就是争取胜利。

2. 彗尾法则

和很多企业信奉的"二八法则"不同，王正华更偏向积少成多、薄利多销的"彗尾法则"。这种法则放在春秋航空的具体经营模式中就是：售票带来的利润不是依靠传统的20%的优质客户，而是来源于更多的被忽视的普通老百姓，这些人的数量非常庞大，足够让春秋航空保持95%的客座率。事实上，这个法则得到了充分的验证，目前春秋航空的最高客座率已经达到了95%。

王正华的"春秋版"长尾法则包含三个内容：首先，他们的特价票必须足够充足，很容易让老百姓买到；其次，要做好随时都有可能降价的准备；最后，要跟传统的全服务航空公司打出差异化：在票价和服务上作出界定。本着这三个内容，春秋航空曾经在2010年一举推出了200万张特价票，保持旺季百分之二三十、淡季百分之五六十的良好战绩，让市场上始终保持大量的特价机票，从而拉动机票的平均价格持续下降，形成了独特的低成本运行结构和供应链。

3. 吆喝法则

虽然航空业在很多人眼里是"高大上"的行业，但是王正华却认为，无论企业是卖什么的，都得拿出街边小贩那种敢于吆喝的态度才行。所以，为了让更多人了解春秋航空，老王必须要努力让大家都知道他们是干什么的，他们的廉价航空究竟好在什么地方。如果不敢高调地宣传自己，那么老百姓很难知道这样一家民营航空。

的确，在体制上存在不平等、资源上存在垄断的前提下，春秋航空只有扯开了嗓门吆喝，才能避免外界的流言蜚语将真相淹没，才能确保信息的对称性。毕竟，低成本航空从诞生那天起，就势必要承受来自各方面的压力和质疑，所以只有不断地将事实摆出来，才能使公众想了解的信息一目了然。

4. 互联网法则

管理学大师彼得·德鲁克曾经说："沟通的主角在于接受信息一方。"受到这句话的启发，王正华也在考虑如何让春秋航空发出属于自己的声音，在这声音中，包含了春秋航空如何了解顾客在想什么以及怎样沟通的问题。为此，王正华推出了一系列措施，他还开通了博客，提出了"网络上伟大的意见领袖将改变传统的营销方式、舆论导向、宣传广告等等，以至于改变这个世界"这个观点。王正华想听到未来市场的声音，要让春秋航空也发出"波澜壮阔、改变旧世界"的声音。为此，王正华通过坚持写博客的方式，让不少春秋航空的旅客和其他社会人士，能够进一步了解这家民营航空公司。

现在，博客成了王正华生活主要组成部分之一，每隔一段时间，他都会在博客上将自己的行踪透露出来，让博客成为展现自己和春秋品牌的窗口。起初有些人不了解春秋航空甚至心存误解，但是看了这些博客之后有不少人成了王正华的粉丝，并最终成为了春秋航空和春秋旅游的消费者。尽管在这个互动平台上也有些无聊之辈或者竞争对手注册 ID 专门过来骂人，但是王正华却并不在意，因为骂声也是沟通的构成元素，更是对他抗压能力的一种考验。

不光是外部人对王正华的博客产生了关注，春秋集团的很多内部员工也成了博客的忠实读者。因为老王经常在上面抒发对员工的感激和关爱，让这个博客承担了普及企业文化的责任。当然，博客上还有王正华的所见所闻和学习心得，当人们阅读这些文字时，会深切地感受到老王的好奇心和恒久的激情，他从来不掩饰自己的真实想法，而是有问题就大声疾呼，时刻都在传递着来自心底的声音。

真正让王正华意识到博客的巨大作用，是"黑名单事件"发生之后，当时舆论纷纷将指责的矛头对准春秋航空，很快，王正华将他在机场里拍到的"霸机"者横七竖八的蛮横样子放在了博客上，舆论的风向随后就发生了转换。王正华用博客赢得了一次成功的危机公关。

5. 精简服务法则

由于春秋航空是一家廉价航空公司，所以可有可无的服务内容就可以去掉，给旅客保留一些必要的服务就足够了，这样做的目的是降低成本，让利给旅客，可以推出更多的低价票，让国内更多没有坐过飞机的人坐得起飞机。王正华就是想让春秋航空像亚洲航空那样，将乘坐飞机从奢侈消费变成普通消费，从而推动和普及低成本航空。因此，王正华才主张春秋航空推出"暂无能力服务旅客名单"的政策，并且将这些做法开诚布公地向旅客交代清楚，让他们知道春秋航空在做什么。

6. 快乐法则

如今，航空界流行着追求低碳绿色的目标，而低成本航空公司可以消耗更少的资源，进而产生更大的效益，比如同一架空中客车A320，春秋航空平均每班能运载170人，而行业平均的运载量是121人，这就意味着行业的平均排放率要高出低成本航空公司。这也正是王正华最擅长的地方，因此王正华更注重节油以及飞机上贩卖的食品等等，此外还有电子商务带来的资源节省、电力和人力的精简等等，并包括带给旅客愉悦的享受。王正华一直苦苦追寻的，就是通过低成本航空来实现自己的价值，让更多的老百姓圆一个航天梦。

这"六条法则"是王正华进入航空业以后，经过长期的摸索和实践总结出来的企业应对策略，可以说每一条都可以称之为民营航空在市场中生存和发展的"黄金定律"。当然，无论这个定律蕴藏着多么透彻的分析，缺乏高效的执行力都是毫无意义的。在低成本航空这块战场上，王正华绞尽脑汁为他的飞机大队思考着前进道路中的每一步。他始终相信，即使没有前人为他提供经验，他也能凭借探索每一寸战线的经验积累，给春秋航空撰写出一部"航天生存手册"。

第十章
出奇制胜，胜在诡谲思维

"卖站票"，立舱设想

王正华是个什么都敢想的人，他的想象力甚至呈现出一种"逆生长"的状态：年纪越大脑子反而越活泛。不过和那些爱高谈阔论的人相比，老王是敢想也敢干——只要你给他一个机会。在"廉价航空"的思想指导下，王正华打算将这个步伐迈得更大一点：票价还能再便宜吗？

按理说，春秋航空的低成本控制已经做到极致了，票价也是前所未有的低廉，可是王正华觉得还是不够，为此他提出了一个大胆的想法卖站票！

火车有站票，汽车抢不上座也等于买了站票，可是飞机的站票怎么卖？要知道，即使在飞机上坐着，空姐都会不厌其烦地要求旅

180

客们老老实实地坐好，系上安全带。现在，要让一部分人站起来，这听着实在太新鲜了。

王正华第一次提出"站票"是2009年前后，当时他就大胆提出，打算在现有商务舱（公务舱）、经济舱等飞机舱位的基础上新增一个舱种"立舱"，用来增加载客量。还别说，老王不是在开玩笑，他产生了这个念头之后，马上将"站着坐飞机"的构想提交给了欧洲空客飞机制造厂，希望他们帮助进行多方面的论证，看是否存在可行性。因为王正华最看重的就是飞机的安全系数，所以想知道飞机制造厂到底能不能设计制造出可以"站着"的飞机。

王正华之所以从脑子中蹦出了这么古怪的想法，不是为了哗众取众，而是从运营压力的角度考虑的。2009年，正是春秋航空走出国门的关键一年，王正华的飞机大队延伸到了东南亚、东北亚地区，自然需要更大的运载量，所以王正华考虑到，如果增加"立舱"就等于增加了运载量。简而言之，只要政府能批准，他老王就敢卖站票。

按照王正华的设想，"站着乘飞机"其实就是将飞机的前排后排座位间距，缩小到三分之一，然后将座位往上面抬一抬，这样座位的面积就能减小到二分之一。王正华在接受采访的时候曾经告诉记者，他们的工程师根据空客A320机型目前的载客量进行设想，能够将座位从原来的180个增加到240个，比之前增加了三分之一的载客量。

那么，高空中的飞机站票是什么样子呢？

王正华找人进行了草图设计，所谓的站票是让乘客站着斜靠在一块板上，背部有软垫，肘部有扶手，胸部有安全防护横挡，臀部还有突出物支撑，看样子很像酒吧吧台的座位。一个站位只相当于普通位置的一半，大大减少了占用空间。不过，也有些网友看了设计图之后开玩笑说，站票座椅的设置就是把乘客绑在座位上，跟"绑票"有一拼。

王正华知道，飞机是比火车汽车复杂得多的交通工具，仅是让买站票的旅客舒服是不够，还要克服各种可能遭遇的空中交通状况。毕竟，一架重达七八十吨的飞机，想在空中飞行时确保安全，从技术层面来看，"站"的设计要求比"坐"要复杂得多，有许多技术难题要解决。比如，飞机在起飞和降落时，由于旅客站着的密度比以前要大，所以无论是前倾还是后仰，都要涉及到力学上的承重计算，也关乎到座椅材料如何选择的问题。目前飞机上的座椅，都是由既轻而且抗力性很强的材料制作成的，一把椅子的价格在几万元左右。如果受力加大的话，制作座椅的材料也需要重新选择。具体选择什么材料，现在还没有得出最令人满意的答案。不过，老王始终没有放弃，一直在着力研究怎样创造这个先例。一旦站票能够卖出，会有更多的普通大众能坐得起飞机，因为票价将会下降30%—40%。

其实从理论上来看，王正华的飞机站票构想，并不见得不能实现。民航界一位资深的专业人士认为，以空客 A320 为例，通常它的最大载重数为 77 吨，在常态飞行中，航空公司为飞机的配重一般能达到 70 吨上下，如果增加几十个位子，飞机不会达到最大载重限额，就构不成超重。

不过，问题的关键不在技术层面，而是王正华的春秋航空站票计划，首先要由相关监管部门批准同意才行。一位业内人士说："目前来看，这个设想不太可行，这只是航空公司单方面的一个设想，因为机型座位的配置必须要通过适航部门的认证。就算春秋航空有这样的想法也必须经过民航适航批准，目前来看只能说是一种设想。"

也正是因为站票涉及到安全问题，所以王正华的计划遭到适航部门以及飞机制造公司的反对，就这样，名噪一时的飞机卖站票一事暂时搁浅。

对于监管部门的回绝，王正华向记者表示："有关站票的安全问题，技术上可以达到，但关键在于这是主管部门和业内都不曾有过的设想，容易被主观地拒绝。"看得出，老王对自己的设想还是相当有信心的，也希望主管部门能够将思维放得再开阔一些，让这个站票计划能够付诸实践。

对于老王卖站票的想法，有人认为他是敢于吃螃蟹的第一人，也有人认为这只是一个噱头，甚至还有人恶意地嘲笑王正华卖站票和"项羽坐凳子上搬凳子"有一比。不过，有人在听到王正华说"安全没有问题"的时候，想到了他的这个设想可能跟2006年4月26日《泰晤士报》报道过的一个设想类似，并且在法律上并没有不可行之处，因为没有航空法规定乘客不能站着完成旅行。

其实，王正华这个惊世骇俗的点子并非胡思乱想得来的，而是源自于一次全国民航工作会议上领导的讲话，当时有领导提出了"便捷航空"的概念，在谈到大力开拓航空市场时，指出要把飞机票价降下来，旅客就会多起来，让乘飞机可以像坐公交那样，拎个包站着就可以了，也不需要托运行李，不需要供应餐食和水。

也许这段话是在非正式场合提出的，也可能是一次"头脑风暴"

式的发言，只是让航空界的从业人士解放思想、开拓思路，并非真的鼓动大家都去卖站票。但王正华是个有心人，他不会轻易地把一个观点、一个设想当成笑话，他会先考虑有没有可行性和必要性，如果都行得通，他就会努力尝试。

从目前的国情来看，老王卖站票多少是遭到了主管部门的冷遇。但是就市场需求来说，还是有深厚的群众基础的。根据统计，目前中国人当中只有30%的人乘坐过飞机，很多农民工想乘飞机，也想买便宜的机票。所以王正华觉得作为航空公司应该让普通人坐得起飞机，这是他一直坚持卖站票的最大动力。

2014年，王正华再次提出了卖站票的事，希望能在1—2个小时的航班上出售站票。为此，王正华还拿出了具体的三舱布局方案：第一级为商务经济座舱，由现有的12个座位增加到24个，提供非常好的餐食；第二级为经济舱，有78个座位；第三级为站票舱，大约有120个位置。在这个具体座位安置的想法提出后，也有人对"站票"的舒适度提出了质疑："当飞机遭遇强气流颠簸的时候，机长都会要求机组随便找个位置立马坐下。这种情况下站票的同志们绝对会受到最大摧残。重心这么高是要随飞机相对运动？"

时隔五年之后再来看王正华的卖"站票"，其可能性到底大不大呢？一些业内人士认为，推行"站票"必须同时具备3个条件：一是要得到民航总局相关部门的审批，二是要得到飞机制造商的技术支持，三是要得到权威部门的安全认证。

目前，在国内出台的《大型飞机公共航空运输承运人运行合格审定规则》中，对飞机的坐椅乃至坐椅间距都有着明确的规定，其中特别提到了：在飞机于地面移动、起飞和着陆期间，飞机上每一个人都应该在经批准的坐椅或者卧铺上就座，并用单独的安全带适当扣紧。如果从这个法规来看，站票计划似乎又有了法理上的冲突。

一位航空业专家认为，从目前的状况来说，王正华卖站票的设想很难得到国内民航法规的允许。也有媒体曾经就此问题咨询过民航总局，得到的回复也是不可能被批准。另外，复旦大学飞行器设计研究所所长艾剑良也认为，飞机上设立站位是不可靠的，因为飞机在飞行中会遇到各种难以预料的情况，站位肯定没有座位安全。

根据调查，到目前为止，全球还没有一家飞机制造商设计过"站位"。不过在此之前，欧洲最大的廉价航空瑞安航空倒是也提出过卖"站票"的设想，并向波音公司提出了改造计划，然而波音公司的回应却是："不会考虑只能站立的设施。"另外，瑞安航空在2012年2月29日也对外宣布，公司出售飞机站票的计划遭到了监管者的否决。看来，无论是国内还是国外，就当下的综合情况看，站票计划的设想还是不太可行，可能更多的来自于航空公司单方面的设想。

虽然一时间难以实现，但是王正华不会轻易放弃，因为他一直深信这样一条真理：有些事之所以现在未成，是因为时机还不够成熟。

做自己，夹缝中寻灵感

航空市场是一个国有航空占据主导地位的市场，国家虽然给了民营航空公司经营机会，但是在政策上多多少少存在着一些限制，加上民营航空在资金、技术、资源等方面的先天不足，争得一席之位已经是相当不易了。所以有人认为，民营航空公司是在夹缝中

"苟且偷生"。

对于外界的这种看法，王正华是不认可的，他觉得春秋航空不是委曲求全地在夹缝中苟延残喘，而是有着独立想法和独立行动的生存模式。对此，他通过和其他民营航空进行对比，找出了一些春秋航空的独特之处。

2012年，国际航协根据2011年的形势，对当年做出了悲观的预判：全球航空运输业亏损将达83亿美元，净利率为-1.4%。可是，在全球航空市场状态低迷的情况下，中国民航资源网却认为2011年，中国各大航空公司的总净利近260亿元人民币。从这个角度来看，中国航空业的增长模式和产业结构，难道要超过全球的平均水平吗？

抛开这些数据的预估准确度不谈，仅就当时民航资源网的这种预判，可以从侧面发现一个问题，那就是中国航空业中国有航空所占比重相当大，所以才能得出这么精确的数字，因为分析他们的总收入要比民营航空容易得多——地位稳固，变量较小，收入可靠。据统计，光是国航、南航和东航"三大航"，就至少占据了80%的市场份额。可是，这种结构有利于中国民航业的健康发展吗？

从王正华进入航空业的那一天起，就逐渐发现中国民航业正陷入一种"国进民退"的现象，而且这种现象每天都在持续加剧。所以有时候他会思考，春秋航空的发展道路上，是不是注定要闯过"三大航"这一关。最后，王正华几经思考之后终于想出了另一条生存之路：干脆绕过三大航，就做自己。

王正华的做自己，就是走一条属于民营航空的道路。可是，为了探索这条路，他的很多民营同行们都走了弯路。和春秋航空一起起飞的东星、奥凯和鹰联，最终的结局不是破产就是被国有航空公司收购。在老王看来，他们的失败都是因为失策而引起的——没有找准自身的定位，也没有认清市场。

在王正华看来，民营航空公司的路走得很艰难，这是因为民营航空的数量本身就很少，所以在优胜劣汰中存活下来的数量就更少。另外，国有企业和民营企业在待遇上还是存在着差距，需要进一步改善。为此，王正华还给吴邦国委员长写过信，汇报了春秋航空的经营状况以及对未来民营航空发展道路的看法。吴邦国给王正华的回信中写道："政府对国有企业支持毫不动摇、对民营企业支持也是毫不动摇，当然各个行业执行如何，会有千秋。"所以，王正华觉得，国家在大政策的方向上，并没有对包括航空业在内的民营企业采取什么限制措施，所以在短期内出现的"国进民退"现象只是暂时的。王正华认为，还是一部分民营航空公司在进入行业前准备不足，对竞争形势充满了很多主观认识，这才造成了最后的失败。

除了以上两点原因，最关键也最根本的原因还是民营航空本身。同为民营企业，老王对那些曾经辉煌却在转瞬间垮掉的航空公司十分惋惜，他也不想重复他们的错误。比如，他从东星航空的兴衰史中看到了，春秋航空必须要在生存方式和竞争方式上推陈出新，否则也会死得很难看。

事实也的确如此，一些民营航空公司在进入航空业之后，没有采取有创造性的战略和战术，反而是将竞争对手直接设定为"三大航"，从战略上就犯了严重的错误，自然也不会有生路。王正华关注了东星破产的前前后后，东星也曾经向王正华求援，但是老王实在是爱莫能助，因为东星航空面临的不仅是资金方面的问题，更多的是体制上、战略上的，这一点是身为外人的王正华无能为力的。

　　大概是有了东星航空的教训，所以王正华更注意在夹缝中获取另类生存之道的智慧和韬略，所以他在企业战略和市场定位方面尤为注意：

　　第一，制定准确的战略计划。王正华采取的是从旅游延伸到航空的战略计划，业务领域十分专一，避免了像东星那样从航空延伸到包括旅游在内的多行业经营路线。这一点王正华是非常明智的，因为民营企业本来就精力有限，必须要做自己最擅长的事情才行，所以他一直拒绝走多元化战略路线。

　　第二，定位精确。王正华在旅游中打的是中高端的牌，在航空中打的是廉价牌，而东星航空则正好相反。这一点王正华看得很清楚，他之所以敢在旅游中打高端牌，是因为他占据了上海这个有利的核心市场，相比东星的武汉要强很多。这种盲目竞争的方式，让东星航空距离正确的发展之路越来越远。

　　王正华能顺利地带着他的旅游团和飞机大队走到今天，跟他做事谨慎的个性有着必然联系。他一直认为，在没有彻底弄明白一个行业的商业规则、竞争方式之前，就不要贸然投进去，否则只是死路一条，即使有风光的日子，也不过是昙花一现。

　　王正华很清楚民营企业和国有企业最大的差别就是：在你走投无路的时候会不会有个强硬靠山来帮你。民营企业只能自负盈亏，而国有企业却可以通过政府注资来解决危机。应该说，这种不公平的市场竞争环境中，民营航空公司更要谨慎走好每一步。不过王正华却认为这样的竞争环境迟早会发生变化，早晚会走向"民进国退"的状态。拿欧洲来说，他们的民航业在最近30年中，已经实现了将近100%的私有化，这是一个世界性的趋势。所以民营航空只有通过充分竞争，才能不断降低人民的出行成本，达到行业健康发展的目的。

在民营航空刚出现的那几年里，东星、奥凯、鹰联等几家民营航空公司搞联盟，签订战略协议等等，最后都未能达成。他们的出发点是好的，希望彼此能通过资本性合作将大家的利益捆绑在一起，"大碗吃肉大秤分金银"。王正华却对这种联盟不看好，因为在他看来，中国的航空市场还不够成熟，各公司之间存在着利益和战略上的分歧，即使进行了资本合股，还是会有矛盾发生。所以，王正华觉得与其搞联盟还不如各自独立探索属于自己的商业模式，看看到底哪条道路最可靠。经过几年的探索，王正华还是坚信自己的廉价航空模式是正确的。

在夹缝中生存本已经很困难，更困难的是并没有任何"前辈"体验过这种感觉，所以王正华只能依靠自己去探寻民营航空的求生之路。为此，他曾经走访过很多国家，发现特别是那些国民人均收入在4万美元左右的发达国家，都很流行低成本航空。也正是基于这样的现实情况，王正华才觉得春秋航空在中国也会发展起来。只不过，在这个过程中，春秋航空可能会不由自主地扮演市场教育者的角色。当然，王正华的创新生存之路，也不是一味照搬照抄美国西南航空的廉价模式。因为春秋航空也推出了"商务经济舱"，让旅客用相当于别家航空公司普通舱的价格，买到了头等舱的享受。

正是因为民营输不起，所以在王正华走向国际市场之后，十分谨慎地将日本作为第一战场。这是因为，如果依照全球廉价航空公司的惯例——只做5小时以内的航程业务，那么日本和韩国恰恰在这五个小时之内。将他们进行一下对比之后，王正华发现韩国市场较小，而且廉价航空的竞争非常激烈，而日本是仅次于美国的经济体，市场空间很大，特别是在廉价航空市场上差不多处于空白状态，所以春秋航空目前在亚洲紧紧盯住了日本。当然，老王也始终不忘在国内积极争取最好的航线，但是这个就需要时间了。

从战略意义上说，王正华的视角仍然是全世界，因为做企业首先看的是需求，所以任何国度在理论上都是发展的对象，这就是王正华所说的："企业要有'地球村'概念，老是纠结于国内竞争，并非出路。"

虽然这条夹缝之路走得很艰险，也时不时地看到有同伴"倒下"，但王正华始终相信自己的每一步抉择都是正确的。2015 年，他还要争取实现 100 架飞机的预增计划，让这条夹缝之路真正变成一条向成功不断探索的创新之路。

乘客满意度，矿泉水风波

低成本航空其实很难做，不仅需要在各个方面节约开支，同时还要兼顾旅客的乘坐体验。特别是像航空这种原本属于高大上的消费，一下子变成了"平民乐"，这就要涉及到很多社会心理学的东西，最直观的体现就是矿泉水。

一瓶矿泉水究竟惹谁了呢？惹了王正华，让他为这一瓶一两块钱的东西而发愁。

王正华为了节约运行成本，早早就让春秋航空开展了和其他航空公司截然不同的"差异服务"，不免费提供任何餐食，只给旅客发一瓶 300 毫升的矿泉水，如果旅客还有额外的饮食和饮料需求，则需要自掏腰包购买。不过，在 2005 年的时候，王正华根据客舱清洁统计发现，赠送的那瓶矿泉水有 80% 都没有喝完，造成了资源的浪费。后来，经过反复考虑，他决定从 2006 年 1 月 1 日开始，不再赠送矿泉水，同时还倡导旅客坐飞机时不吃自带的食品，目的是维护客舱环境卫生，降低卫生维护成本。

按理说，老王的这个决定没什么毛病，因为春秋航空的航班很多就一两个小时的路程，换做北上广这些大城市，也就相当于市内坐公交的时间，所以也不会太过口渴，打开矿泉水的人无非是不想浪费这个赠品，所以不如直接取消算了。可是，老王的这个消息放出去之后，却引起了一阵不小的波动，有的不良媒体甚至觉得春秋航空和旅客签订的是"霸王条款"，"坐飞机就如同坐监狱"。

其实，关于这一瓶矿泉水到底发不发，王正华也犹豫了很久，毕竟每趟飞机上发矿泉水的成本也就 180 元，不过浪费水资源却让王正华感到可惜，因为如果将这些浪费的钱节约下来，就会让更多的人买到 199 元的特低价机票，这样最终是让利于消费者。当然，乘客也可以在飞机上购买其他的食品，像咖啡、八宝粥、盐水花生等等。

为此，王正华曾经在一次专门召集众多媒体出谋划策的新闻通气会上，以一贯低调诚恳的态度询问在场的记者："你们见多识广，请给我们出出点子，怎样才能更好地实施差异化服务？有些记者朋友对我们的决定有误解，是我们的工作做得不够细致，没有事先向媒体通气。"在这次新闻通气会结束以后，有记者专门找到王正华，问他为了一瓶矿泉水的事专门召开一次会，是否有必要。王正华给记者的答复是："这么多年来，我们习惯了在石头缝里求生存，从不敢'牛'。"

王正华说得没错，看似是一瓶不值钱的矿泉水，但这其中涉及到他的低成本运营战略，也牵扯到有关旅客乘机体验满意度，还影响到春秋航空的企业社会形象。所以，他绝不会小视这个问题。

就是这样一瓶矿泉水，让见过大风大浪的王正华犯了难：到底这个差异化服务怎么做才能让所有人满意呢？

王正华是个心里不能遗留"历史问题"的人，既然遭到了外界的质疑，他就必须马上解决才行，这才是他的做事风格。为此，王正华曾专程赶到厦门，参观了那里亚洲航空公司的航班，并和亚航驻厦门的领导进行了会谈。毕竟亚航是廉价航空的老大哥，王正华希望从他们那里吸取到一些有益的成功经验。虽然对于矿泉水的问题他还没有看到相关的解决案例，但是对自带食物的限制他还是坚定了继续推行下去的信念。

于是，王正华想通了：千做万做不如先把宣传搞好，为此他加强了春秋航空的宣传力度，每个航班都通过广播倡导旅客，不要在机舱内食用自带的食物，特别是带有瓜皮果壳的零食，从未发生过一起空乘人员和旅客争吵的事件。

王正华意识到，当自己将春秋航空的低成本和低票价的理念付诸于实践的时候，就等于将很多原本属于乘坐地面交通工具的旅客吸引到了他的飞机上，这样一来问题就出现了：由于这些旅客缺乏乘坐飞机的经历和经验，所以就迫切需要他们了解并遵守航空业的某些约定俗成的习惯，特别是对那些第一次乘飞机的旅客，更要耐心、细心、热心地帮助他们了解才行。

事实上，很多乘客和航空公司发生的矛盾，并不一定是某一方犯了错误，而是在沟通环节出了漏洞。大多数乘客还是很讲道理的，但前提是你要让他知道一些规则、规矩才行。就拿外出最常见的食物方便面来说，很多乘坐火车的旅客习惯选用这种食品——携带方便性价比很高。但将这个食物移植到飞机上就不行了，因为常见的方便面在水温 80 摄氏度以下，是没办法泡开的，而在高空飞行，水温 80 摄氏度以上是很危险的，所以方便面就不适合在飞机的客舱中食用，只能选择其他更简便、更安全的食品，而这个差别，就需要向乘客交代清楚。

为了提高春秋航空的服务质量，减少乘客对公司的误会，王正华专门组建了一支小分队，负责跟踪调查每趟航班的旅客反馈情况，还定期出版在内部发行的《质量周报》中。老王的良苦用心，就是想让乘客多多理解他们的苦衷，避免不必要的矛盾发生。以后老王会不会因为矿泉水再次作出经营策略上的调整，现在还不得而知，至于是否因为矿泉水的问题而影响到航班上的其他食品的销售价格，老王也还在继续观察着、分析着。

步入 2006 年之后，人们本想看看春秋航空的"矿泉水改革"会不会引来舆论的抨击，结果有些出人意料的是，春秋航空将这个新规定延期执行了。当时，春秋航空相关负责人的解释是，新规定是在 2005 年 12 月底才正式公布的，然而大部分 1 月初的机票早在 2005 年 12 月中旬就已经预订完，所以春秋航空将继续提供免费矿泉水，主要是为了照顾这些已经订票的旅客。

对于到底什么时候能正式执行这项新规定，春秋航空并没有给外界明确的答复。一些媒体经过调查也发现，在王正华打算推出新规定之后，还没有哪些旅客就"矿泉水"问题发表过不同看法，这也证明矿泉水确实不是短途飞行的必需品。尽管如此，王正华经过再三考虑之后，还是郑重决定暂缓执行"不提供矿泉水"的决定，而是采用了相对折中的办法：根据旅客的实际需求和运营需要，在尽量减少浪费的情况下，让提供矿泉水的服务更实用、更实惠，也更经济。

其实，即便真的推行了不赠送矿泉水的政策，对春秋航空的影响也并不大。因为就在 2005 年底王正华表明了有这个想法之后，春秋航空的旅客量并没有因为这个新规定而下降。对此，王正华觉得这是多数旅客对公司新规的理解。从这个角度来看，为矿泉水而攻击王正华的人，往往并不是那些口渴的旅客，倒是一些不了解实情或者别有用心的人。

事实上，由一瓶矿泉水引发的争议，是从属于春秋航空的超低价策略中的。在欧美国家，类似的政策和规定也有一些。比如美国的西南航空公司，同样也是一家"抠门"的企业，它降低成本的策略是航班次数超过别人，工作人员却少于别人，工资也不高，但是它敢保证不会解雇员工。自然地，西南航空公司给旅客提供的服务也少得可怜，但是他们赢在了良好贴心的服务态度，因此同样保持着盈利状态。

春秋航空也是如此，矿泉水赠送还是不赠送，这并不是问题的关键，关键在于怎样提升乘客的满意度。王正华比较担心的问题是：找到减少服务项目的底线是关键，因为省钱虽然是好事，但如果把顾客省怕了就麻烦了。

"主题航班"，与市场接轨

虽然人已到古稀之年，但是王正华不是那种"老顽固"，他的思想是非常进步和开明的。

面对不断变化的市场格局和竞争对手，他总能想出各种应对策略。当他发现低价机票已经不像以前那样具备十足的吸引力时，他忽然又灵光一现，想出了"主题航班"计划。

什么是主题航班？就是让机组人员装扮成女仆或者男仆为旅客服务，这一点和年轻人爱玩的 Cosplay 非常相像。对此，王正华有着理论支持，因为春秋航空接待的旅客大部分是年轻白领，思想本来就时尚前卫，这样的主题航班恰恰满足了他们的要求。为此，机组人员的服装全都是按照年轻人的品味设计的，而且和传统乘务员的制服相比，要更可爱、更时尚。

一些业内人士认为，将航班的特殊空间改造成一个主题性的活动场所，在航空史上也是十分新鲜的事情，不过这并非中国首创。据说，英国的维珍航空，就曾经推出过"爱情"航班，亮点倒不是相亲，而是"爱情咖啡"：由男士向心仪的女士赠送一杯特别的咖啡，而这杯咖啡的价格相当昂贵。

主题航班的试点被选在了上海虹桥机场出港的部分国内航班上，届时，在航班飞行的途中，空姐将换上女仆装，而男空乘则换上英式的管家服，为各位旅客提供服务。女仆装起源于日本动漫，这几年很受年轻人的喜爱，在空姐换上女仆装之后，更能凸显出她们乖巧可爱活泼的个性，非常亲民。

不过，主题航班并不是在所有航班中一齐推广，只是在个别航班上作为试行，而且也没有特意规定是哪条航线上的航班，这是让旅客在订票的时候无法得知自己乘坐的是否有主题航班，为的是给旅客带来一份惊喜。

对于春秋航空推出的主题航班，旅客们的反应褒贬不一。一些思想开明的旅客认为，在目前民航制服比较单一的前提下，推出女仆装是一种创新，能够让人眼前一亮，缓解旅途中的疲惫，给大家带来一种视觉上的享受和新鲜感。

在女仆装的基础上，王正华又大胆向前迈进一步，推出了动漫主题航班——空乘人员将穿着各种动漫人物的服装为旅客服务，而不再仅限于男女仆人。为了增强活动的互动性，王正华还让春秋航空向全国的 Cosplay 爱好者发出邀请，让大家变身为动漫人物，共同搭乘这趟航班，而他们将会享受优惠的机票价格。另外，王正华还邀请到盛大网游《最终幻想14》的 Cospaly 团队——"猫魅团"，登上他的飞机和旅客们互动，让可爱的猫 MM 们给每位乘客送上一份和游戏相关的神秘礼品。

这种新颖的异业合作模式，让很多动漫爱好者和游戏玩家对航班上的主题内容充满了期待。虽然动漫主题航班在国外和台湾地区已经有了先例，比如日本航空公司的《口袋妖怪》主题航班和台湾长荣航空公司的《Hello kitty》主题航班等，但是在国内，春秋航空还是第一人。

《口袋妖怪》是风靡全球的日本动漫，曾经在30多个国家和地区放映，征服了全世界的动漫爱好者，而将其通过飞机进行宣传无疑是最好的平台，因此日本国内最大的航空公司 ANA 全日空，专门给旗下的两架波音767和波音747机身喷绘了《口袋妖怪》的相关漫画涂装，同时还在飞机上发放各种纪念品。《口袋妖怪》主题航班一经推出，广受好评，在十年之内人气居高不下。

同样，台湾的《Hello kitty》主题航班也是异常火爆。2012年，台湾长荣航空公司和日本三丽欧动漫公司进行合作，开通了以 Hello Kitty 为主题的航班，将三架彩绘机分别命名为魔法机、苹果机和环球机。这三架飞机从台北出发，航线各不相同，每架飞机里都有 100 多种以 Hello Kitty 为主题的设计产品，其中包括餐具、奶瓶、头枕套、纸杯以及各类小吃等等，上面都采用了可爱的 Hello Kitty 图案，另外旅客还可以从身着 Hello Kitty 图案围裙的空姐手中，购买到限量版的免税商品。

正是有了口袋妖怪和 Hello kitty 主题航班的先例，所以王正华对主题航班的信心更充足了，虽然他是初次涉足游戏动漫领域，但因为他严谨的个性，春秋航空的主题航班专业性依然很强，不会让广大动漫爱好者失望。

这次和盛大游戏进行合作，王正华也考虑到了《最终幻想14》是很有价值的合作伙伴，因为它一直拥有独特的文化底蕴，而盛大也力主启动"二次元战略"，打造一个 ACG 爱好者的交流和互动平台，从而让《最终幻想14》在中国不仅具有游戏价值，还要发展成为一种二次元文化。王正华的动漫主题航班恰好成了盛大"二次元战略"中最重要的环节。很多《最终幻想》系列的忠实粉丝和 Cosplay 爱好者，都对这趟美妙的奇幻旅程抱以很大的期待。

2014年7月18日，由春秋航空联合盛大游戏打造的中国第一个动漫游戏主题航班正式起航，这架航班是从上海飞抵日本的大阪。在两个多小时的航程中，机组人员集体"摇身一变"，化作了各种动漫人物形象，其中还有一些职业角色扮演者进行了现场表演，在万米高空给旅客上演了一次动漫真人秀，带给了大家非常难忘的飞行体验。在这次动漫主题航班中，除了头戴猫耳、身着短裙的猫魅族美女为乘客服务之外，乘客中还"潜伏"着一些来自盛大的职业角色扮演者，另外还在空中举行了一场别开生面的音乐会，深受乘客的欢迎。

除了动漫主题航班之外，王正华又推出了"F1 主题航班"，目的是让更多外省市观众来上海观看 F1 中国大奖赛，这是老王进行的一次体旅相结合的全新尝试。为此，他专门拿出 5 条航线的特别优惠价格，去运作"F1 主题航班"，并根据"买赛票送往返机票"的原则，把 F1 中国站深受追捧的好几个看台票容纳进来，以超高的性价比推动外地车迷来上海观看比赛的积极性。

B 看台是忠实车迷的最爱，所在这次"F1 主题航班"活动中，青岛的车迷花了 1080 元买了一张 B 看台的观赛票，其中不仅包括 B 看台的赛票，还包括青岛—上海的往返机票。除此之外，类似的航班还涉及了中国的西北地区、胶东半岛、珠三角以及东北地区，看台票也分为主看台和副看台等等，粗略统计至少有将近 400 套 F1 赛事的套餐产品。

王正华为了推广这次 F1 主题航班，动用了春秋航空和春秋旅游的官网，同时还凭借 F1 中国网等自媒体平台，有针对性地对车迷进行了信息发布，让大家及时了解航班的信息，这个举动得到了车迷们的一致好评。本次活动仅仅推出不到两个星期，西安和深圳的 F1 主题航班产品竟然被抢购一空。

除此之外，王正华又将视线瞄向了一个热门而严肃的主题——上海自贸区主题航班。这个航班的卖点是，空乘人员会主动向旅客推介上海自贸区的特点和看点，同时还会邀请一些研究自贸区的专家进行现场解读，助力自贸区的飞速发展。

老王为什么弄了这样的主题呢？原来，春秋航空计划落户在自贸区，其中机务领域的维修保养问题，将会是春秋航空进驻自贸区最先考虑的业务内容。同时，王正华还打算利用自贸区"境内关外"的优势，对航材仓储业务进行重新布局，从而进一步降低日常运营费用。所以，王正华意识到，在春秋航空对自贸区进行落户探索时，不能只是让春秋集团自己考虑，还应该动员国内各地有志于在自贸区发展的商贸企业一起落户，至少也要在一定程度上了解上海自贸区的政策和特点，获得第一手资料。

因为王正华是较早对上海自贸区进行探索的，所以让春秋航空给大家分享这些先期考察经验，十分具有说服力和可信度。为此，王正华让各地企业家进行先期报名，在人数达到一定量之后，派出团队中负责自贸区项目的专家，在飞往上海的航班上进行现场讲解，让这些有合作意向的企业加深对自贸区的认识。在飞机抵达上海之后，春秋航空还会组织这些企业家亲身参观上海自贸区，比如洋山保税区等等，通过感性认识了解自贸区的规划和土地储备等情况。

王正华的这个点子十分有可行性，因为对自贸区有兴趣的企业家同乘一个航班，在交流中还存在着达成跨领域合作的可能，从而构建一个大的发展平台。

王正华开办各类主题航班的举动，体现了他随着市场潮流成长起来的企业家战略眼光，在激烈的竞争中是一种过人之举。虽然从现在来看，刚刚推出的"主题航班"还存在着未知数，不过王正华这种敢于赚足眼球又能兼顾实际的营销思想，比起其他企业，绝对先人一步。

相亲航班：空中的"寻爱之旅"

王正华除了推出主题航班之外，还特别搞了一个相亲航班。这个相亲航班的出发点，源于王正华颠覆和创新的思想，就是说要通过颠覆传统和打破陈规，实现业务领域的创新。而相亲航班就是一次非常有意义的突破。

所谓相亲航班，和《非诚勿扰》节目比较相像：在飞机进入平飞阶段之后，在确保安全的情况下，首先让所有参与报名的女生从机舱头一直走到机舱尾亮相，随后回到座位，接着打开头顶上方的阅读灯。随后，由报名的男生轮流进行自我介绍。在自我介绍环节，如果女生对某个男生不满意就可以将阅读灯关掉。虽然这种做法听起来很残酷，但有时候也会出现意外，比如在王正华推出的第一个相亲航班中，有个男生在作完自我介绍之后，12个女生全部灭了灯，可就在此时，一个原本没有报名参加这次相亲活动的女乘客，却点亮了阅读灯。接着双方就互相留了电话，表示愿意进行深入的了解。

一般来说，春秋航空会在客舱安排两次走秀，让相亲者获得两次选择机会，只要是相互留灯的，就给予座位调整，让他们坐在一起进行深入的沟通和交流。整个相亲的过程，航班上的旅客都会亲眼见证。

由于春秋航空在社交平台上发布了相亲航班的消息，所以引起了媒体的广泛关注，加上春秋航空拥有1000多万的微博粉丝，所以台湾方面还派来了记者进行跟拍。此外，王正华还让工作人员从台北当地招募到了一些年轻人来和大陆年轻人进行双向交流，效果明显。

那么，王正华为什么会想出相亲航班这个点子呢？

一方面是现实需求，因为航空公司里面，各个部门之间的男女生分布相当不平等，比如飞行部男生较多而客舱部女生较多，地面服务部女生较多而工程师又是男生较多。既然大家都处于婚恋的年龄，所以肯定有这方面的需求，于是老王就将相亲和飞行巧妙地结合起来。据悉，早在2010年，春秋航空就开始注意到由于职业和工种关系，各个部门的男女不均衡。例如地面服务部门女性居多，维修工程部门男性居多，由于职业关系，交际圈都比较小，出现了"剩男剩女"现象。"公司为此还开设了红娘网站，在公司内部以及外单位之间开展各类相亲活动。"公司负责人介绍，正是关注到社会上有如此多的相亲需求，春秋航空才筹划开飞一个相亲航班，开启空中的寻爱之旅。

另一方面是营销需要，王正华觉得相亲有口口相传的特点，大家对相亲中男女的奇葩遭遇都非常感兴趣，从相亲到蜜月旅行再到最后修成正果，这是个漫长的生意链，而低成本航空也可以参与进来进行互动和交流。

在春秋航空内部，大家都将相亲航班命名为"换草行动"。因为它会让不同部门之间的男女生资源进行合理配比，等于是将甲身边碰不到的资源转移给乙，这也正好符合了"兔子不吃窝边草"的原则。因此在"换草行动"推出之后，不少适龄单身男女都表现了很大的兴趣，前后有1000多人咨询，其中有25对报名，女性报名者比例要高于男性，还有16位报名者将各携带一位异性好友参加，场面非常火爆。

为了将活动搞得让大家称心如意，王正华还特意让相关负责人，根据报名者的出行意愿、男女分布比例进行统筹考虑。对于春秋航空相亲航班的创意，很多网友和航空业人士纷纷点赞表示肯定："真有感啦"、"这也太有爱了吧"、"这个创意不错"……

王正华对这种营销方式的前景，还是非常看好的。而且通过相亲航班的一炮走红，王正华还会继续推出更多的主题航班，并且会将覆盖范围从上海周边航线延伸到台北、香港、曼谷等地的国际和地区航线。

比如在国际航线上，王正华和泰国国家旅游局上海办事处，一起启动了泰国"泰想爱你"泼水节相亲航班。这趟航班是从上海直飞泰国的清迈，在招募报名者的时候不对年龄和人数进行限制。因为泰国的宋干节就是中国人熟知的泼水节，在节日期间，泰国当地的大街小巷都会有当地人和游客挤在一起，通过泼水来互相祝福。因为清迈有"北国玫瑰"的雅称，所以也就给相亲活动增添了浪漫色彩。通过这次活动，不仅让陌生的年轻男女在航班上相识结缘，更可以在清迈的湖光山色和泼水节的欢乐庆典中加深对彼此的认识。

此外，春秋航空还为喜欢泰国的游客准备了可以随意搭配行程的套票，只要向春秋航空申请上海至曼谷、普吉、清迈等地的航班，回程时就可随意搭配其他两个泰国目的地到上海的航班，将会享受立减200元的优惠政策。

目前，王正华推出的相亲航班已经举办了三期。2013年12月4日上海至昆明的航线是第一次，一共有21人参加，其中有9名男性和12名女性，年龄最小的是一个20岁的女孩，年龄最大的是一个32岁的男士。他们的职业非常广泛，有工程师、药剂师、外资银行职员以及赛车手等等，这次相亲航班一共有3对配对成功。

2014 年 3 月 13 日上海至台北的航班是第二次，大陆和台湾地区一共有 18 位青年男女进行了相亲之旅，其中有 4 对男女速配成功；而泰国清迈是第三次。这三次相亲航班都得到了青年男女的热烈欢迎。一位参加过活动的女生表示："飞行中如果能够认识一生的伴侣，将是一辈子的浪漫惊喜。"很多人都觉得，和其他相亲活动相比，春秋航空的相亲航班更有创意也更靠谱。

相亲航班不仅吸引了年轻男女加入，也让和他们同乘一班飞机的旅客兴奋不已，不少人纷纷拿出 IPAD 等平板设备录下了现场的相亲画面，坐在前排的旅客也不嫌费事地回过头观看，让原本单调无聊的旅途变得充满了乐趣和回忆。

"天空商城"，云层里的营销

掘金之路，难走，更难找，这不仅需要一个人有韧性和耐力，更要有眼光和胆识。在空中除了能飞之外，还能做什么呢？这是一个让王正华苦想多年的问题。既然他选择了低成本航空，就需要在各个领域中寻找掘金的"山头"。为此，王正华经过一番考量，决定在云层里做另外一笔"大生意"——推出"空中商城"系列，通过现场实体推销和网上销售，构成低成本控制中不可缺少的组成部分。

老王的想法很直接：光卖票怎么够吃？怎么能丰富"空中经济"？得多找找来钱道才行！

由于春秋航空只提供给旅客一瓶 350 毫升的矿泉水，所以免去了客机上的厨房设备，给飞机减轻了负担，同时也为空乘腾出了时间，以此来展现他们的另一项才能——推销。王正华在春秋航空的第一堂空乘培训课上，曾经这样对空姐空少们说："要把自己磨炼成为一流的推销大师！"

王正华觉得，两三个小时的飞行对于旅客来说是很无聊和乏味的，不过，这也正是一个可以吸引他们注意力的好机会——推销各类产品的黄金时间！这个营销思路，就是王正华成功路径的秘诀之一。

不过老王的成功秘诀可不止这些，为了充分利用飞机这个"天空商城"，王正华还作出了一个大胆的设想，准备在飞机的行李架和机身上贴广告，甚至还想把座位间的通道变成新品展示的T台。不过这些目前只是初步设想，具体如何运作还需要进一步的论证。

现在，被王正华确定下来的空中营销模式是：让乘务员站在客舱的第一排，通过麦克风将商品一一展示给大家，他们会根据不同的航线和航程时间选择不同的演讲方式。在介绍商品前，乘务员会有一段开场白，如："各位旅客朋友们，我们的飞机即将跨越在××上空，现在的云量较少，可以看得到美丽的景色，再过多少时间，我们的飞机即将到达目的地了，接下来的时间里，我们将为大家展示春秋航空的空中商城，您也可以参照您座椅前一本叫'空中商城'的刊物，里面有我们礼品的展示和介绍……"这种过渡自然的演讲方式，一般不会让旅客感到厌烦。由此，"空中商城"被看做是春秋航空的特色服务之一。

早在2005年开航之后，王正华就推出了这项业务，现在商品的种类已经达到了至少三百种，其中大部分都是些小礼品和日用品。曾经有人对王正华的空中推销产生过质疑，不过老王并不是非法营销，而是得到了工商部门的批准。

王正华的空中商城，所采用的模式借鉴了欧美低成本航空公司的一贯做法，这种营销是完全信息对称的——乘客在购买春秋航空的机票时就已经签署了附有告知此业务的协议。如果有谁不喜欢这种差异化的服务，可以改乘其他航空公司的航班。其实，在外航中营销的活动也不少见，其中还有不少是免税品。既然王正华是以销售低价票为主，那低票价自然不会和高端服务完全对等，他总要想办法将这些差额赚回来。

那么，空中商城这种模式到底能不能被乘客接受呢？根据数据统计，春秋航空能有70%的"回头客"，这说明大部分坐过春秋航空的旅客，还是能接受甚至欢迎机上销售商品的服务模式，因此这种模式将会继续发展下去。

现在，王正华成立了春秋航空绿翼空中商城，简称为绿翼商城，是春秋航空全资子公司，也是春秋集团旗下的对外电子商城。目前主要经营以旅游周边为主的系列商品，目前包含着三大品类：出行必备类，有各类功能的箱包、户外帐篷、急救包等等；探亲商务类，有各地方标志性特产，比如红葡萄酒、名品护肤系列以及公仔抱枕等等；品质生活类，有实惠经济的生活电器，如电烤箱以及吸尘器等；也有家纺家居系列还有洁面膏、美容液、眼霜、精华露等日化用品。

绿翼商城对外一直宣传其三大特点：品质保障——全站正品保障，商品假一赔十；满百免运费——购满百元免运费；积分兑换——支持春秋绿翼积分。

有了绿翼商城，王正华在实体销售之外就多了一条营销渠道：通过空中虚拟商城进行销售，旅客可以在航班上体验和试吃后，扫描二维码购买土特产。这可是目前中国所有航空公司中的先例。

空中虚拟商城的试点是在上海—贵阳的 9C8885 航班上。当时，空乘人员端着古方红糖等贵州特产让旅客们试吃，一共有 80 多种土特产，而其中 90% 的商品价格仅在 20 元到 40 元之间，比如最便宜的是售价 1.6 元的苗家香辣菜，而最贵的是价值为 1600 元的礼盒装绿茶。这些产品既可以当场购买也可以通过扫描二维码的方式进行订购。

销售土特产让一些旅客感到很方便，因为他们本来去当地旅游就是要带回些东西给亲朋好友，现在既然在飞机上就有得卖了，也省去了大包小包挤上飞机的麻烦。

未来，王正华还打算改造 2 架空客 A320 飞机，为旅客提供空中上网服务，一旦网络畅通，将会让空中虚拟商城更加方便。王正华的这个举动，颠覆了大家对一般销售行业的认知，因为传统的营销模式都是从线上到线下，而王正华推出的却是从线下到线上，而这一个颠覆正是对飞行碎片时间的合理利用。

的确，老王的营销手段和传统的航空公司相比，迈出的步子更大，想出的花样也更新，今后，他还打算推出旅游 wifi 租赁、出租车等目的地服务。

2010 年，王正华的步子又迈得更大了一些，他打算在空中卖房卖车。旅客在登机之前，会签订意向书，让春秋航空给予信息上的帮助和支持，并将旅客留下的个人信息交给房地产商和他们接触。不过，关于卖车，老王有了比较具体的想法，他打算在春秋航空推出"空中 4S 店"。而这个 4S 店是准备以优惠的价格在客舱内卖国产新款轿车，一般售价在 10 万元上下。目前王正华空中卖车的初步设想是，让乘务员在航班上对车型和相关性能进行介绍，让旅客填写购买意向单，然后他们可以凭借这个单子在相关的实体4S店购车并享受优惠价格。

老王具体要卖哪些牌子的汽车，暂时还没有确定。不过，和土特产相比，汽车毕竟属于"重资本"体验式消费，所以有人对空中卖车的效果不太看好，觉得春秋航空很难获得实质性的赢利。因此，如何通过客服来弥补没有实物和体验的缺陷，现在还有待探索。

也有人对老王空中卖车的想法表示肯定，毕竟乘坐飞机的旅客具有一定的购买力，属于购车的潜在群体，将它作为一个营销渠道是很有想象力的，只是在具体销售的策略上还有待斟酌。所以从某种角度看，"空中4S店"更多的是一种广告营销，是为了推销和普及空中销售这一概念，从而带动其他销售业务的开展。从长远来看，王正华的"空中4S店"可以视作一个销售平台，只要能给消费者提供更优质的服务，同时和众多厂家形成长期良好的合作关系，其发展前景还是相当乐观的。

第十一章
见微知著，大视角才有大智慧

"搅局者"，顺应社会大局

王正华以低成本路线进入航空业那天起，他就背负着一个"搅局者"的称号。从表面来看，他的 99 元票价、199 元票价、299 元票价的确是在"冲击"航空市场的价格秩序，也让很多原本坐不起飞机的人猛然意识到：原来飞机票还可以这么便宜！

可是，如果认真琢磨一下老王的低价票，它并非是恶意竞争中的"赔本赚吆喝"，而是低成本控制之下的必然结果。人们最终看到的是，王正华无论卖出多少张低价票，他都一直在赢利，包括 2008 年金融危机期间。

也正是因为"搅局"这个名词有些刺耳，所以老王不怎么喜欢别人叫他搅局者，相反，他认为自己是一个顺应大局的人。更何况，在王正华推出低价票的时候，他也并非用非常张扬的态度，像街边小贩那样满街"兜售"，反而是思索再思索，斟酌再斟酌。

为什么呢？这是因为王正华很在意春秋航空的企业形象，他不是在经营产品，而是在打造品牌，品牌需要的就是社会大众的认可，而不是舆论和同行的侧目而视。所以每一次做比较高调的宣传时，老王都暗暗给他的飞机大队捏一把汗——他不想引起任何人的反感。不过他喜欢打太极，或许懂得如何刚柔并济，不会为了获得而轻易失去什么。

因为如履薄冰，所以王正华一直觉得自己虽然经营的是航空这种"高大上"的行业，但却是"比农民还辛苦"的差事。2010 年 6 月 29 日，从上海起飞的航班由于通知航空管制而晚飞了 1 小时 20 分。当飞机在广州降落的时候，一位年轻的女乘客向朋友抱怨："我不想再坐春秋的飞机了，什么服务也没有，最受不了的是老误点。"

倘若要描述春秋航空和其他国有航空公司的区别，那么凡是坐过春秋航班的人都会有这样的印象：票价比其他航空公司低 20%—30%；飞机上没有头等舱；飞机上不提供免费餐饮服务；免费行李重量比其他公司的体积要小；乘务员经常推销各种商品；他们的飞机有时候会延误。

正是由于存在着飞机晚点的情况，所以王正华推出了备受争议的"黑名单"制度。这个制度虽然被很多人批评，但是王正华的解释是，这是廉价航空势必要面对的现状，既然要在价格上让利，他们就要降低成本，也在所难免地减少一些非必需的传统服务，因为单单是票价低廉就已经满足了旅客最核心的需要。

其实，造成飞机晚点的原因有很多，一方面是因为繁忙机场的航空管制或者天气原因，另一方面是因为春秋航空的飞机数量还是不多，所以一旦出现技术故障就会出现飞机延误的情况。

只有经历了各种延误引发的纠纷，偶尔会感到身心疲惫的王正华，才会感叹做航空"比农民还要农民"。一些春秋航空的员工也会在私下说："别看我们表面光鲜，其实累得要死。"

尽管既要遭人误解又要承受各种压力，可是老王从来没有后悔过。即使是2004年他下定决心创建春秋航空时，遭到老朋友的痛骂他也依然认定自己没想错。

2005年，国家颁发非公经济36条之后，民营资本逐渐进入银行、铁路、航空、邮电等原本属于"衙门口"的领域，王正华的飞机大队由此揭开了成立和发展的序幕。他之所以选择走廉价路线，既是一种世界共通的航空业态，也是民营资本和国有资本在市场竞争中最有差异化的生存方式。所以，同行又将王正华称为航空业的"滚地雷"探路者。

那么，王正华到底是顺了谁的大局？其实，所谓的顺大局有两层含义，一层是顺应社会发展潮流，另一层是顺应国内的发展现状。对于这两层含义，王正华都有深刻的理解，也都一一做到了。

在一元机票事件之后，同行们将王正华和春秋航空视作是新来的洪水猛兽，也就给了他"搅局者"的别称。对此，王正华的回应是："说我搅局是不全面的，首先是市场有这个低价的需要，我去满足它，究竟谁是搅局？这个'局'最后应该是市场这个大局，是市场需要这个大局，我适应他们，怎么是搅局？"

老王的确是低调的，也是具有相当包容度的，哪怕是在国有航空获得一系列财政注资以及民营航空被外界称为"遭受着垄断和不公平竞争"时，王正华也不想将心中的委屈直言不讳地表达出来。无论在公开场合还是私下场合，老王都尽力让自己的一言一行显得不那么尖锐，因为他知道这就是中国当前航空业的现状，他所做的只能是适应这个现状而不是一味地抱怨或者愤怒。

当然，王正华也知道民航业的总体开放程度确实还很低，这是因为目前国内航空权限管制得太过严格，中国天空 70%—80% 是空军专用，而民用的只能是用一次申请一次。所以王正华会觉得天空这种资源一旦受到限制，就会被白白地浪费掉，只有真正开放才是有利于老百姓的。

从王正华看待天空管制这个问题上，能发现老王确实不是为了他自己叫苦喊冤，而是站在整个社会的发展潮流中去审视某些问题，因此从这个角度上看，王正华的确是一个顺应大局的人。特别是近几年，民航华北局原局长黄登科、民航局原副局长宇仁录以及首都机场原董事长张志忠被刑拘等一系列事件发生后，业界对航线、航刻申请的权力寻租问题，又是炒得沸沸扬扬。王正华由此认为，国内航天的大局应该到了该变革的时候了，民航改革开放的方向非常正确，只是在具体环节上步子应该迈得更大一些才对。

至于对国有航空在出现巨额亏损却能得到财政注资，而民营航空无缘享受的这个问题，老王认为没必要说三道四，因为国有航空得到多少资金援助依然是国有，而民营航空如果得到国家的注资，那不就意味着被国有化了么？所以，民航业不要在这一类问题上和国有航空乱比较，只有坚持走民营化道路，才真的有希望。为此，老王给民营航空作了一个十分有趣的公式形容：民航业 = 官僚 + 地主 + 资本家。官僚是民航管理部门，地主是机场，资本家就是航空公司。

既然被划归到了一个如此复杂的公式中，王正华只希望民营航空能坚持下去，在没有后台和靠山的情况下，在不走旁门左道的前提下，通过自身的努力和吃苦，来实现最终的赢利。而且，王正华还对这个"大局"进行了大胆的预测：未来的中国民航市场，应该是形成"超级承运人"和廉价航空两种模式并存的情况，而所谓的"超级承运人"就是大型基地航空公司。在这种新模式下，民营航空才不会被看做是搅局者，才能找到属于自己的那一片蓝天。

"另类"企业，坚持红色信仰

如今在各行各业的生意圈里，人们似乎把金钱摆在了第一位，将诚信和道义扔在了脑后，结果社会经济是发展了，企业的社会责任和社会道德却有着滑坡的趋势，让人们看到的是一个物质文明和精神文明极不平衡的现状。虽然"企业文化"这个概念被一炒再炒，可是深入进去看，都是大同小异的互相抄袭版，真正源于企业内部的东西很少。

在企业文化养成这个问题上，春秋航空是个另类，这是因为王正华本身就很"另类"。老王要打造的春秋集团，不仅仅是一个成功进行低成本控制的企业，更是一个充满社会责任感的企业，也就是一条红色路线。

王正华对现在很多人的财富观念是看不惯的，他觉得不少人已经到了《红灯记》所说的"人不为己、天诛地灭"的程度，只要能赚钱，什么事情都敢做。老王觉得实在不应该，因为他和他的春秋团队，赚的每一分钱都是用血和汗换来的，所以他也会"固执"地认为，如果这钱没有耗费心血，他是不会要的。难怪别人都说，老王有一种"红色"和"共富"的情怀。

在这位老布尔什维克看来，无论一个企业家能取得多大的成就，他的财富很大一部分是来源于偶然而非必然。既然是来自于社会的，就应该成就社会事业才对。为此，王正华经常讲一句话："人喜欢这个事情，就像马克思说的，把劳动看成生活的第一需要，这就是共产主义的未来，我们这些人现在已经享受共产主义了。"

正因为老王摆正了自己的财富观念，所以被人称作"财富的管理员"。在公司财富的分配上，王正华一直主张进行全员所有，甚至还专门写了一个报告送交给国家的体改办，一直到达吴邦国的手中。不过，中央对王正华的这个想法并不认可，觉得体制在人的觉悟没有提高之前这个想法是行不通的，会在财富的使用方面产生一些弊端。

事实上，当时还真有几个企业试行了老王所说的"全员所有"的方法，最终的结果是连董事会都开不起来，更不要提什么重大决策了。所以，一些人认为这种想法无非是科学社会主义之前的"乌托邦"。有人给老王提了个建议："你应该拥有主要的股份，这样才能对企业有发言权，集中权力做你想做的事。你们这样的小企业最好持股51%，至少是30%。"

王正华对金钱本来就没有什么占有欲，所以他不可能要求自己达到51%的控股权，经过再三考虑他决定接受30%这个比例，将其余的70%全部分给员工。最多的时候，王正华分出去将近500人。当然，这种分配虽然赢得了员工的称赞，但是在春秋上市之后就遇到了麻烦，这是因为股权太过分散，不利于管理。

　　此外还存在着一个问题是：虽然这些股份是送出去的，但是有人却无视老王的慷慨，想让他将其高价赎回来。据说，曾经有个退休职工就这个问题跟王正华说："王总我对不起你，你骂我无赖、没良心也好，但这次我要'自私'、'昧良心'。"可见，大家对分到手的东西还是相当在意的，不过这也是人之常情。

　　因为股权问题，王正华忽然意识到，自己曾经倡导的全员所有还是非常正确的，只是缺少全面实施的环境和土壤。

　　一些人觉得，王正华作为一个"大当家的"，手里只握有30%的股权实在太少，很容易就会被摊薄稀释。但是，已经分出去的东西不可能再要回来，所以为了制约股权上的不平衡状态，春秋集团又追加了一款新的规定：让王正华掌控80%以上的投票权。

　　拥有了投票权的绝对优势，王正华在集团中的地位自然无人能撼动。不过也有人认为，与其这么费事不如一开始就不要分出那么多的股权。对此王正华的观点是，财富对他而言本来就只是一堆数字而已，后面多一个零还是少一个零都没有本质上的区别，莫不如将钱分给大伙，让员工都感受一下全民所有的好处，这样每一个人都会觉得自己才是企业的主人。虽然这也会造成一部分人对金钱更加看重，但是从长远来看，从大局来看，还是利大于弊的。

　　这就是王正华的红色路线，跟那种大帮哄、大锅饭不同，老王的全民所有是在大家都认真工作、努力劳动的前提下倡导的一种资产分配形式，虽然由于种种原因不能真正推行，但是他以自己独有的财富观念，给了大家一个明确而透彻的诠释。

　　王正华之所以会在思想中形成这种"红色金钱观"，一方面来源于他家庭的正确培养，是父母对金钱的正确态度让他对金钱有了明确的定位；另一方面，跟王正华的亲身经历有关。

老王是典型的长在红旗下、走在春风里的那一代人，在上个世纪的50年代到60年代中期，良好的社会风尚培养了王正华对金钱的正确态度，特别是他成为一名优秀的中国共产党党员之后，党旗下的宣誓让他铭记终生，也让他从此给自己确定了目标：要为共产主义而奋斗终生。

有人可能会对老王的这种红色思想产生误解，认为一个民营企业家走这样一条路线有些不合时宜，其实这种看法大错特错。姑且不论共产主义本身，单就一个人时时刻刻想着"财富共有"、"利益均沾"来说，他的做法十之八九都将是有利于社会的。更重要的是，王正华是心怀感恩之心的，他是在改革开放的历史变迁中投身市场经济，虽然身为一个民营企业家不会受到太多国家的照顾和补贴，但是作为一个生意人他得到了时代的支持，这和改革开放之前的中国相比，已经是一个相当重要的进步了。

从某种角度看，红色思想打通了王正华在管理企业方面的"任督二脉"。他给自己确定的管理基调是对社会负责、对员工负责，所以春秋集团员工的薪资待遇普遍比其他同行业要高一些，这也是老王红色路线中的一部分。当然，王正华也很清楚，福利待遇高要有一个可供参考的标准，不能一味增加收入而像希腊那样将钱分光，财政上寅吃卯粮，这是不值得提倡的，因为列强掠夺的时代已经过去了。任何一个国家的资金和资源一旦耗尽，等待他们的只有灭亡。

王正华特别赞同邓小平说过的一句话：抓起筷子吃肉——原来饭都吃不饱，放下筷子就骂娘，没完没了的。所以在人力资源方面，王正华总是力求让自己拿捏得很准，不让员工对企业失望，但也不能总让他们产生奢望。

老王的红色思想还体现在他对劳动的认识上。他一直主张要身体力行，不管什么时候，他都会在最困难最艰苦的场合中出现，这就是作为领导和骨干分子的作用和价值，而不是有什么事都推到下面去。为此，王正华在公司立了个规定：无论是刮风还是下雨，领导都要亲临现场。除此之外，逢年过节的时候，王正华也会带着其他中高层领导去慰问工作人员。哪怕是大年三十，也绝对不能把员工自己留在工作岗位上，所以春秋集团在春节期间，全体干部是不放假的。

每年大年三十晚上，王正华会早早去食堂，和大师傅一起商量定什么菜谱，确保奋战在一线的干部职工在半夜 12 点也能吃到热乎的饭菜；等到大年初一的时候，王正华会早晨 4 点钟起床，到现场去送最早的航班；吃过早饭之后，王正华又会去旅游部门的营业点视察，同时也慰问一下大家；到了下午，他还会去一些困难职工家中慰问，从个人腰包中掏出一笔钱给他们，因为有些员工还住在棚户区里，所以不关心是说不过去的。公司的一位司机十分感慨地说："春秋航空的领导真辛苦，每天和我们一样工作在机坪上，董事长那么一大把年纪，还和我们一起干活，了不起！"到了晚上，劳累了一天的老王会将这一天的行程发布到集团的内网上，不是在"炫耀"自己有多苦，而是告诉大家：我始终和你们在一起战斗。

春节时期的忙碌，只是王正华乐于和员工同甘共苦的缩影。他像是"着了魔"一样遵循着马克思他老人家的那句话：把劳动看成生活的第一需要。在王正华眼中，一个充满劳动气息、到处都是忙碌身影的环境才是共产主义社会。

作为一个始终关注中国前途命运的老党员和老企业家，王正华在国家深化改革、转型发展的新时期，心中的确有着千言万语想表达出来。在他看来，国家面临的一个比较严重的问题是官员的信仰危机，一些人没有完全按照当初他们在入党誓言中所说的那样去做，所以从严格意义上讲，他们不仅不是一个合格的党员，恐怕连一个合格的公民都算不上。

王正华的政党观念，和他管理企业的很多做法是不谋而和的。他全心全意做好春秋集团，也认为党员应当把心放在国家。只要解决了某些党员不能和百姓"同心同德"的问题，即使中国的民主化进程慢一些，中华民族也有可能成为世界最优秀的民族。

成功秘诀，想好了再去做

王正华有一个很重要的成功秘诀，就是改变自己觉得最得意的东西。随着越来越多的航空公司进入低成本航空市场，很多传统航空公司也在积极地进行转型。已经年近古稀的王正华，始终没有放弃继续做一个颠覆者，他还在带领着春秋航空进行创新。为此，王正华除了学习美西航之外，也在认真研究亚洲航空和瑞安航空等国际低成本航空的经营之道，依靠增加辅助收入来给"亏本"的机票买单。比如，旅客如果想要优先办票或者优先登机、下飞机的话，就要额外花一笔钱才行。

其实，留意春秋航空经营策略变化的人，会发现王正华的旅客构成倾向正在朝着商务客发展。

如果拿春秋航空和国内的一些同行相比，王正华在数字营销方面做得也是比较超前的，无论是网站销售还是对社交媒体的利用，王正华都取得了不俗的成绩。除了打造春秋航空的官网之外，王正华还给他的飞机大队定位了"时尚、年轻、活泼"的品牌形象；另外，他在社交媒体应用上，也正在一步步地将呼叫中心、微博、微信进行三位一体的融合，以这种多角度、立体空间的客户服务渠道来完善春秋航空在服务上的不足。当然，这些社交媒体可不单单起着传递信息的作用，还是一个"老王卖瓜自卖自夸"的营销平台，更是春秋航空为消费者提供服务的沟通平台。比如，客服账号"@春航小叮当"，就是一个专门为旅客答疑解惑的服务账号，最迟不会超过十分钟就会作出响应，每个月至少要回复将近 4000 个旅客的问题。

如此认真细致的服务，让不少之前认为春秋航空存在低价低质量服务的客户刮目相看。借用老王的一句话说："不管什么时候，你总是要面向市场，去改变传统，包括改变自己认为是做得得意的东西，现在的春秋航空，仍然在不断改变着自己，尝试着更多的创新。"

一方面是颠覆地创新，另一方面却是承受各种困难。对于竞争日益激烈的民营航空市场，王正华还是很乐观，他觉得眼前的困难随着时间的推移都会逐渐克服掉。比如，有人对王正华提意见，说春秋航空的京沪航线，时间段实在不怎么样：晚上 9 点多从上海虹桥机场出发，航班要 12 点以后才能到达北京，到家的时候都已经凌晨 1 点多钟了。这个王正华当然是最清楚不过的，正是因为时间段不好，王正华才卖出了很多的低价票，而且这条航线上的商务客人并不多，很少有赶飞机的，所以也就不介意时间早晚的问题。可尽管如此，这条遭人吐槽的航线，老王也是争取了足足 6 年的时间才到手的。

不过，让王正华欣慰的是，这条看上去很"糟糕"的航线，自从开航以来一直保持着95%的上座率，也就说180个座位每次都能卖出超过170人，这在航空企业中是很少见的。

正是这些困难的存在，迫使王正华不断逼着自己去创新，让他的飞机大队尽可能多地赢得旅客的喜爱，为此他在几个方面进行了革命性的创新：

一、低成本创新

王正华有一句关于管理战略的名言，叫"想好了再去做"。在老王看来，一个人在做任何事情之前，要先把想做的事情想清楚，然后再去研究这个市场的成功者，让自己有充分的前期准备。老王在进入旅游业之前，就是先研究一些欧美国家的旅游业态，做航空之前也是先研究欧美国家航空业的成功案例。在研究的过程中，就会逐渐找到方向，并为自己确定目标。这种先研究再投入的思路，可以避免走弯路，节约创业成本。虽然看起来要慢一些，但是只要能一点一点地增长，早晚能够积累出业绩。

2008年金融危机的时候，王正华本来是要带着春秋航空进入快速发展的时期，但是他并没有因为这件事而乱了阵脚。经过一番研究之后，王正华发现，其实经济危机对春秋航空的影响不是很大，仍然可以在危机中继续赢利，所以老王还是购买了飞机并花巨资请来了飞行员。当然，王正华不是用盲目乐观的精神来鼓舞自己，而是根据春秋航空当时的现金流情况制定的应对策略。所以他一直认为，企业的存在和发展，其核心是要看他们自身的内在功夫，没必要随大流。

二、企业文化降低监管成本

再好的管理战略，没有好的执行力也是白搭。王正华在执行力方面也是贯彻着"想好了就去做"的朴素思维。他认为，不管遇到多糟心的事儿，只要"咬定青山不放松都能咬出一口美丽的月牙来"。老王一直以身作则，带领集团上下坚持贯彻这条原则，帮助整个团队养成了良好的行为习惯。

三、网络技术降低服务成本

王正华在经营春秋国旅的时候，就意识到会玩高科技才是真正的聪明人，所以在别人还用手工预订的时候，春秋国旅已经用上了计算机。铺天盖地的网络平台，在帮助王正华扩大春秋国旅规模的同时，也为他奠定了坚实的技术基础。之所以他能在服务技术上超人一步，是因为他早就想好了科学管理这条路线，因此一步到位就实现了现代化管理。

四、服务创新，降低销售成本

身为"中国低价航空第一人"，老王没少在风口浪尖上被人抨击，耳朵里也听到了太多"讲究"他的话。对此，王正华有时候觉得挺冤枉，因为低成本在国外已经是一种潮流，可不是他脑子一热就想出来恶意竞争的傻主意。在国外，不少航空界的经营者都认为，要想尽一切办法去减低成本，让平民大众能坐得起飞机，所以到今天欧美国家的火车票高于飞机票，反客为主地成为了更奢侈的交通工具。正是因为老王想好了低成本是一个发展趋势，所以才敢为人先地打出了廉价航空的大旗。

为了不让服务跟着票价打折，王正华努力在服务方面提升质量，像什么空中演讲服务、跪蹲式服务、挎篮销售服务、客舱健身操……只要是能展现出差异化的特色服务项目，王正华一律都用在了他的飞机上。这些成本不高的服务投入，还真得到了很多旅客的交口称赞，让春秋航空的旅客满意率达到97%，旅客投诉万人率一直保持在行业优良水平。

王正华的谨慎行事，其实就是一种酝酿思考之后的睿智。凡事只要想清楚了，认真去做了，只要不是运气太差，都能收到一些成果。所以老王经常讲，一个企业想要知道自己接下来做什么、不做什么，就一定要想得足够远，能够对行业的发展有正确的认识和判断。

这简简单单的几句话，却是王正华做旅行社和航空多年的经验心得和积累。王正华不顾外界的质疑和猜疑，执着地走在这条带有中国特色的航空低成本领域，不断"探险"而且一飞冲天，获得了不俗的战绩。在这些被称为"商业奇迹"的背后，一句"想好了再去做"，似乎更有无价的意义。

第十二章
探本溯源，近在咫尺看老王

家，永藏心底的牵挂

王正华是一个工作狂，他手下有春秋旅行社和春秋航空两家企业，都需要花费他不小的精力。特别是春秋航空，其中涉及的事务更是门类繁多，尽管小事情王正华已经放手了，但是每每有重大决策的时候他还是要参与，这就让他的业余时间非常少。他基本上是将花甲之年中精力最充沛的日子留给了他的蓝天之梦。

很多人认为，一个人一生能做自己喜欢做的事情并从中赚到钱，过上自己想要的生活，那就是成功人生的两大条件。如果按照这个标准来看，老王今天取得的成绩已经让他今生无怨无悔了。不过，这些都只是外人的观点，在王正华自己看来，他的人生中还是存在着不少的遗憾：为事业奔忙了那么长时间，他的确对得起和他一起创业的那些人，但是对家人，他却总有着说不出的愧疚。

王正华其实不想看到家里人总是那么孤独，他对家人有着很深的感情。既然老王是一个不贪图享乐的人，那么他对感情自然更加重视。他很清楚，自己不能天天陪伴在家人身边，但是，对家人的爱和惦记，无时无刻不在他的心底。

王正华觉得最对不起的人就是他的妻子陈秀珍，她长年在家任劳任怨、默默奉献着，没有对老王有过一丝的抱怨。妻子是上海一位优秀的小学老师，因为是家里亲戚的邻居，因此早早就和王正华认识了。婚后，王正华没日没夜的忙碌，让妻子渐渐适应了丈夫的这种工作状态和生活规律。即使在退休之后，王正华的妻子也依旧辛辛苦苦地甘当"幕后英雄"，支撑着丈夫干好事业。王正华很想弥补妻子，有时候想趁着出差的时候将妻子带在身边，可很多时候又要开会又要考察，哪有时间去顾及她。所以，王正华只能将这样的念头压在心底。

不仅没有时间陪伴妻子，就连生活上王正华也没有给予陈秀珍太多，因为他一直贯彻着生活从俭的消费标准，所以陈秀珍跟着他过得仍然是寻常百姓的生活。他们住在一套150平方米的单元里，房子虽然不小，可是里面的摆设都是用了10多年的老家具，客厅里的两盏节能灯只有一盏能亮。有记者去王正华家里采访的时候，发现他家卫生间的马桶里，还漂浮着几粒小菜叶，旁边放着两桶淘菜水，可见老王平时是相当注意节约用水的。在厨房的淘菜盆里，储存着两盆盥洗过的脏水，应该是用来冲马桶的。

王正华的卧室也是一派简洁的模样，床头有3个靠垫，上面都是补丁连着补丁，有的甚至还交叉在一起。老两口的家离大儿子的家不远，只有两站路，平时他们都是坐公交去，只有遇到紧急的事儿才舍得花钱打车。虽然陈秀珍掌管着家里的存折，但是她从来没有乱花乱用，消费水平保持着与老王同样的节奏，没发达的时候怎么过，现在还怎么过。

跟着王正华，发财的似乎只有他的团队，他身边的家人似乎享受不到有钱人的生活。王正华在机关工作时，他们一家六口人挤在一个12平方米的小房间里，领导看不下去了要分给他两间房，结果王正华却反问领导："为什么要专门分给我，而不分给其他同事？"老王就是这样一种个性：只要不属于他的东西他都不要。在老王刚刚创立春秋旅行社的时候，不少机关里关系比较好的同事说他想钱想疯了。然而在春秋旅行社成立的头两年，员工每月都拿400多元的工资，王正华只拿跟机关待遇一样的82元。

尽管对妻子存在着很多抱歉，但是王正华知道他在妻子心中的地位依然不变。每天，王正华都是早出晚归，可不管起得多早，陈秀珍都会先起来给他做早饭，而且每顿早餐的饮食都很科学、很规律——三菜一汤。用陈秀珍的话说，老王一天就在家吃这顿早饭，所以一定要弄好点，这对她来说是一种享受。

陈秀珍不仅是他生活上的照料者，也是他事业上的帮助者。王正华刚开始创办春秋国旅的时候，因为要放弃原来的金饭碗——公务员，当时陈秀珍很不理解，为此两个人关系曾经僵持了近两个月。最终，还是陈秀珍首先表示"讲和"，她主动走到王正华身边说："我想好了，你去吧，干不成我还是在你身边，没有工资我养活你，只吃咸菜和稀饭我也养着你……"每每回忆起妻子的这段话，王正华的情绪都会有些激动，他会安静地停下很久才从嘴里吐出一句话：

"真的，有些感情言语无法表达。家人时刻都是在心里的。"

王正华有两个儿子，虽然他疼爱有加，却不会溺爱。因为王正华的家教很严格，从小就让孩子懂得了自食其力的道理，而且老王也是一个非常开明和民主的人，对孩子不会进行过多的束缚。每次提到儿子，王正华总会用"呆呆"两个字来形容，嘴里还会笑个不停。在大儿子 3 岁的时候，有一次小姨给他和其他一起玩的小朋友每个人买了一根红豆棒冰，别的小孩接过来马上就吃了，王正华的大儿子却拿着棒冰跑了很长一段路，说是为了让爸爸吃第一口。这件事，被老王记了一辈子。

两个儿子长大一些之后，王正华就主张让他们走出国门，一个去美国，一个去日本，让他们体验一下在外面生活的艰难和不易。为此，家大业大的王正华，居然只给了两个儿子每人五万元人民币，告诉他们说："给你的就是你在那里回来的一张机票，还有就是一个月的生活费，五万块。其余你要在那里生活，你就要靠自己，因为你们长大成人了，大学毕业以后肯定是成年人了，没有道理我来养着你们。否则你们去念书，这个书是念不好的。"

在外人看来，简直无法理解这么一个有钱的爹居然如此抠门地对待自己的儿子。但是王正华的想法是正确的，他认为像欧美这些国家本身就倡导半工半读，通过劳动来助学。所以两个儿子在国外生活七八年，完全都是凭着自己的双手吃饭，一天要打两份工，同时还不能丢掉功课。

去了美国的是大儿子王煜，他是铁道学院毕业的，本来毕业之后国内的工作环境也很好，但是王正华还是逼着他走出去，并告诉王煜："你到外面去不是镀金的，更不是享福的，你到外面去实际是去了解这个社会。"王正华的期望是让儿子们都出国学习一下，了解了解西方社会的生活和工作状态，长长见识，同时历练一下生存本领，然而王煜当时却不想出国。后来，为了逼着他出去闯一闯，王正华让他在美国的朋友给儿子发了两次邀请函，最后在王煜领导和老王的强令之下，王煜这才去了美国完成父亲的心愿。在拿签证这一关时，签证官问王煜为什么要去美国，他直言不讳地说他不想去，是爸爸逼着他去的，一席话将签证官逗笑了。不过，王正华倒是没有埋怨儿子"曝光内幕"，而是非常开心，因为那时候美国签证很难办。

王正华就是这样一个愧疚的丈夫、快乐的父亲，他在不同的舞台上扮演着不同的角色，无论经历怎样的风雨，他都能在不同的天空见证各样的彩虹亮起，他有着多样的人生，也给人们展现出了多面的人性情感。

传承，传贤不传亲

王正华在外面演讲的时候，一些企业家就会问他是如何教育出这么优秀的孩子的。王正华说他其实没有怎么教育，因为大道理任何人都明白，重要的是身教。王正华认为，孩子有什么样的思想和世界观、价值观，通常都是源于父母：父母大手大脚，就不要骂孩子是败家子，父母自私自利，就不要骂孩子没人性，因为这一切都是言传身教的结果。

也正是出于这样的教育理念，王正华始终把自己当成孩子的第一位老师，所以他特别注意在孩子面前的言谈举止以及展现出的人生观，让孩子汲取有益的经验。尤其是在财富观方面，王正华更是

特别注意对孩子的培养，因为他不想让孩子成为一个不劳而获的
"富二代"。

王正华已经是一个古稀老人，不管他的精力多么旺盛，身体毕
竟不能像创建春秋国旅那时候随意折腾了，他迟早要将这个位子让
出去。不过，他的接班人会是谁呢？王正华曾经表示过，自己是以
价值观来传承公司，并不一定非得是他儿子才行。虽然现在他的两
个儿子都已经入职春秋航空，是候选的接班人，然而公司其他的高
层同样也有参选的权利。

当然，王正华也表示过，如果孩子真的很优秀自然会让他们接
班，只是不会因为他们身上流淌着自己的血液而给他们特权。不过，
王正华的两个儿子，表现也的确是出类拔萃的。在年终给干部打分
的时候，王正华的两个儿子都名列前茅，不仅是由他来打分，两个
儿子的主管上级和同事都要给他们打分，而打分的结果都是让老王
满意的。由于这种打分制度是匿名的，所以结果都是很公正的，也
没有人会违心打假分。

实际上，在春秋集团，大家不会对王正华两个儿子的入职有什么
看法，因为他们不仅像老王那样低调内敛，而且他们都是从最底层走
过来的，吃过苦，所以不会被人看作是沾了他们父亲的光。

王正华的大儿子王煜，在去了美国之后，就和墨西哥人这些美
国底层社会的人生活在一起。为了生计，他给温州人打工，也在赌
场里帮忙，还干过端盘子刷碗之类的杂活。由于王煜的英语比较好，
他就代表他打工的那个小店和政府打交道。王正华的同事有时候出
差去美国也会去看王煜，结果发现他住的地方相当糟糕，也就是 12
平方米左右，窄小的空间里挤了 10 个人，而且都是双人铺，一张床

挨着另一张床。王煜的床边有一套西装，是被好好挂起来的，这是因为他每天去政府的时候要穿。除了这套西服之外，再没有什么标志能看出来这是王正华儿子的铺位了。所以，王正华的同事相当惊讶，就说："你爸爸又不是没有钱，过的不好问你父亲要钱。"结果王煜说："我已经成年了，应该自立。父亲的钱永远是他自己的，所以我靠我自己劳动打工。"当王正华了解到儿子这么说之后，从心底里为他感到骄傲和自豪。

王正华一直认为，人活在这个世界上，首先要了解最底层的人过着怎样的生活。王煜出国前，在家是从来不做饭的，然而当王正华去美国看他的时候，儿子居然告诉他：我能在 25 分钟做三菜一汤。王正华当然不信，结果王煜同时打开了 3 个煤气灶，一个做饭，一个煨汤，另一个炒菜，结果真的做成了。当时王正华都看呆了，儿子告诉他：如果学校里有谁不能自立或者谁的钱是父母给的而不是自己赚的，都会被看不起。

在王正华这种"底层教育路线"的培养下，王煜在 7 年拿到了 2 个硕士文凭，一个是经济学，另一个是工商管理，念书用了四年的时间，打工用了三年的时间，最后带了 2 万美元回到了中国。对儿子的表现，王正华感到非常满意，甚至比他自己事业有成更兴奋和富有成就感。虽然日子过得很辛苦，但是王煜还是懂得去忍让和包容别人，这也是王正华良好家教影响的。当时，王煜的一个同学，打算从芝加哥到纽约去读博士，结果王煜开着自己的一辆二手破车，从圣路易斯芝加哥一路把同学送到了纽约，往返足有三四千公里，一分钱没要，自己倒是搭了不少油钱，可他很愿意帮助别人。

王正华的两个儿子就是在他这种教育之下，养成了勤俭持家、乐于助人、踏实肯干的个性。他们不光在工作中兢兢业业，在生活上也是随了父亲的"根儿"，都非常节俭和低调。比如王煜，身为春秋航空的高级副总裁，却穿着普通的夹克，开着一辆大众品牌的汽车，连停车位都没有特权，有时候只能停在公司的院外。用王正华的话说，不会有人感觉到他是副总经理。在老王看来，这点小事反映的就是一种美德。

王正华教育孩子的另一出发点是，因为这个社会资源非常有限，全世界人口又如此众多，所以任何人都没有权利去糟蹋一张纸、一度电或者一滴水。

王正华经常跟公司的骨干和他的两个儿子说，将来公司是你们的，但如果把他的理念扔了，比如奋斗、远虑、节俭、感恩这八个字，那他们得到再多的金山银山都不行。王正华的观点就是：上一代人传下来的，只有付出辛勤和汗水才能有所收获，否则可能收获很少甚至颗粒无归，直到最后彻底败落。

王正华很清楚，春秋航空能否存在下去，就得依靠他家传的这些正确观念，而不是靠银行里的那些数字。如果扔掉这些东西，破产是早晚的事情。王正华借鉴了一些日本个别大企业的失败案例：他们受到了美国人那种会工作也会享受生活的文化影响，结果享受的越来越多，工作的越来越少，最后丢掉了父辈们的奋斗精神。在老王看来，对于那些规模大一点的企业来说，市场竞争的核心拼的不是资本和技术，而是企业文化的好坏，而企业文化的竞争在于员工对于公司的认同感和归属感。

王正华的人生哲学就是工作第一，享受第二。为此他曾经说："要说享受，我什么样的生活没有享受过？除了不道德的和违法的。"

记得当年老王到日本去洽谈开通国际低成本航线的时候，日本人将他奉为上宾，就连日本知事也特意过来迎接他。在当天的招待晚宴上，桌子上全都是上好的鲍鱼和海参，然而王正华却连动也没怎么动，依然是吃一些青菜、萝卜、豆腐之类的食物。

有人问老王为什么不吃得好一点，真正享受一下有钱人的生活。王正华的回答是："为什么要吃那么多让你消化不良、导致'三高'的东西？吃得多，不运动，这是相当一部分年轻人不健康的生活方式。地球上有多少鲍鱼、鱼翅、燕窝？小燕子有多少唾液供人类享用？"

王正华正是本身"向贤"，所以才崇尚传贤不传亲的思想。在他的影响下，春秋集团上下都养成了健康的生活方式，王正华经常和他的高管团队去一家面馆里吃包子和面条。

别小看这种消费观念，它能直接影响一个人的思想境界，更会决定一个团队的生死存亡。

那几年，兰世立入狱导致东星航空破产，黄光裕服刑造成了国美落后于苏宁……种种事件给王正华提了个醒：企业最高领导人的高度，通常会决定企业的高度，而是福是祸就藏在这个高度之中。正是出于这种担心，让王正华觉得春秋航空最大的缺点是人治的问题。比如，他曾说过不参加 CEO 主持的日常会议，但是会事先跟管理层打招呼："我想了解的、想干的，你应该允许我去干，允许我去插手，但责任还是你的。"

老王的这种放不开其实很正常，也是民营企业家的一个共同特点，毕竟企业是他们一手"养大"的孩子，倾注了他们太多的心血和感情。不过，王正华能意识到这一点，他也知道自己插手太多未必是件好事，他最应该做的是确保春秋航空现有的企业文化和价值观不变，至于其他的，应当交给别人去管。

至于公司最后到底由谁来接手，据春秋集团的内部人士透露：王正华已经给公司留下了遗嘱，主要的内容是：除了保障夫人的生活外，今后谁是公司董事长，谁就拥有他的财富。

低调做人，踏实做事

王正华是一个勤勤恳恳，认真做事的人，他不是那种非常强势，把住原则就横刀立马的人，而是一个性情随和、组织性纪律性乃至党性都很强的人。他所从事和喜爱的，也都非常低调。除了工作之外，王正华就剩下打太极拳和写博客这两个爱好。他每天都会坚持打太极拳，还在社区免费教了100多个学生；他坚持写博客，成为航空业界企业老总中唯一的一个，他认为可以通过博客倾听到旅客和各界的声音和建议，从而发现经营和管理中的某些问题。

王正华信奉的做事原则是踏实做事，谨慎做人。他坚守个人信誉几十年如一日，无论是对社会、对企业、对旅客还是对员工，都保持着高度的诚信感。所以，他从来都不搞投机倒把的事情，也不会贪得无厌，更不会做违法乱纪、违背良心的事，他只想老老实实地做好分内的事情。

王正华虽然身为春秋集团董事长，但是在日常工作中却从来不摆什么架子。平时，他和员工一起吃食堂，饭菜大家吃的都一样；每逢公司年会的时候，他还会接受员工的恶搞，上台走一走猫步，或者躲在印有刘翔躯体的纸像后面，露出一张脸让大家拍照；有员工结婚他总能亲临现场送出祝福；下属部门郊游也总让他参加，他会跟大家一起爬山，顺便传授几招太极拳。

除此之外，王正华还会和大家一起分享他的喜怒哀乐。2009 年 7 月，王正华 93 岁的父亲不幸辞世，他接连八天每天撰写一篇博文，追忆父亲的点点滴滴……他还会将兄妹、夫妻之间的情感故事以及日常生活中的油盐酱醋写进博文里，集团员工和一些热心网友都会给他留言，和他一起感受人生的悲欢离合。

王正华就是这样低调、寻常，时刻保持着一种平和淡然的气场，正是这种"无距离感"，更让他纯真的性情受到大家的喜爱。

在春秋集团做大之后，不少人闻风而动，跑到王正华这里来"拉生意"：有的是想请王正华出山盖楼盘，还有的是想一起开发风景区，甚至有鼓动他办银行的……面对各种踏平门槛的说客以及各种听起来非常美妙的"钱"景，王正华始终以低调的心态和可贵的冷静回绝了。在他看来，挣钱的方法是有很多，也是赚不完的，不过人还是应当做自己最熟悉的事，这样才能做得长久。的确，王正华就是一个谨言慎行的人，凡事没有经过详尽的论证和理性的分析，他是不会轻易做的。不过，一旦老王想通了，认定了，他就会坚持做到底，不达目的誓不罢休。

王正华说过一段话："我们企业发展平稳，既不会跳跃式发展，也不会搞到破产，因此在金融危机中经得起考验，人家亏了，我们还在盈利。"由此可见，无论是搞旅游还是做航空，王正华都是先给自己确定一个目标，然后一门心思瞄准它努力实现，在这个过程中，你要是给他看沿路的风景，老王是绝对没有兴趣的，完全可以用"心无旁骛、只争眼前"来形容。也正是王正华的这种贵在坚持的劲头，让他在专注中赢得了成功。

　　随着春秋航空的知名度与日俱增，不少人上门取经，向王正华讨教他的成功之道。通常这个时候，他们更多看到的和听到的，是春秋集团企业文化中的那 8 个字——奋斗，远见，节俭，感恩。很多人从春秋员工的口中，了解到了这几个字的含义：王正华凭借着奋斗和卓有远见的经营谋略，为自己和社会创造了财富，所以他首先想到的是要报答社会，而低成本航空恰恰就是一种报答和感恩，因为它让更多的人坐得起飞机。

　　王正华的确是一个不喜欢抱怨的人，虽然在航空业界都知道民营航空遭受相对不公平的待遇，也有人对民营航空的航权产生过怨言，但是王正华却很少谈这种事，因为他深知公平永远只是相对的，没有绝对的，总是埋怨这个憎恨那个，还谈什么感恩？因此，他经常把一句话挂在嘴边："全国 2 万多个旅行社为什么就只批了春秋一家航空公司，难道不应该感恩吗？"

　　老王的人品感染了一些外界的人，也让他们知道了所谓的成功之道首先是做人之道，一个人连做人都有问题，学再多的成功学也是毫无意义的。

　　王正华不仅是一个踏实肯干的人，更是一个服从性很强，具有相当大局观念的人。

　　2008 年，中国南方出现了罕见的大规模雨雪天气，给很多地区造成了严重的影响，其中湖南省遭遇了 50 年都不曾遇到的冰雪灾害，导致湖南机场连续几天都处于关闭状态，来自全国各地的返湘客流纷纷滞留在外地。当时温家宝总理马上作出了指示："一定把大家送回家过春节。"此外，中国民用航空总局以及运输司的领导也作出了"一旦天气好转，符合飞行标准，尽快疏散滞留旅客"的指示精神。

天灾面前，王正华不敢怠慢，更深深同情那些有家难回的旅客，于是他马上命令春秋航空运控指挥中心和湖南长沙、常德机场以及上海空管局取得联系，经过多次协商之后，最终决定在 1 月30 日的晚间，临时抽调两个飞机机组增开两班上海飞常德航班。当天深夜23 点30 分，王正华亲自带领春秋航空的高管人员赶往候机大厅，看望那些等待回家过年的湖南旅客。

尽管王正华平时很低调，但还是有不少人通过电视和博客记住了他的形象，所以在看见他到来之后马上和他打起了招呼。王正华的深夜出现，让现场气氛一下子火热起来，大家纷纷围到了老王身边。王正华看着饱受流离之苦的旅客说："我们是执行温总理指示，送大家回家过春节的。"在场的旅客们听了之后，十分激动地说："非常感谢我们的温总理及中央领导在湖南最困难的时候来慰问！想着人民，为人民解难。"

当时，在场有一位是来自上海森斯智能科技有限公司的首席执行官，名叫王晓东，当他见到王正华之后马上问："你是春秋航空的王董事长？"王正华点了点头，王晓东立即露出了笑容说："你一进候机厅，我就认出你。我在《第一财经》等电视节目上看过你好几次。"紧接着，王晓东就将自己 20 多次乘坐春秋航空的经历说了出来，他认为春秋航空不仅价格低而且服务也不错，所以他每次出差都会在公司里要求，只要春秋有航班就坐他们的飞机，因此给公司省下了不少钱。

王晓东本以为遭遇了特大暴雪，想要回家已经不可能了，现在没想到春秋航空半夜派出加班飞机让大家回去，这让他们都非常感动。最后，王晓东拿出他的机票，让王正华在上面签了名字并合影留念。

还有一位来自上海昌硕科技的旅客名叫朱良超，他见到春秋航空的董事长都来了，自然非常高兴，他说："我在你的博客上见过你，你就是王正华。我的机票就是网上买的，原本以为连续几天的航班都取消了，今年回不去了，现在好了，总理百忙之中关心我们，我可以回家了。谢谢温总理！谢谢春秋航空！"后来，朱良超也拿着机票签名跟王正华合影留念。

当时，和朱良超同行的还有一位名叫孙云兰的女士，她见到王正华之后，握着王正华的手表示，自从湖南发生暴雪，航班被取消之后她一直心急如焚，每天都看湖南新闻，看天气预报，希望机场能够早点开放，可是火车站说没有票，汽车站也说不行，飞机又没有，本来已经不抱希望了，却没想到还能够得到返湘过新年的机会。

在这些旅客的感谢之下，大家都被春秋航空的恪尽职守和服务旅客的敬业态度所感动，这个场面让王正华终生难忘。

别具一格，打破常规

人们常说：人生七十古来稀。不过古稀之年的王正华，却始终充满着一种精神和斗志，他立志要打造一个业绩成功、财力雄厚的大公司。一些人可能不理解，这么大年龄的创业者，究竟是怎么一步步走到今天这个位置上的？他到底靠的是什么？是机遇？是后台？是资源？还是个人能力？

了解王正华的人都知道，他并非一个在官场中吃得开的人，而看他的家庭他也不可能有什么后台。

　　王正华的母亲虽然识字不多，可还是看了很多的书，包括全世界各色各样的书都拿过来看，而且看书非常认真，记忆力又非常好，很多书都能够倒背如流。所以，她能够将中国传统文化和现代文明结合起来，经过融汇贯通再来教育子女。王正华的父亲是做毛纺织品的，他虽然看书看得很少，然而英语却说得相当流利，他在厂里被大家称作"总工程师"，这是因为他非常专业，即使他退休之后的二十年间，只要到一个地方去做毛纺织品，这个地方的羊毛织成品售价就会高出10%到15%不等。道理很简单，同样的东西，只要他做就不一样，因为他做产品非常严格。

　　王正华的父亲曾经在英国人手下做事，很聪明，又写得一手漂亮的字。家里的很多事情他都能干，像什么木工、电工、泥瓦匠，他都做的了，修机器也是一把好手。所以当时带他的英国工程师很喜欢他。更厉害的是，家里孩子多，最困难的时候，所有的衣服都是他亲手做的。

　　用王正华的话说："我爸爸非常非常聪明，聪明到没话说的，他什么东西一看就会。"王正华觉得这并不是父亲有多么高的智商，而是用心。王正华从来不相信有什么智商情商的存在，所谓的天才、地才都是骗人的鬼话，没有什么科学依据。一个人做成一点事，是因为勤奋加上遇上了好时代所以就做成了，不然也不过是一个凡夫俗子而已。

　　王正华对自己的评价也是如此，他认为是自己赶上了好时代，如果没有国家开放民营航空的政策，他也不可能建立起春秋航空。为此老王打过一个比方："你再好的鸡，再好的蛋，也是一定要在这个温度下才能孵出鸡来，所以别把自己太当回事。"

　　王正华承认，自己在动手方面远不如他的父亲，因为父亲总是在动手，所以越用越灵活，而他在这方面就差很多。即使在做生意方面，王正华也不觉得自己有多么聪明，他甚至认为自己是一个愚笨的人，无论考虑什么问题，都会比别人慢一些，时间更长一些。为此，王正华将自己的成功归结为"专注"，用心了、流汗了，这个事就能做成了，他认为这是天下最简单的道理。

　　事实上，王正华的确是一个善于琢磨事情的人，他的低成本控制策略，不是来源于什么高智商，而是他用心思考的结果，他想到了被别人忽视的东西并找到了解决的方案，于是他就做到了，就是这么简单。老王的精明并非是天生的，在成为一名优秀的企业家之前，他只不过是上海一名兢兢业业的公务员而已，每天过着有规律的生活。直到他带着1000多元的启动资金，开始进入中国的旅游业之后，他才在管理方面将自己的长处发挥出来。仅仅用了十年的工夫，王正华就将春秋旅行社打造成了中国最领先的旅行社。但是，王正华骨子里不断涌出的激情，让他不甘于只在旅游业混出个名堂，因此他又雄心勃勃并极具创造性地成立了春秋航空，成就了中国航空史上的一个里程碑。

　　老王的激情化作了他不断奋进的道路，他这人有个特点，从来不相信什么定律和规律，他相信的是只要用心做事、下工夫琢磨，没有什么东西不会被打破。当时，在国内航空市场一直默认着这样一个事实：无论这个企业运作得有多好，在成立的前三四年中都不可能盈利。然而王正华的飞机大队却彻底粉碎了这个迷信，在春秋航空成立的第一年中，王正华只有三架飞机，却轻而易举地实现了盈利。

王正华就是这样想的：办企业是需要赚钱的，那为什么要在前三四年里赔本或者保本呢？那还办什么劲儿？亏的钱要怎么算？于是，他用铁一样的事实告诉人们：民营航空同样可以盈利，你没做到那是你还没有用心。

王正华的用心，在他还是街道党委副书记的时候，就已经体现出来了。他从政的时候，也同样恪守着勤奋、肯干的原则。上面交代的工作，无论是调查还是总结，只要提出要在 5 天内上交，王正华一定会在 3 天内就写好，放到领导的案头。虽然老王不是善于阿谀逢迎的人，但他的这种工作劲头很受领导喜欢。

即使在"文化大革命"那段是非颠倒、黑白不分的岁月，王正华依然坚持着自己的认真态度。他说："头顶三尺有神灵，不能为了一个目的昧着良心做事。"当时，上面要王正华负责一个老干部的材料审查，并暗示他朝着"反革命和叛徒"的方面搜集材料以及"适当的推理"。王正华知道这位老干部在抗战前期参加过革命，想要抓辫子扣帽子很容易，但他还是坚持拿出事实说话。为此，王正华走访了当地百姓以及跟那位老干部一起战斗过的人，没有人或者事能证明他是叛徒和特务。所以，王正华坚决不肯将这位老干部"推理"成反革命，结果当时的造反派说老王对造反缺乏感情。

王正华不仅是一个充满正义感的人，也是个心怀责任感和使命感的人，所以他和那些急功近利的商人有着本质的不同。2008 年的一天，老王和一个网站女编辑聊天，女编辑给他讲了一个她亲身经历的故事：她出生在一个贫穷的小乡村，靠着一家人 365 天的辛苦劳作才勉强读完了大学，在她工作后领到第一个月的工资时，她问父亲最想要什么，父亲说他想坐一回飞机，到天上看一看人间是啥样。于是女编辑就提出要给父亲买张机票，可父亲一听要花 1000 多元的时候马上制止了女儿，因为这笔钱足够村里一家人一年的生活费！最后，女编辑的父亲直到去世都未能坐上飞机。

王正华听完这个故事之后，既感动又有些叹息，他在自己博客中写道："'到天上看看，人间什么样'，可能是每一个中国人自古传下来的文化情结……航空完全可以大众化、平民化，中国航空人负有不可推卸的职责。"

就是这样一种责任感，坚定了王正华走低成本航空之路的决心。在这个决心下定之后，他身上潜藏的创业激情也被一并点燃起来，放出了熊熊的火光。

其实，王正华骨子里就有种"人生难得几回搏"的冲劲，而这种冲劲和他的耿直脾气是密不可分的。上世纪 80 年代初，改革开放的浪潮开始席卷中国的时候，做事不喜欢圆滑的王正华也隐隐约约地发现政治似乎不适合自己。用上海话来说，老王的个性在官场上就是"拎勿清"——不会随风倒，也没有手腕，不会真话假话混着说。

由于赶上了好时代，王正华觉得做企业的机会更多一些，所以在他还是街道党委副书记的时候，就开始尝试为街道创办能"创收"的企业，他的经商初体验也从此开始。王正华第一个选择的是汽修，因为他觉得汽车业会有很好的前途，所以成立了汽车维修厂。当时的计划是分成三步走：先是汽车维修，然后是汽车改装，最后是汽车生产。

1982 年，王正华开办的汽车修理厂，组装出了第一辆汽车，很快卖了出去。但是，因为大批量造车需要的厂房设备和资金投入很大，当时老王又没有资金来源，所以在第一辆车出来之后，很快就陷于停顿状态。

既然汽车不行，那就再换别的。王正华将目光又放在了当今很时髦的物流业，由此可见他的眼光是很超前的。王正华觉得，各地自给自足的经济必然会被社会化的大交换替代，物资运送会有很大的发展空间。于是，王正华又搞了一家打包货运企业。与此同时，他也十分看好客流运输行业，那时跟扬州的一家汽车公司合作客运，每天客流量将近 2000 人。此外，王正华还搞过出租车生意，成立了上海第一批出租汽车公司。

王正华就是一个时刻充满激情的人，你在他的身上看不到疲惫，也看不到失望，能看到的只有自信满满和独具眼光，他那种认真做事的态度，成就了一个没有背景、没有天分、没有丰富资源的企业家。

第十三章
酌水知源，投身公益报社会

绿色基金，搭建绿色"长城"

2014年5月27日，在中国河北省康保县，举行了由春秋航空联合中国绿色碳汇基金会的生态修复工程启动仪式。原林业部副部长、中国绿色碳汇基金会理事长刘于鹤，春秋集团董事长王正华、CEO张秀智等24位公司员工，北京林业大学教授罗菊春，河北省绿化委员会办公室副主任王琳，河北省林业厅副厅长雷永怀，张家口市人民政府副秘书长杨成奎，张家口市林业局局长王海东，康保县委书记冯印涛、县长冀晓东等嘉宾和媒体记者共计100多名代表出席了仪式。

在仪式上，王正华向这个生态工程捐赠了1500万元。这次仪式上有一个亮点是，主办方专门设计了现场植树体验环节。包括王正华在内的每一位现场嘉宾，都亲手参与了植树造林活动。王正华挥起铁锹，认认真真地种下了健康的樟子松苗木，将那一抹动人的绿色永远留在了康保。

这个系统工程属于中国绿色碳汇基金会建立的"为地球母亲专项基金"。这项基金是用来修复生态、改善环境、维护生态安全、推进生态文明和建设美丽中国以及增加贫困农牧民收入、积极应对全球气候变化、促进社会经济的可持续发展。

这道生态系统的建立，等于在中国北方构建了一道绿色的屏障，作用是有效改善北京、天津等地风沙源区生态环境，从而大幅度减少首都风沙作乱，雾霾漫天的恶劣状况，还首都人民一片蓝天。

2014 年，生态系统采用了乔灌草相结合的模式，修复 4011 亩的退化生态系统，将适应当地自然条件的树种，如樟子松、榆树、黄刺玫、柠条、云杉、山杏、沙果等乔灌木树种作为绿化树种。同时，根据地方实际情况，设计并播种了比较容易存活的紫花苜蓿、沙打旺、草木樨等植物，以恢复草原生态系统。这个项目应当说功在千秋，不仅能够保护生物的多样性，还能实现减少北京风沙危害、应对气候变化等多种效益。

康保县积极推行这个项目，是对生态修复的一种有益探索，同时能够积累相关的经验，为其他相似地区提供示范，将极大地促进康保县生态建设和产业的发展。

在现场致辞中，王正华表示，春秋集团的股东和同仁们，一直都在关注着社会公益事业，特别是有关生态环境的保护问题，他们虽然创业艰辛，但始终不忘为社会和整个地球作出一点贡献。

王正华不是唱高调，他是真心实意想减缓现如今的生态灾害，为人类共同的子孙后代创造一片蓝天碧水。为了将这个项目做好，他在百忙之中抽出时间，经过长年的考察和对比，最后首选在北京上风上水的张家口康保县作第一个公益生态修复项目。为此，王正华还和原林业部副部长、中国绿色碳汇基金会的理事长刘于鹤进行了坦诚交流，详细询问了有关这项基金的具体内容和要求，最后敲定了第一批捐款为 1500 万元，全部用于康保县满德堂乡和康保镇的4011 亩生态园修复工程。

在仪式上，王正华提出了一点建议：植树造林，向来都是三分种、七分养，捐了款种了树苗才是开始，后期还要投入更多的精力去养护。所以，王正华表示要尽最大努力造好树林，他也将号召整个春秋集团积极参与到中国绿色碳汇基金会组织的管护经营工作中，让森林发挥多重功效，达到预期目标。

除此之外，王正华还了解到当地经济发展水平不是很高，所以他还打算在满德堂乡设立奖学金、助学金，为乡亲们子女的求学之路献出一份爱心。

中国绿色碳汇基金会是国内第一家以增汇减排和应对气候变化为目标的全国性公募基金会，也是联合国气候变化框架公约会议观察员机构。正是因为它的这种权威地位和领导作用，才让王正华放心大胆地与之合作。另外，他也敏锐地看到，基金会是以增加绿色植被、吸收二氧化碳、应对气候变化以及保护地球家园为使命，组织并实施了联合国可持续消费论坛碳中和、碳汇造林项目、中国绿公司年会碳中和等多个具有显著影响力的公益项目，是国内外广泛认可的机构。

更有意义的是，中国绿色碳汇基金会在 2013 年被民政部誉为

AAAA 级基金会，它所资助并实施的"内蒙古盛乐国际生态示范区项目"荣获民政部第八届"中华慈善奖最具影响力慈善项目奖"。这一项又一项的荣誉让王正华看到，维护绿色生态是国家当下非常重视的公益事业之一，所以他才慷慨解囊，把钱用在刀刃上。

当然，王正华投身公益事业还有一个重要因素，那就是党员身份的强烈感召。在中国共产党召开的十八大会议上，提出了建设美丽中国和生态文明的重要精神，所以老王才想通过实际行动，来响应国家倡导的低碳生产和低碳生活。通过这些公益事业，王正华也想让外界了解到，春秋集团是十分关注生态修复、改善环境和积累碳汇等造林绿化活动的，他们的企业不是只为了赚钱，也时刻保持着环境保护意识，想通过身体力行的活动来展示他们的企业社会责任。

王正华的这次公益义举，得到了刘于鹤的首肯，他反复强调，春秋集团发起建立专项基金并资助实施生态修复工程是难能可贵的一种社会行为。再加上国家林业局、河北省林业厅、张家口市林业局、康保县县委、政府等多方面的关心下，这个伟大的生态项目在精心组织、认真施工中有序地进行着，目前已经进入到栽植施工阶段。

这项修复工程选择在康保县，也是一种明智之举。王正华早就听说过，这些年康保县委和县政府一直坚持走生态立县和绿色发展路线，大力推进生态建设，同时积极发展生态产业，力争打造一个优质的生态家园，共建和谐生态文化，在短短几年间就让当地的生态环境焕然一新。

这次地球母亲专项基金的成立和生态修复工程的启动，不仅有效破解了康保县造林资金不足的难题，而且为他们带去了先进的生态发展理念和科学的造林技术，必将有力推动康保县"百万亩新型生态屏障示范区"工程建设。相信他们也一定能够以此为契机，积极创新生态建设模式，切实加大生态建设力度，大力发展绿色生态经济，力争在生态建设上迈出更大步伐，取得更大成果。

王正华参与了地球母亲基金在全国资助的第一个生态修复公益项目，等于为其他民营企业向社会各界表明了一种高姿态：乐于献身公益。他的这个举动，对引导社会各界尤其是企业界捐资参与到京津风沙源区生态修复公益事业中，有着重要的号召作用，更是对有效维护首都生态安全产生了积极、深远的影响。

红色春秋，感恩飞翔

红色的春秋集团，注定要上演"红色的行动"。王正华创办企业不是将盈利作为唯一目的，更有着通过创建企业来推动社会经济发展、造福民生的重要意义。有着良好自我觉悟能力的王正华，也知道春秋集团多年来的发展，既有春秋人自身的努力，也得益于它所根植的社会所赐予它的丰富营养。所以，王正华不断通过各种形式的公益活动对社会进行回报。

在春秋集团成立30周年的纪念活动即将来临之时，不少人提议应当好好庆祝一下，找个宽敞体面的大剧场，再请几位有影响力的明星，既能娱乐员工还能提升品牌形象。对于大家的这些建议，王正华不是没有考虑过，但是想来想去，老王还是觉得不要玩这种形式主义，不如将用作庆典的经费花在公益活动上。

2011年12月5日，由春秋集团主办的"而立感恩，让爱飞翔"

大型公益慈善活动正式召开。这次慈善公益活动，得到了上海市长宁区政府、上海市残疾人联合会以及 SMG 新闻传媒集团等社会各界的鼎力支持。

本次活动的主要服务对象是残疾儿童，来自日本香川、日本茨城、沈阳、厦门、重庆、上海、香港、广州、石家庄等 9 个城市的特殊教育学校的残疾儿童代表，一共多达 200 名，他们乘坐着免费的春秋航空航班飞抵上海，与上海乃至国外的残疾儿童代表开展了一场联欢活动。

为了筹办好这次公益活动，王正华可谓煞费苦心。在前期准备时，他让集团中的志愿者们，积极和各地残联、特殊教育学校取得联系，深入了解到那些残疾儿童的故事和成长经历，最后大家发现他们虽然身残，但意志坚定，给了志愿者很大的震动。

来自广州盲人学校的学生户圆菲，曾经参加过亚残会开幕式表演和火炬传递表演；重庆市特殊教育中心的初二学生陈星宇，是被评选为重庆市第一届"阳光少年"以及第八届宋庆龄奖学金获得者；沈阳大东聋校优秀学生范伟玲，从小父母双亡，生活极其贫困，然而她却以灵巧的双手取得了优异的成绩，先后荣获省级残疾人技能大赛第二名、插花第三名的好成绩……

组织这次公益活动，让王正华心情十分激动，他本来就是一个正在享受天伦之乐的老人，所以对孩子有一种特别亲切的感觉。

从各个城市来到上海的残疾儿童代表，一部分是由亲属陪伴的，一部分是由学校或者残联的老师陪同的，王正华考虑到旅途颠簸，十分辛苦，所以他必须要让孩子们得到最优质的空中服务，不能再以廉价航空的体验去对待孩子。为此，王正华让集团在内部网上挂出了招募志愿者的通知，很快就招募到了 100 多名志愿者，他们分别来自客舱、维修、地面服务、模拟机中心等多个部门。

让王正华没想到的是，招募通知发布出来之后，集团各个部门都积极响应，一下子有 300 多人报名，远远超出了实际需要的人数。尽管如此，王正华也没有随意选取志愿者，而是联合人力资源部和团委干部，从亲和力和服务能力、工作经验等方面进行综合考察，最终敲定了 100 多名志愿者。

王正华非常重视这次活动，他知道残疾儿童和健康的同龄人相比，内心多少要敏感一些，所以志愿者一定要素质过硬才行。选完志愿者之后，他又按照工作需求，将他们分成陪同志愿者和后台服务志愿者。紧接着，他又找人就残疾人的基本知识、交往礼仪和服务技能等相关内容对志愿者进行了认真的培训。最后，将一份内容详尽的服务残疾人的课件，送到了每一位志愿者的手中。

100 多位志愿者，从各个方面对这次活动进行了全面的准备。春秋航空模拟机中心的施永红总经理是志愿者广州组的组长，他领着手下的三个年轻员工，在集团开展集中培训之前，就召开会议动员全组工作人员，详细制定好了接待计划书，同时还开展了针对残疾人服务的自我培训；质量服务部张英经理是一位资深的老导游，为了服务好这些特殊的小客人，她特地带组员到城隍庙一带进行考察，甚至还定下了用手语来欢迎残疾儿童的环节，让每个组员都学会了手语——"欢迎您来到上海"；李召是机务部门的一位实习学员，他领受任务之后，马上赶着编写计划书，以严谨的工作作风和精神动员全组人员努力完成这次特殊的任务，并表示通过这次公益活动让他感觉到了春秋集团的良好合作氛围。

为了将活动做好，春秋航空的客舱部也卯足了劲头。他们考虑到残疾人的特殊性，所以为小客人们提供的是"快登机、快到达"的贵宾服务，免去了办理机场安检手续的过程。只要是有残疾儿童乘坐的班机，都额外配备了两名专门服务他们的乘务员。为此，客舱部还派出有多年服务经验的空中乘务员到上海市盲童学校，将飞机座椅背面的安全须知翻译成盲文，粘贴在孩子们一伸出手就能碰到的地方。另外，乘务员们还写好了广播词，通知航班上的旅客这次公益慈善活动的主题和目的，让大家多多关心这些特殊的孩子。在往返的旅程中，客舱部还给孩子们策划编排了小节目，在去程上让有才艺的孩子表演节目并让每个孩子都许下一个愿望；在回程上让孩子们讲一讲在上海的所见所闻，并尽量帮助孩子们梦想成真。

很多残疾儿童在飞机上许下的愿望就是游览上海，为了满足孩子们的心愿，王正华制定出了合理、科学、人性的游览计划，安排得既紧凑又轻松。这次游览的景点有上海的地标建筑东方明珠和新外滩，让孩子们充分感受到国家经济强盛的氛围和国际大都市的时代气息。在到达和返程的间隙时间，每个志愿者小组都安排老师、孩子及其亲属参观了上海的老城隍庙，尝一尝上海的特色小吃，去体味近在咫尺的海派文化。

12月5日晚上6点整，来自9个城市的国内外残疾儿童及其陪同的志愿者、老师和亲属们在上海市长宁文化艺术中心济济一堂，观看并参演由他们自己和社会各界共同精心准备的公益文艺晚会。上海市人大常委会主任刘云耕等各级领导出席了这次晚会。孩子们尽情地展示他们的才华，并将他们心中所想讲出来。

在日本茨城盲校孩子们的和太鼓鼓声中，这次筹备已久的晚会终于隆重开始了。在晚会现场，上海市城市交响乐团、上海市长宁区少年宫、上海市残疾人艺术团、上海市盲童学校以及香港心光盲人院学校的残障儿童们献上了精彩的节目，而老王的飞行员和乘务员们也将他们精心准备的节目一并献给了观众。晚会期间，孩子们通过手语和赠送画作等方式，感谢主办方和社会各界对他们的关心和爱护。

这次公益活动，得到了社会各界的广泛关注和大力支持。上海市长宁区人民政府和文化局、教育局等部门，联合为公益晚会提供了演出场地和停车场地；黄浦区外滩风景区管理委员会和长宁区公安分局，协调孩子们的游览和出行，确保了活动的顺利展开；黄浦区外滩风景区管理委员会还专门给每位残疾儿童提供了免费的外滩风景照。

虽然一次公益活动，不能给这些残疾儿童带来一生的幸福，但是却可以借助活动本身来呼唤社会大众的公益之心，这也是王正华的良苦用心所在。

健身之道，太极养生

王正华在他的博客中曾经写道："奉献是人生第一乐事。"老王虽然身价过亿，虽然对自己抠得要死，但是他并没有因此忽视别人。他认为，一个人活在这个世界上，如果自己的温饱问题得到了解决，就应该理所当然地为别人想想，要尽其所能地为这个社会多做一些贡献。

除了捐款给公益事业之外，王正华还注重精神公益。他和小区的太极拳拳友们一起，向新泾镇人民政府提出申请，打算通过传授太极拳的奥义，来让人们了解健身的重要性，用他的话说就是"授人健康"。

王正华最爱的运动是打太极拳，他从年轻的时候就开始打太极拳，30多年以来从来没有改变过。虽然很多人认为太极拳是老人的运动，但王正华自己心里明白，这种柔重于刚的运动不仅锻炼了身体，而且帮他领悟着人生。现在即使他的工作再忙也要在早上抽出一点时间来打太极拳，这么多年已经成为一种习惯。

王正华常常说："做什么事情都要想明白，想明白就要坚持下去。对生活、对工作都得是这种态度。"王正华说，总是觉得时间过得太快了，春秋航空公司才刚刚建立起来，还有那么多的事情要处理，自己却已经是一个年过半百的老人，所以健康对自己真的很重要，再忙也得坚持打太极拳……

老王将功德无量当做这次教授拳法的宗旨，为此他特别组建了新泾镇81式拳操免费学习班。建立这个学习班的目的，不仅是为了让大家了解太极、学习太极，也是为了迎接世博会的顺利召开，通过人人练太极、人人懂太极的中国传统文化的宣传，来展现上海人乃至全体中国人在新社会新时期的新形象。

2009年6月23日上午9点，王正华开设的81式拳操学习班，一共迎来了将近120多名新学员，他们带着对王正华的仰慕和对健身运动的向往，纷纷来到了新泾镇政府的四号会议大厅。在大厅里，举行了别开生面的开班仪式。每位新学员都在现场签到，写下了自己的名字。

这个学习班得到了镇政府领导班子的高度重视和大力支持。在开班仪式上，新泾镇时任党委书记汪翔云、镇长王运平、副镇长龚勤英等领导，都亲自来到现场祝贺，并给经过层层选拔出来的教练员颁发了聘用证书。为了方便学员学习 81 式拳操，镇政府还给大家免费提供了三个教学场地。

开班仪式现场，王正华身穿一身练功服，精神飒爽地站在台上，他和另外几名经常在一起切磋的拳友，向大家讲了他们在日常练拳过程中的亲身体会。王正华说，他之所以在年近古稀之年还能够打理一家航空公司和一家旅行社，都是从拳操中得到的收益：他的体质增强了，头脑也时刻保持着清醒，在对集团各种关键性的决策中都没有出现差错。

王正华号召大家多参与一些健身活动，这样也是在提升整个社会大众的健康生活指数，积极练习拳操会培养一种良好的生活习惯。在老王谈了心得体会之后，他和三名拳友一起上台，向在场的嘉宾和学员们做了大约三分钟的拳操展示。王正华娴熟的动作和聚精会神的专注劲头，赢得了场下一片掌声。

新泾镇的学习班开课，仅仅是王正华传授太极精神的一次前奏。在随后的日子里，老王只要一有工夫，就反复提出，让春秋集团的各级领导干部发挥模范带头作用，动员大家都去学习太极、传授太极。

在王正华的感召下，短短几年间，就有 700 多人参与到了他倡导的"授人健康"的公益事业中，只要有机会有人气，就在各种场合积极宣传中国的太极拳文化。

2011 年 12 月 21 日，王正华特别邀请了 70 多位太极拳教练和准教练，将虹桥机场的新村、延安中学体育场、黄金城道、中山公园、淞五居委、航友宾馆以及虹康小区等十二个教学点的骨干力量汇聚一堂，相互学习和交流各自的拳艺以及对太极之道的参悟。四位拳友代表进行了发自内心的讲演，六位拳友演示了他们的太极拳视频，大家对表演者们进行了专业的点评，气氛非常热烈。

在交流现场，不仅王正华进行了演示，连他的 CEO 张秀智也激情澎湃地表演了太极拳动作，博得了大家阵阵喝彩之声。一位名叫万志华的教练，向大家讲述了他练习太极拳的最大收获：改变了高胆固醇、高甘油等不良身体指标，练就了过硬的身体素质。还有一位名叫沈美琴的教练，和大家交流了自己通过练拳改变高血压和两年连带两批学员的体会。

在现场的拳艺交流结束之后，王正华特意设宴表示庆祝。吃饭期间，负责航友宾馆教学点的张秀智，忽然灵机一动，提出一个创意：让所有拳友在敬酒时，每一桌人在桌长的带领下，要使用一个太极拳的专属架势作为敬酒动作。这个别出心裁的提议，让大家既高兴又激动。很快，张秀智就带着几位拳友用太极拳的"提手上势"动作进行了敬酒，引得现场笑声一片、赞叹声一片。

2014 年 4 月 4 日晚上 6 点，在上海航友宾馆会议中心召开了"授人健康，功德无量"春秋集团太极拳健体运动推广 2014 动员大会。这是从 2012 年在春秋集团内部正式推广太极拳以来，第一次有 30 多个部门组织共计 300 多名在职员工和 400 多名培训学员参加的大会。这次大会由张秀智主持。

会上，身为学员代表的维修工程部总经理吴新宇，信息技术部技术总监邱仲，房产部常务副总经理金涛，春秋太极拳秘书长余国放等人，先后作了《我的太极我的梦》、《健康是工作生活的基石》、《感悟太极》、《太极缘、太极梦》等演讲，并请出杨素英教练演练太极拳第一节的套路。

王正华召开 2014 年春秋太极拳推广动员会，不仅是为了继承和发扬中国太极拳的璀璨文化，也是为了将他的授人健康公益事业继续推进。老王选择太极拳，也和他的低成本理念不谋而合：如今太极拳是最低成本的健体运动，而且健康安全，不会让人马上心跳加速，还能排汗。通过这次会议不难发现，太极拳已经逐渐融入到了每一个春秋人的工作和生活中，在 2014 年还有 7 支队伍在坚持练习。

王正华一直认为，太极拳是一块十分珍贵的中华瑰宝，而且是老少咸宜的健身运动，不受场地和环境的影响，也不需要什么器械设备，只要有兴趣有耐心，都可以从中参悟出一丝太极之道。他一直觉得，虽然当今人们的生活水平和过去相比，得到了明显的提高，吃的不愁了，穿的也不愁了，可是由于繁忙的工作却引发了一系列的"都市病"、"职业病"。不少人表面看着生龙活虎，可是到医院一检查，很多都处于"亚健康"状态，这样的身体如何能干得好工作呢？

王正华的春秋集团也是如此，年轻人越来越多，他们经常因为忙于工作而疏忽了体育锻炼。对此，王正华没少告诫大家在工作之余要锻炼身体。他的养生观念是，吃什么都比不上加强自我锻炼重要。特别是那些经常坐在办公室里办公的员工，活动量更是很小，极易患上一些颈椎、腰椎等疾病。长此以往，身体迟早都会出问题，最后不仅耽误了工作，还影响了自身的健康。

王正华的免费太极拳操班，从开办到现在，不少学员从中收获颇丰。将太极拳和健康公益相结合是王正华的一种创新之道，而在全集团内部推广太极拳，更是一种用中国传统文化来丰富企业文化的明智选择。

第十四章

彰显个性，玩的就是与众不同

卓效管理，霸道与人道

在企业管理学中，一直存在着如何摆正和下属以及基层员工关系的问题。有专业人士分析，中国的企业经营者，总是习惯于将自己的企业比喻成一手拉扯长大的孩子，自然心中充满了"望子成龙"的愿望，也希望孩子什么都是最成功的。当然，这个"孩子"的成绩（盈利）好坏，也直接影响着身为"父母"的管理者的面子，更关系到他们的生命质量。

不过，在这种家长制作风的影响下，一部分企业的管理者通常会用这样的处理方式解决问题："如果你再不听话，我就揍你！"而只有一少部分的人是："孩子，你做的事儿已经超出了界限，你要知道我是爱你的，难道你非要让我们都受伤吗？"

显而易见，上述两种做法就是霸道和人道的区别。虽然"人道管理"、"人文关怀"这些概念被一讲再讲，可是在实践中能够把"人性化管理"吃透的人却少得可怜，难道是这个词太难理解了吗？非也，是打骂教育太符合中国国情了，很多人已经用着顺手了。

那么，同样身为一个大企业的管理者，王正华采用了什么样的管理方法呢？霸道？人道？都不是，而是二者合一，这就是老王的个性！

经过多年的带队管理，王正华发现无论是霸道管理还是人道管理，都各有利弊：霸道虽然不民主，但在关键时刻效率却极高，就像古希腊讲民主，结果在罗马入侵的时候还在搞投票大会，这就不好玩了；人道虽然顺乎人性，可是在人多嘴杂的大企业中若处处讲人道，也会拖垮执行力。鉴于利弊对半，老王干脆来了个霸道＋人道的管理策略。

据说，春秋航空有着独特而另类的企业文化——加班。不少新员工都反映，在他们参加工作的一两年间，几乎每天都要加班到晚上八九点，甚至连周六周日也没有闲着，让一些小伙子根本没有时间处对象。所以人们都说，在王正华手下，加班就是家常便饭，因为老王自己就是个"加班狂"，他经常会在办公室里一待就是一个晚上。

这就是老王的"霸道"所在——该工作的时候一点都不能闲着。2009年6月底，那天是王正华父亲去世出殡的日子，身为长子的他，上午送完葬之后马上又赶回公司料理急事，而在下午又跑到石家庄出席了新闻通气会。在老王看来，做人的霸气和管理的霸气都是相通的，那就是不遗余力地做好分内的工作。不管家里发生什么事情，都不应该影响到企业的正常运行。也正是在这种思想的指导下，春秋航空才诞生了"加班文化"——不完成任务其他事儿就先缓缓。

有人也说，这样的管理是不是太没有人情味了？这样的企业文化是不是太冷血了？如果放在别的企业中，或许这种怀疑有道理，不过在春秋航空，王正华的霸道是有根据的：第一，作为一个在夹缝中求生存的民营企业，只有比别人更拼命才能在市场中生存下去；第二，员工的拼命会给他们带来回报，他们不是为春秋航空和王正华卖命，而是给自己的前程卖命。有了这两条，"加班文化"就变成了一种励志的正能量案例。

在王正华和竞争对手过招的时候，他也不止一次地体现出"霸道"气魄：你们认为不行我认为行，那就先按照我的来，等到时机成熟了你们就知道我的行不行了。事实证明，老王的这种倔强和执拗，十之八九都是正确的。

当然，王正华崇尚的管理原则是"平和"，而所谓的"霸道"只是他的个性绽露而已。他并不是用"霸道"去治理企业，而是在管理中时时流露出"霸道"的风格。因为，老王在"霸道"之外还有"人道"的一面。

王正华虽然是春秋集团的大佬，但是在几年之前他就奉行了"抓大放小"的策略，大方向、大战略他会参与决策，而公司日常的经营管理会议就很少参加。不过，老王对公司上上下下的事还是心里有数，"放下"不等于"丢下"。老王的这种管理风格，其实是想让手下的人能更灵活地执行一些项目，不必每件事情都要经由他同意。显然，王正华的骨子里也是推崇民主和人性化的。

直白地说，目前中国仍然是一个行政管理色彩浓重的国家，不光是国有企业，就连民营企业也摆脱不了这种娘胎带来的风格。尤其是王正华进入的航空业，国有资本占据主导地位，民营企业生存步履维艰……所以，王正华也曾经一度怀疑自己是否需要一些特殊的个人气质。对此，老王的自我评价是：身上有着双重的矛盾。具体地说，就是性格上有时候会很急躁，有些霸气，不过在做具体事情的时候又会谨小慎微。

和东星航空的兰世立相比，王正华自然算不上一个狂人，他的霸道也显得十分内敛。当 2008 年东星破产、兰世立入狱之时，王正华就开始反思其中的原因，最后归结为兰世立做人太高调也太霸道，所以才在陷入困境之后跟湖北省政府和银行关系交恶，结果闹了个众叛亲离的下场。

兰世立的故事给了王正华一个很大启发：没有霸气就不可能发展的那么快，但是霸气太足也会惹祸上身。所以，王正华采用了霸道和人道相结合的策略，让他个性中矛盾的那一面得到了合理的释放。于是，王正华一手"霸"一手"人"，小心翼翼呵护着春秋航空在快速发展的时候切忌脱轨。

正是老王这种不温不火的中庸之道，才让春秋航空兼顾了稳和快而并行发展。记得在东星航空发展最快的那几年，有人曾经对王正华说："你看人家比你晚下海，做得就比你牛。"当时老王没有去争辩，因为计较一时的短长毫无意义，做企业就像做人，一失足就会成千古恨，慢点、稳点才靠谱。

如今世事已变迁，王正华对当年别人的质疑作了回复："为人处世要高中有低，低中有高，你说对不对？王道王，霸道霸，但你如果没必要霸道的时候，干嘛不低调一点？"也正是因为老王对霸和人拿捏的很准，才让他在遭遇 1 元票价风波、199 元机票等变故时，会顾全大局地承认错误，而不像兰世立那样据理力争，非要和对方拼个你死我活。

有了"人道"的个性元素加入，春秋航空的日常管理就显得更贴近员工的实际，也符合了中国的国情：该睁一只眼闭一只眼的时候，王正华绝不会活得那么明白，偶尔糊涂一下，才是大智慧的体现。

老王之所以手持霸道和人道的两把宝剑，也是和国内的民航业风气有关系的：不少国有航空公司的管理者都是官员和企业家合二为一，从而形成了"民航局、航空公司、机场本来就是三位一体"的认识。在这种市场大氛围之下，王正华不得不让自己处于"逞强"和"示弱"双重摆动的境地：该冲击市场的时候绝不手软，该维护价格规则的时候乖乖低头。于是，春秋航空就有了霸道和人道的双重味道。

王正华的霸道，让春秋航空从上到下时刻处于"备战备荒"状态，蓄势待发，抗挫折能力、抗意外灾害力都很强；而王正华的人道，又让春秋航空在低调中悄悄壮大和发展，其内部的向心力、融合力也在一片和缓的氛围中慢慢酝酿。王正华的个性特质，给了春秋航空更具韧性的发展空间。

先行者，体验"孤独实验"

寂寞高手，高手寂寞，敢为人先的王正华，在民营航空这片领域中，多次走在最前列，闪光灯对准了他，摄像机对准了他，然而在光环和争议中，殊不知老王还要承受一次又一次的"孤独"。这种孤独，不是独饮黄酒空对月的寂寥，而是承受前无古人的先行者之痛。

在春秋航空刚刚起飞的那几年，王正华就承受着来自国有航空异样的目光，而舆论和大众也在怀疑，这个六十多岁还在折腾的创业者，究竟能带着他的飞机大队飞多远。虽然外界的质疑声一浪高过一浪，但是王正华却非常乐观，他认为自己将在一块蓝海中开垦荒地。也正是因为老王的独树一帜，他所获得的各种"待遇"也是别人没有的。

2007年8月7日，由中国民航总局委托民航西南地区管理局组织，由民航华东地区管理局协作配合，展开了一次对春秋航空的全面安全审计工作。当时，一共有27名西南局和华东局专业审计员组成的专家评审小组，对王正华的飞机大队进行了地毯式的安全检查。当时，专家们在早晨6点就纷纷起床，登上春秋航空一架7点多的航班。随后，这些专业人士立即分成运行、维修、危险品、客舱、航卫、航务、运输以及综合等8个专项小组，对春秋航空在综合安全管理、客舱安全管理、维修管理、飞行运行管理、旅客运输管理、航务管理、货物运输管理、危险品运输管理、航空卫生管理等9个方面进行了为期5天的安全审计。

有这么多专家对春秋航空把关，称得上阵容豪华、规模强大。当时，有些人对老王能否过关捏了一把汗：毕竟专家这么多，挑出个毛病那不是易如反掌吗？不过，老王自己却不担心，因为他在多次接受记者采访的时候就表示：安全是航空公司发展的首要问题。所以，他的"节俭攻略"从来不拿安全项目开刀，在这方面投入的资金和精力并不少。

检查的初步结果很好，专家都说没想到一家民营航空公司能得这么高的评分。这个意外好成绩让王正华十分自豪，他在接受《商务周刊》的采访时表示，虽然最终定论还要上报民航总局核实，但初步结果回应了那些将低成本认定为低安全的错误观点。

这次安全检查对王正华来说，即是一次考验也是一次高规格的实验，因为它完全借鉴了欧美民航业的强制性安全检查标准，而且所需要的全部费用不用王正华掏，评审组的住宿、评审和汇报等开支一律由民航总局承担。因此，这是一次免费而又高档的飞机体检。不过，这次体检可不是民航总局强令执行的，而是王正华主动要求的！据说，类似这样的强制性安全检查，之前只是针对国有大型航空公司，而王正华听说在深圳搞了免费试点之后，就自己上门要求接受检查。

对于这个大胆的"孤独求败"实验，很多人都不理解，说老王是没事找事，因为一旦在检查中发现了问题，最轻要停止航班运营，最重则需要停业整顿。可谁能想到，王正华对自己的飞机这么有信心呢？

从2005年7月首飞到2007年，王正华没少拿自己的飞机大队做实验，他在由国际知名航空业调查机构Skytrax举办的2006—2007年度世界航空公司乘客调查中，取得了"北亚地区最佳低成本航空公司第二名"的好成绩。从那时候起，人们就发现王正华是个真敢拿自己做实验的"狠茬子"。别的民营航空公司就怕出事，而王正华却主动往身上揽事儿！

当然，王正华自己心里最清楚：他主动要求进行高规格的体检，不是为了弄噱头、占便宜，而是为了给春秋航空这两年来的低成本实验做一个阶段性的总结。毕竟，这条民营航空之路走得实在艰辛，老王不想出现任何差错，所以他才想获得民航总局的肯定，因为如果是他们自己做检查的话，很可能会对很多问题视而不见，根本起不到监督的作用。比如，飞机对儿童购票是有严格规定的，因为飞机自身有配载平衡，假设有十几个小孩同时集中在座舱的某个区域，将会让飞机失去平衡，引发飞行事故。所以，专家在检查的时候，不是按照春秋航空自己的思路去检查，而是遵从着相应的规章制度。在王正华看来，这是非常宝贵的一个自我检验的机会，因为有些问题他们自己就是检查100遍也查不出来。

2007年8月20日，春秋航空召开了一次专门会议，总结了这次安全审计的收获。在王正华看来，能够在这次高规格的检查中获得如此高的评分，是对春秋航空两年来低成本实验的最大肯定。

事实上，这种"孤独实验"的确不好玩，因为它根本没有可参照的东西，都是凭着老王自己摸索着闯出来的。在营销上，王正华避开代理采用了由他们自己开发的售票系统，期间承受的压力和技术上遭遇的瓶颈，数不胜数。不过，这些实验的结果还是非常良好的，在2007年，王正华的春秋航空拥有了8架飞机，已经进入到赢利期，让那些一度质疑他们不具备赢利能力的人终于闭嘴。尽管如此，王正华还是处于孤独的状态中，因为不仅国有航空在用异样的眼神看他，就连民营航空也认为他是同行业中的"怪物"。

当时，尚未倒闭的东星航空公司副总裁，对王正华的廉价航空路线十分不看好，认为根本没有什么前景，也没有发现有利于低成本航空运作的政策环境，所以东星航空是决不搞什么廉价路线的。另外，一些民营航空对老王的"抠门"也表示很不理解：你减少一两本书，减掉一两餐食物才能节省多少钱？别忘了这是航空业，花钱的地方多着呢！

虽然走的是一条没人敢走、没人愿意走的路，但是老王始终都在给他自己和团队加油打气。他认为外界之所以不看好他的廉价航空，是因为没有理解廉价航空的真正定义。老王觉得，不能将廉价航空教条化，他的飞机之所以能够降低价格并压缩成本，这其中蕴藏的管理策略、经营策略绝不是一两句话就能解释清楚的。

不过，王正华虽然在低成本航空这条路上开辟了一条平坦的小道，但是他对当时国内低成本航空的环境，也同样存在着担心和不满。他知道，国内各航空公司在购买航空器材、航空燃油及支付机场起降费用等方面，都要承受独家垄断经营和统一定价等诸多限制，说白了就是刚性成本太高，想要从中省出钱来是相当困难的。为此，王正华也有过抱怨："国有航空公司的资金是国家的，由国家发改委审批，这还说得过去，可我们的钱是自己的，为什么买飞机还得政府说了算。"的确如此，如果王正华能够独立和空客谈判购买飞机，很可能会拿到非常优惠的价格，对节约成本来说又是一条门路。只可惜，他这个愿望囿于国情在短时期内还难以实现。

既然没办法从这种政策的限制中走出来，王正华就继续坚持他的孤独实验：想别人不敢想的，做别人做不到的。他要让春秋航空将无数个"不可能"变成"可能"，而且，他坚决不允许在这场旷日持久的实验中遭遇失败。因为他不想输，也输不起，他进入航空业不是给别人当反面教材，而是要刷新纪录、改写历史。

传道之师：美国西南航空

在 1994 年，春秋旅行社坐上了国内旅游业第一把交椅时，王正华就将春秋未来的发展方向提上了日程。当时他面临着"向谁学习"的问题：是学美国运通将旅游业变成金融业呢？还是学英国利德，从旅游发展成为会展呢？经过一番比较，老王发现这两条路都走不通，只能学德国途易，由旅游业进军航空业。于是，王正华经过三年多的学习论证，加上七年三万航次的旅游包机尝试，终于渐渐摸清了门路。正在这时，他在香港看到了一本关于美国西南航空的书，一下子让他的眼界开阔起来，头脑也清晰起来，产生了效仿和学习的念头。

美国西南航空公司，在无意中成为了春秋航空的"外国导师"。那么，它究竟是一个什么样的企业呢？到底是什么东西深深吸引了王正华？

1971 年 6 月 8 日，世界上第一家低成本航空公司成立了，它就是被揶揄为"沿着地板缝爬行的蟑螂"的美西航。被取了这么个难听的名字，美西航的发展之路却走得并不难看。从处女航开始，它就创造了连续 33 年盈利的傲人业绩。为什么这样一个不被看好的航空公司，能赢得这样瞩目的成就呢？总结起来，主要有六大优势：

一、扬长避短，坚持优势

美西航自成立的那一天起，就确定了发展航线短、密度高、票价低、点到点的航空市场。他们的旅客主体是那些需要在城市和城市之间频繁往来的人。凭借着低票价、方便快捷的高密集度航班和优质的旅客服务，美西航在短程航线市场中占据了主导地位。

二、简单

简单是美西航奉行的基本经营哲学。从成立那天起，美西航就将满足短程、点到点旅客的需要作为不变的工作重心。由于美西航只运营波音737机型，所以降低了飞机维修维护难度和成本以及飞行员的训练费用，提高了飞行员和技术人员的工作效率。美西航的简单经营理念，从来没有影响到他们的服务质量，相反，正因为这种简单快捷的经营风格，为旅客提供了更为优质的服务。

三、降低票价、更降低成本

从成立之日起，美西航就不断地向旅客提供廉价机票，而低票价政策也成为了美西航经营战略中不可或缺的组成部分。低票价意味着低成本，而低成本则意味着高效率。在美国所有的航空公司中，美西航的资产利用率和员工工作效率都是最高的。他们不需要通过激励员工努力节俭而降低成本，因为降低成本早已深入到每个员工的心中，成为了美西航的生存方式。

四、待客如宾

多年以来，美西航的旅客满意度和航班正点率都是最高的，而旅客投诉率和旅客行李托运误差率则是最低的。美西航给自己确立的目标是：向旅客提供可负担的起的、安全的、热情周到的航空服务。他们时时处处体现着"待客如宾"的经营理念，赢得了旅客的信赖和欢迎。

五、永不停止

美西航对变化和挑战的反应是非常敏捷的，这让他们总能步步领先于竞争对手。

六、雇用优秀的人

美西航一直对外宣称自己是经营"人"的公司，他们最重要的资产不是飞机、航线之类的东西，而是优秀的员工，这是美西航区别于其他航空公司的关键。所以，美西航在员工招聘、新人培训等方面投入了大量的资金和精力。

美西航有很多方面值得王正华学习，比如他们多个方面的创新之举：只采用波音 737 一种机型、飞行员培训简单、飞机备件利用率高、一样的机舱布局、易于开发和维护的电脑系统以及不设置头等舱等等。难怪老王曾经直言不讳地说："我们的目标就是中国的'美西航'！"

不过，廉价航空是否会像美西航那样，也在中国复制出一条成功之路呢？这其中实在有太多的问题需要解决：比如怎样消化那80％的刚性成本、怎样解决航材价高关税重的问题……在王正华将美西航当做学习榜样之后，来自外部的嘲讽和内部的质疑，如滚滚长江水一并扑面涌来。但是，王正华却并不在意，他特意将春秋航空诞生的日子选择了和美西航处女航同样的一天。老王深知，他的偶像赫伯·凯勒尔在创建美西航的时候，遭受过更大的困难和挫折，所以他现在承受的这些简直不值一提。

在美西航模式的引导下，王正华开始走上一条"超低票价、单一机型、低营销费"的生存之路，低成本航空的运营模式也开始在春秋航空生根发芽。很快，王正华用 2006 年和 2007 年接连两年盈利的数据证明了自己的选择是正确的。即使在 2008 年金融危机的时候，春秋航空也依然没有赔本。

于是，越来越多的人开始关注春秋航空，也在思考一个问题：春秋航空会不会真的变成中国的美西航呢？这个答案或许现在谁也给不出来，但是如果仅从表面上来看，美西航和春秋航空还真有很多相似之处，甚至他们的 CEO 也都是女性。不过，王正华更清楚他们和美西航的最大不同之处，那就是双方处于的大环境有着明显差异。

尽管从现在来看，中国的航空市场发展潜力要远远大于美国，可是在这种潜力之中却存在着太多的变量，那就是政策的导向，这也是王正华最担心的问题。老王每天早晨起来练太极的时候，他都会禁不住琢磨一个问题：自己要不要像赫伯·凯勒尔那样有着强悍的性格呢？还是像练太极那样的长袖起舞……想来想去，老王给自己的答案是，最大的挑战正是他自己。

王正华深知，在垄断重重的民航业闯荡，无论是强悍还是柔性，都不重要，重要的是怎样选择。不过让他深感欣慰的是，已经有越来越多的人通过春秋航空第一次坐上了飞机，实现了人生中一个不大不小的愿望。虽然现在，还有些人将王正华视作"小人物"，特别是在"官本位"思想依旧浓厚的中国民航业里。可是春秋航空所带来的冲击和引发的思考，正在逐步改变航空业的生态。目前，即使是那些体制僵化的国有企业，也意识到了"不改革必落后"的道理，也开始逐步将经营和服务作为航空业的核心竞争力来对待。

正是因为如此，王正华从来没有气馁过，因为他知道世界上所有伟大的企业都会经历从被轻视到被尊重的过程，只是这个过程可能会比较漫长而已，他有信心也有耐心等待。这就是商业规律，这就是变革之道，这就是让市场更加丰富和充实的法则和力量。

王正华曾经给美西航的创始人赫伯·凯勒尔写了一段评语："虽然他的外表平静、谦和、沉稳，但是从他那深邃的目光和对当前世界航空业形势的判断上，我可以感觉出，在他的内心深处，一定在翻腾着低成本航空业变革的惊涛骇浪。"换个角度看，这段中肯的评价或许正是老王理想中的自己。

266

善学的拓荒者,非主流的企业家

王正华和一般的企业管理者不同,他不是那种善于周旋在人群里的人,也不是喜欢哗众取宠、做事高调的人,和喜欢抛头露面的那些企业家们相比,老王显得非常谦卑和亲切。就连为他拍摄照片的时候,老王也是完全听命于摄影记者的安排,让摆成什么姿势就摆成什么姿势。所以有人说,老王是一个善学的拓荒者,却不是一个"主流"的企业家。

早在上世纪六七十年代,王正华还在上海市长宁区组织党委工作的时候,他的身上就表现出了一种简单、执着和淳朴的劲头,和那些善于阿谀奉迎、一门心思削尖脑袋往上钻的人有很大的不同。所以,当人们觉得王正华在商界纵横捭阖是不是受了在政界中游刃有余的影响时,老王却并不赞同,他给自己的从政期做了这样一个评价:"实际上,当年在机关工作时,除了几个了解我的老领导,其他人并不怎么喜欢我,因为我并不擅长交际。"

事实上,在王正华辞去官职下海经商的那一刻,就意味着老王已经看清了自己的个性特征:直率不善转弯,执着不愿变通。所以在1981年,王正华不顾家人众口一词的反对,毅然决然地辞职,创办了春秋旅行社。其实在那个时候,"下海"还算不上一种潮流,"吃皇粮"依然是被很多人追捧的。王正华给出的理由是:当时之所以做出那样的决定,是因为已经看清了自己。

在王正华辞职从商后的一天,他和几个旅游业的同行,陪同一个领导出国。大家聚在一起吃饭的时候,那位领导指着一个方形的杯子说:"你们看,这个圆杯子挺不错!"同行们立即随声附和,上演了一出"指鹿为马"的现代版。然而在座的王正华却沉默不语，于是那位领导就问他："王正华，你今天不高兴吗?"王正华随即陪上笑脸说："没有，没有，这杯子确实是圆的哈。"这话一出口，让一桌子人都感到非常尴尬。

王正华就是这么一个刚直的人，即使后来他创办了春秋航空、春秋集团之后，他的个性也没有多大的改变。他一向认为自己很难和周遭的圈子融合，这在外人看来，简直有点不可思议。因为但凡搞旅游的，都很喜欢几个人在一起组局，今天甲带着大家到这个地方玩，明天乙带着大家到那个地方玩……关系就是在这种互动中建立的，圈子也是在这种交流中扩大的。可是王正华却不按套路出牌，他在担任中国旅行社协会副会长和上海旅游协会会长的时候，就显得很不"合群"——很少跟大家一起玩，也不愿意上酒吧和保龄球馆这样的地方，更是不沾高尔夫这种"上流社会"的玩意，他只是喜欢跟三五个拳友打打太极拳，对那种"大场面"的社交活动从来都没什么兴趣。

王正华的这种个性，按说和中国的官场、商场甚至社交场都格格不入，这样的人应该是典型的"独狼分子"，不可能有什么像样的人脉资源，可就是这样一个有些孤僻的人，却做成了一笔又一笔大生意，创建了中国第一个民营航空公司。于是，很多不了解王正华的人就会问：这个老王到底靠的是什么呢？

其实答案已经在问题中了，正是因为王正华的不落俗、不圆滑、不趋炎附势，才让他在众多企业家中脱颖而出。人们需要的恰恰是这样一个不要滑头、敢当大任的管理者，人们也需要这样一个有话直说、敢于造梦的领导者。

2008 年金融危机席卷全球，当时各大机场集团纷纷清点自家账目，结果不清点不要紧，一清点吓一跳：包括国有航空公司在内的很多航企，都存在着拖欠起降费的问题。可是，由于国有航空公司和各大机场同属国资管辖，所以他们之间的欠费就成了兄弟间的经济往来：谁也不着急要，谁也不着急还。结果，将讨债的目标指向了民营航空公司，向当时的奥凯、鹰联、东星等公司相继催要地方机场租用费。有意思的是，当时的中航油也加入到讨债大军之中，个别地方还放出了"不还钱就不给加油"的狠话，并由此引发了多起"停航"、"旅客被迫滞留"的闹剧。

就在债权方和债务方因为欠款问题闹得不可开交的时候，大家忽然发现擂台上似乎少了一个重量级别的角色——春秋航空。于是，马上有人对王正华的飞机大队进行了核查，发现同样身为民营企业，春秋航空居然没有拖欠机场和中航油一毛钱。

在欠债已经成为商界普遍现象的今天，怎么还能有这么"规规矩矩"的经营者呢？对此，王正华的解释是：这和他从小养成的习惯有关。据说，王正华小时候，老师规定作业在星期五交，他就一定会在星期四之前完成，因为在他看来，平白无故拖欠，会让自己很丢脸。写作业如此，经商也是如此，做人更是如此。老王就是一个不愿意"欠债"的人。

柔中带刚，刚中有柔，这大概就是王正华的个性。在这种个性之下，春秋航空便发生了"黑名单"事件。

2007 年 7 月，春秋航空"上海—大连"一线的航班由于天气原因造成了延误，飞机降落后，有几十名旅客喊着要赔偿，被工作人员以"廉价航空服务条款里已经注明，因天气原因延误不予赔偿"

拒绝。结果，这些索赔不成的旅客蛮横地拒绝下飞机，导致飞机不能进入下一趟飞行，从而造成了"连环霸机"事件，给春秋航空直接带来 10 多万元的损失。

事件发生后，王正华对这些强词夺理的旅客心有余悸，于是果断推行了一项新措施：在公司的购票系统中设置了一个"暂无服务能力"专区，记录着那些有过"霸机"行为旅客的相关信息，一旦他们下次持身份证再来订票，会被系统排除在外，这就是后来被外界称为"黑名单"的制度。

这项制度的出台，遭到了一些人的质疑。有的同行大言不惭地说着风凉话：旅客就是上帝，航空公司不应该罢免"上帝"消费的权利。一些消费者协会的专家也觉得这个办法值得商榷，他们认为，航空公司是公共航空运输企业，有责任为大众旅客服务，遇到问题只能从自身查找原因而不能拒绝接受旅客。

虽然公说公有理婆说婆有理，但是王正华却在这个问题上拿出了执拗劲：他始终不放弃这项制度。对此，他还向《中国周刊》出具了文件资料进行解释：航班延误时，旅客应该通过正常渠道维护自身利益，而不是非法霸机。王正华还补充道："严格按照法律的话，霸机者应该被公安机关强制拖走，但我们国家现在还没有人这样做。所以我们只好认输，对不起，我们暂时没有为这样的旅客提供服务的能力。"

老王是站在经营者的角度来审视"非法霸机"行为的，而站在整个行业的角度看，王正华捍卫的不仅是春秋航空的利益，也是除了霸机者之外的其他旅客的利益，绝非仅仅是维护他们一家。只是在当前中国部分法律处于空白状态的情况下，"黑名单"制度实在是一种无奈之举，虽然看起来是在息事宁人，其实是减少社会成本和公司成本的最好办法。

无论承受多少人的指责，无论背负多少人的质疑，王正华在关键问题上的不妥协，展现出了他"非主流企业家"的个性——不玩弄花样、不哗众取宠、不刻意卖好。他从来不怕别人抨击，因为从他下海经商的第一天起，就知道要按照自己的想法去干点事，挨两句骂是在所难免的。这大概就是老王有别于他人的最显著之处吧。

第十五章
高瞻远瞩，造梦者蓝天寻梦

两岸桥梁，陆台航空

　　2008 年对于中国的民航业来说，是一个灾年，不少民营航空遭受了严重的冲击，然而王正华的春秋航空却昂首挺胸地坚持了下来，而且还能赢利 2000 万元人民币。在这种逆势高飞的情况下，王正华在接受台湾媒体专访的时候，提出了一个惊人的构想：他打算开通上海往返香港的航班，下一步希望坐着自己的飞机飞到台湾去。

　　老王的这个想法，不仅是出于商业上的考虑，更是一种爱国主义精神的感召。作为一个老布尔什维克，他自然希望两岸的政治形势会越来越明朗、和谐，也希望有更多的互通渠道让台湾和大陆保持更加密切的联系。为此，王正华才产生了这样的念头：让春秋航空成为搭建海峡两岸的"空中桥梁"，让两岸人民能够在频繁的走动中加深了解和认识，进一步促进炎黄子孙的情感融合。

王正华上一次去台湾是在 1993 年，从那之后他就再也没有去过。其实后来他的旅行社有很多次机会去台湾，但是他都没有"借光"去看看，而是很执拗地表示：要等到开通桃园到上海的航线之后，坐着自己的飞机去台湾。

事实上，盯着台湾航线的民航企业大有人在，因为这条航线如今也是一条热门航线，这也是王正华决心开辟这条航线的另一个因素。当时，王正华已经获得国家民航总局的审批，拿到了内地到香港、澳门以及周边地区的航空客货运输业务经营权，所以下一步的目标就是飞到台湾。

面对春秋航空的这步举动，有人表示不理解，觉得王正华的航线范围是不是太大了，而春秋航空这种低成本航空能在台湾同胞那里吃得开吗？对于这一类看法，老王觉得真是有失偏颇，他觉得春秋航空在大陆民营航空业中，是最有资格飞台湾的：一方面因为他们是民营企业，而台湾的大多数航空公司也是民营的，性质对等；另一方面春秋国际旅行社是国内规模比较大的旅行社之一。既然现在国家开放大陆民众去台湾旅游，那王正华当然要试一试。

不过，拿到飞台湾的航权并不容易，所以王正华只好先听从相关部门的安排，先飞上海往返香港的航线。尽管未能如愿以偿，可是王正华却没有抱怨更没有垂头丧气，为此他还说："迟早会让你飞台湾，批准境外航线，就是给你机会。"可见，王正华看问题的眼光是非常透彻的，他知道民航总局不会一次性地批准那么多条航线给自己，而是需要一个循序渐进的过程。因此，他开始耐心地等待。

由于台湾特殊的政治性质，所以能否获得航权也是一个涉及面较广的问题，这其中要经过层层审批才可能最终达成。因为两岸经贸往来日益紧密，所以大陆到台湾航线的客座率通常要比其他航线的客座率高出不少，也远远超过了国际航线。也正因为于此，要想开通直飞两岸的航线，无论是承运人还是班次、通航点，都需要经过两岸的谈判才能最终增加。大概也是出于这个原因，老王才拿出了足够的耐性去等待，因为他知道该是自己的笃定跑不了，一切都只是时间问题。

2013 年，王正华终于等到了这个机会，他的春秋航空和吉祥航空都获得了到台湾的直航航权。王正华在得知这个消息后，自然欣喜若狂，他的耐心换来了愿望的最终达成。很快，他就确定了飞台湾的首航日期 2013 年 10 月 27 日，春秋航空首飞上海到高雄的两岸直航。

其实开通台湾航线，不仅对王正华是一个利好的消息，也是海峡两岸自从 2009 年实现航班定期化以来，大陆低成本航空公司第一次获得经营两岸航线的首例，同时也是两岸航线第一次迎来大陆民营航空的入驻。

航线开通之后，王正华马上将他的廉价航空推行了到台湾航线中。为此，他计划在直飞台湾的初期，推行每周三、五、七飞往高雄的航班，并制定了网上订购最低 430 元、手机订票客户端订票最低 199 元的特价机票。这还不算完，老王决定在台湾航线逐渐稳定下来之后，还要申请开通飞往台北以及台湾其他地区的更多航线，实现全面的飞台计划。

在首飞取得成功之后，王正华继续紧锣密鼓地布置下一步战略计划。11 月 6 日，春秋航空对外宣布了一条消息：将从 2013 年 12

月 1 日起，正式开通上海浦东至台北桃园的低价航班。春秋航空新闻发言人张武安透露，根据目前春秋航空和高铁的合作方式来看，春秋航空将尝试和台北、高雄等地的高铁、捷运、巴士公司展开合作，实现飞机与地面交通的联合运输。在这次新闻发布中，王正华计划将在每周一、二、四、五、日设置共 5 班上海浦东到台北桃园的航线，采用的依然是 180 座的空客 A320。目前，王正华计划拟定的时刻表是：上午 8：30 从上海浦东起飞并于 10：30 抵达台北的桃园机场；回程航班是上午 11：30 从台北起飞，然后在 13：30 抵达上海。

自从上海到高雄的航线开通之后，春秋航空的客座率基本保持在 95% 以上，这一切也都在王正华的意料之中。与此同时，春秋航空和高铁进行合作的"空铁快线"推出之后，来自杭州、南京的旅客成为了高雄空铁快线的主要客群，而其中相当多的一部分是自由行旅客，此外还有 10% 的客户持有台胞证。这些数据，证明了王正华通过两岸直飞促进大陆和台湾人民情感交融的进程得到了全面的推动。

当然，王正华绝不会满足于此，他还将探索春秋航空和台北、桃园、新北、高雄等地的高铁、捷运、巴士机构或公司合作，继续推行他的空铁联合和空汽联运的新概念产品。王正华坚信，春秋航空在他的带领下，会将低成本航空作为一种生活方式向更多的区域进行推广，改变人们的消费观念，打造一种健康低碳的出行方式。

太极虚实之道，融合铸就大业

如果有人说：王正华是一个喜欢务虚的人，可能很多人都会觉得不可思议，一个成功实施低成本战略、生活上节俭度日的人，会是一个务虚者吗？

这是很多人对务虚的一种误读。

事实的确如此，王正华就是一个爱谈虚的人。从他创立春秋航空的那天起，他所想的一切都源于一种"务虚精神"：他的蓝天梦，他的人人都能坐得起飞机的廉价航空梦，他的中国美西航之梦……有哪一个从开始就是真实的呢？

其实，王正华的创业史，就是一部鲜活的"太极人生"。太极的精髓就是虚虚实实，真真假假，绵里藏针，柔中寓刚。王正华是一个实干家也是一个务虚者。在老王的人生哲学中，虚和实只是一个事物的两个方面，从抽象的角度看，二者的地位是平等的，正如一位美女的左眼和右眼，缺少了其中一个就谈不上漂亮甚至有些恐怖。而王正华的人生奋斗史，就是在虚和实组成的矛盾中一步步演化而来的。

王正华的实，体现在他做每一件事情之前，都要进行认真的考察和缜密的分析：做旅行社的时候他分析散客经济，做飞机的时候他考虑廉价航空……王正华从来不会在缺乏调查研究前提下上马一个项目，他所走的每一步在他心中都十拿九稳。所以，我们看到的王正华永远都是一个成竹在胸却又不轻易向别人揭开谜底的年长智者。

务实，通常都是从小事做起，从眼前做起。王正华就是一个时刻都在学习的人，他喜欢带着他的团队去参加各种行业会议，因为可以从中得到最新的信息和思想。王正华知道，在民航这个观念相对传统的行业中，创新的思维也很多，所以只有不断去吸收才能跟得上整个行业的发展步伐。这种求新务实的精神，是王正华太极之实的典型写照。

王正华的虚，又是他人生智慧的另一个侧影。比如，在王正华对待公司上市这件事上，他一直认为这是对公司现代企业制度的一种改革，是符合社会发展潮流的，而并非上市融资本身。但是，老王身边的人又都十分清楚，王正华喜欢人治而非制治。跟了他三十年的老员工都说，王正华在集团里"一言九鼎"，所以那时候春秋集团有个特点："领导的作用大了一点，员工的作用小了一点，集体的作用弱了一点。"

不过，随着时间的推移，王正华渐渐意识到这种风气对集团决策有不利的一面，他也不得不承认自己老了，尽管还在玩博客和微博，但是他已经不能完全理解很多新鲜的东西，而且他也承认人的智慧是有限的。于是，王正华最终选择的是走上制治的道路，而这就是老王务虚精神的体现——从具体的事必躬亲到只负责指引航程。

现在，王正华对企业的日常经营已经不像以前那样关注得很多，他也自称"从火线上退下来"，将春秋航空交给了曾经敢跟他拍桌子吵架颇有主见的张秀智当家，旅游公司则由被他劝说"弃官为民"的肖潜辉掌管。

现在，王正华主要做的事情只有一件：做梦。他几乎每天都在设想，集团若干年后的发展模样，航空要怎么搞，旅游要怎么干？当别人发现老王昼思夜想这些事的时候，就劝他几十年后都变成一捧灰了，想那么多干嘛？

但是王正华不会听这种劝告，他一手缔造的春秋集团，就是从他的务虚精神中诞生的，没有一个敢想敢做梦的王正华，就不可能有今天的春秋集团。在这种"太极之虚"思想的影响下，王正华不光自己琢磨着集团发展的大战略，还愿意和他的团队一起讨论。在春秋航空成立七周年的活动中，王正华给活动拟定的主题也都是关于未来几十年世界航空业、中国航空业、春秋航空会怎样的内容。在这样的大型探讨会上，不少人献计献策，有的说要多机型运营，有的说要多种经营，还有的说要基地外派……不过，王正华最后给大家的讨论作出了评价和总结：不能就事论事，而是要看清楚未来的发展情况才能决定。

王正华这种务虚思想，在 2004 年春秋航空成立的时候就形成了。那时候他对每年要增加多少架飞机都做了规划，当时很多人都不理解，觉得这王总是不是想得太超前了点儿？结果如何呢，老王当初规划的数字基本上都一一兑现了。后来，当有记者得知王正华的这种"神机妙算"的能力时，就想向他打听以后飞机的扩增数量，谁知王正华摆摆手说："现在不能说，否则人家根据春秋现在的状况来看，会说我在吹牛。但是这些都涉及到一系列的整体规划，包括经营、定位、机型、基地等，都是经过很多专家一起来论证的。"

也正是因为"虚"难以预见，所以王正华的种种构想总是在外界的质疑声中诞生并存在着。比如，一些业界专家普遍对民营航空的未来发展前景表示担忧，他们认为：民营航空原本可以趁着国有三大航空公司经营不善、扩张乏力的机会偷偷发展壮大进而抢占一定的市场份额，从而弥补他们在时间、人员、背景等资源上的相对落后，可是国家的补贴却消除了这种可能。更有专家认为，在这种非公平竞争的前提下，民营航空只能依靠自身的产业链资源支撑才能够赢得一定的生存空间，而民营航空的资金又来源于非航空运输领域，所以他们的投资人更看重收益而忽视发展，这就让民营航空在未来崛起的希望十分渺茫。

尽管专家们如此分析，然而王正华和他的团队，还是在过往的20多年里将一个个的"不可能"变成了"可能"，所以春秋航空是不会受这些负面观点影响的，而是会在王正华务虚精神的指引下，继续朝着他们既定的目标迈进。

对于老王来说，这些"前景堪忧"的分析他早已经习惯了。他心中藏着的每一个梦想，也都是在实现了之后，才一个个地被人清晰地看到，到底这个敢于做梦的老者心中藏着多少梦想呢？恐怕他身边的人不会知道，而只有这个"太极真人"自己最清楚。不过，无论这个梦想有多么遥远和难以实现，王正华都始终充满着信心："上次开供货商年会，一家飞机制造商的高级总裁，当着几百人的面说春秋上市，会把自己法航的股份吐出来去买来春秋的。当时，这话一说，下面都鼓掌。"

王正华，这个称自己为"想干事比较急躁的普通百姓"的老布尔什维克，似乎在这为数不多的肯定声中，又汲取到了无穷的力量，他要为几十年后的春秋航空，延续太极虚实之道的传奇故事。

论英雄，20 年后谁主沉浮

从创业那一天起，王正华心中就一直有一个"英雄梦"，无论是创办春秋旅行社还是春秋航空，他都是从设定目标——实践目标——完成目标一步步实现自己的梦想。他清楚地记得，1994 年春秋旅行社获得国内旅行社营收排名第一的时候，大家围在一起时那种开心的样子。可是，王正华却在大家的笑容散尽之后，突然将全世界旅行社排名前十家的数据拿出来进行分析，结果所有人都目瞪口呆了：当时春秋只有 1 个多亿的营收规模，而国际大型旅行社的规模至少都在 200 亿以上，相当于他们的 200 倍！

王正华并非是给大家泼冷水，而是他知道做企业不进则退的道理，所以他才不断地要求自己，要求他手下的员工要有忧患意识和进取心。也正是在这种创业精神的鼓舞下，王正华通过走访一些旅行社，才确定了创办春秋航空的计划。结果，他的低成本航空路线走得相当顺利，完成了一个又一个目标。

在赢得了这么多的辉煌业绩之后，古稀之年的王正华也会思考一个问题：20 年后会是什么样子呢？

这就是王正华的习惯思维，每当事业发展到一个新的阶段，他都会设想一下：五年、十年之后会是什么样子，通过这种设想给自己的下阶段部署新的任务。为此，春秋航空的管理层，经常会召开一些战略讨论会，仅仅在 2012 年不到半年的时间里，就组织召开了 4 次。很多新人不理解这种企业文化，觉得公司为什么整天都务虚不务实呢？后来，王正华出面进行了解释："今天的事情是 CEO 的，我肯定要考虑将来。"

为了考虑将来，王正华召开了一个以"春秋航空前瞻未来"为主题的会议，内容是讨论春秋人的"春秋大梦"。这个梦不光以王正华为首的集团高层进行讨论，各个部门的中层领导，都要重点去谈他们脑海中为春秋集团规划的未来和理想。在讨论会上，王正华跟大家分享了他对整个行业的判断和分析，让与会人员有一种醍醐灌顶的感觉。

王正华的第一个观点是，在不久的将来，全球航空业很可能会出现 3 到 5 家世界级别的大公司。目前，世界航空业已经存在三大联盟，不过这些联盟成员在资产上是不存在任何瓜葛的，所以王正华觉得随着时间的推移和联盟成员之间的交互关系，会逐步形成资产存在联系的3到5个类似于联盟的航空公司巨头。

王正华的这个推论是源于对航空业两大特点的分析。一个特点是，目前全球化的社会需要比较强烈，比如从美国到中国、从中国到非洲以及从非洲到澳洲等航线，已经充分反映出了不同地区之间的经济政治文化往来日益频繁，这就对航空业全球化的要求提高了。一旦全球化程度变得更高，彼此之间就会产生兼并的现象，直到出现行业寡头。由于航空业和其他产业不同，所以在规模上更容易形成寡头或者寡头联盟，这种态势对效益管理和资源分配十分有利。

另一个特点是，虽然目前很多国家都在倡导"开放天空"、推进全球政治经济一体化，然而实际上真的开放的国家根本没有，这种对国家主权和领土的本能捍卫意识，就决定了没有哪个国家会对别国飞机完全开放。

在王正华看来，这两个特点其实对立统一。一方面证明了社会需要是允许行业垄断、行业寡头出现的，因为这样有利于生产力和生产资源的整合。不过从另一个角度看，国与国之间的领空意识又会制约寡头的无限制发展，所以无论是哪一家做大，最终都无法主宰整个行业。

但是，这种矛盾并非没有解决的办法，王正华的观点是，在长距离和短距离中间，如果配合3到5个寡头的话，这样会让每个国家或者地区都能形成一大批中型的航空公司。打个比方，中国的飞机到欧洲去或者欧洲的飞机到中国来，这其中就可以让当地的中型公司来配合。由于航天寡头不可能在每个地方都建立属于自己的全资子公司，更无法僭越当地政府的政策保护和法律管制，所以就需要当地的公司和它遥相呼应。

另外，王正华认为，之前大家都习惯用低成本航空和传统全服务类航空对整个产业进行模式划分，而在不远的将来，这些概念都将变成长线航程和短线航程之间的划分，从而成为更重要甚至是趋近唯一的划分指标。

老王的分析不失为精妙之论，现在的传统航空公司和廉价航空公司，的确存在界限模糊的问题。比如美国的联合航空公司，它既是一家传统的航空公司，同时也推行了低成本航空，即使从辅助收入来看，传统的全服务类航空公司也没有这样一项收入。然而奇怪的是，自从2010年美国航空业绩统计报表出来后，辅助收入排在前三名的居然不是以低成本著称的美西南航空公司，反而是另外三个传统航空公司。从这些事例可以看出，单纯通过是否推行低成本策略进行类别划分，是一件很不科学的事情。

王正华觉得，这个变化所带来的影响是，目前低成本公司都在考虑如何才能进一步提高服务质量，比如低成本公司都在试着做好一些高端客户。正是出于这种认知，王正华也在春秋航空推出了商务经济舱，起初不被外界理解，甚至有人说王正华的廉价策略是不是干不下去了？其实，这是王正华在充分研究航空业的趋势之后进行的政策调整。因为廉价不廉价并不是一个航空品牌的核心，核心仍然是它的企业文化和产品战略。

其实，王正华对未来的考虑是非常谨慎的，他知道春秋航空的品牌优势并非绝对无法被人超越，所以如果不适当进行政策调整，一旦将来在某方面被人抢占优势，那么在这个市场上就不会有春秋航空的位置。看看现在的欧美航空市场就能知道：传统公司不再传统，而低成本公司也不再是原来的运作模式。

在认真分析了未来航空业的变化走向之后，王正华开始让大家考虑未来 20 年该怎么生存的问题。对此，老王开玩笑地说，春秋航空可能要做一个"二流公司"，因为从他目前掌握的资源和某些先天性的因素来看，想要成为全球性寡头的可能性微乎其微，所以莫不如做区域中型公司里的头牌。为此，王正华还给春秋航空做了个定位：圈定东北亚中短程，做这个区域的中型龙头。

那么，老王为什么偏爱东北亚这块地方呢？原来这跟航空业的一个奇怪现象有关系。据说，基本上每 1500 万平方公里之内，就会形成一个"区域"，在这个区域中差不多都会出现一个以低成本著称的寡头，而这块特殊的区域就是专属于走廉价航空路线的企业。仔细算一下，1500 万平方公里的概念是：以一个中心点为出发点，能归化出将近 3 到 4 个小时的航程时段，恰恰是 A320 能够达到的区域。

这个规律几乎适用于全球，在美国的"廉价区域"中产生了美西南，在欧洲的"廉价区域"中产生了瑞安，在东南亚的"廉价区域"中产生了亚航……回头再看看中国的东北亚，如果将它归为一个"廉价区域"，那么，正好能以上海、首尔、东京以及台北为基地画出一个圈。王正华对这个地带十分满意，因为这其中包含的航线资源都很丰富，比如含金量很高的中日航线、台湾和大陆航线、首尔和中国航线、最后就是日韩航线……假设日本有航空公司要从东京飞到中国，就势必要和王正华的航线产生重叠，那样春秋航空就会成为一个不错的合作伙伴，因为老王的飞机大队能够从东北飞到广东等几十个城市，这就是春秋航空的势力范围和地缘优势。

王正华的观点就是，中型公司同样有大把赚钱的机遇和希望，因为目前世界上最大的公司都是中型公司而并非寡头公司，比如美西南，它连国门都没有走出去，却照样做成了最大的航空公司。

虽然20年之后究竟会发生哪些变化，没有人会真正猜出来，但是王正华却凭借着多年在航空领域积累的经验和独到的审视角度，为春秋航空谋划了一个走中型发展路线的未来。也许20年之后王正华会淡出春秋航空的管理核心，但是他的战略意图已经清晰地传递给了他的团队，相信由他历练出的这支队伍会将王正华的思想继续发扬光大，让春秋航空的飞机大队，自由翱翔于中国的蓝天和世界的蓝天。

蓝天不死，梦想永在，王正华，这个蓝天上"春秋"国度的掌门人，注定会带给我们更多的奇迹和思考！